Hesse/Schrader

Optimale Bewerbungsunterlagen

Strategien für die Karriere

Die schriftliche Bewerbung
perfekt gestalten und präsentieren

Eichborn.

Die Autoren

Jürgen Hesse, Jahrgang 1951, Diplom-Psychologe im Büro für Berufsstrategie, Geschäftsführer der Telefonseelsorge Berlin e.V.
Hans Christian Schrader, Jahrgang 1952, Diplom-Psychologe am Krankenhaus »Am Urban« in Berlin.

Diverse gemeinsame Veröffentlichungen, u.a.: Das Hesse/Schrader Bewerbungshandbuch; Mehr Geld durch erfolgreiche Gehaltsverhandlungen; Neue Bewerbungsstrategien für Führungskräfte; Das erfolgreiche Stellengesuch; Testtraining 2000plus; Arbeitszeugnisse; Marketing in eigener Sache, Der erfolgreiche Arbeitsplatzwechsel, Die perfekte Bewerbungsmappe für Führungskräfte (alle im Eichborn Verlag).

Anschrift der Autoren
Hesse/Schrader
Büro für Berufsstrategie
Oranienburger Straße 4-5
10178 Berlin
Tel.: 0 30 / 8 51 92 06
Fax: 0 30 / 8 51 92 61

2 3 4 02 01

Umschlaggestaltung: Christina Hucke
Lektorat: Waltraud Berz
Gesamtproduktion: Fuldaer Verlagsagentur, Fulda
ISBN 3-8218-1635-X

Verlagsverzeichnis schickt gern:
Eichborn Verlag, Kaiserstraße 66, D-60329 Frankfurt am Main.
www.eichborn.de

ÜBERSICHT ÜBER DIE HAUPTKAPITEL

INHALT

FAST READER

Orientierung für eilige Leser

Wer über 100.000 DM bzw. 50.000 € im Jahr verdienen will, muß bereits in seinen schriftlichen Bewerbungsunterlagen deutlich erkennen lassen, daß er dieses Geld (und noch viel mehr) wert ist. Eine Bewerbung nach den traditionellen Strickmustern der achtziger oder neunziger Jahre kann für hochbezahlte Kandidaten nach der Jahrtausendwende einfach nicht mehr in Frage kommen, wenn man sich nicht blamieren will.

Vergessen Sie also alles, was Sie bisher über die schriftliche Bewerbung gelesen oder gar in der Schule gelernt haben. Machen Sie sich mit wirklich kreativen und innovativen schriftlichen Bewerbungsstrategien vertraut, die höchsten Ansprüchen genügen.

Die zentralen Themen:
- Eine außergewöhnlich präzise Analyse Ihrer Ausgangsposition (S. 16 ff).
- Wichtige Erkenntnisse über Sichtweise und Erwartungshaltung des »Kunden« Ihrer Dienstleistung Arbeitskraft (S. 64 ff).
- Die Gestaltung Ihres optimalen »Verkaufsprospektes« in eigener Sache – und was zu tun ist, damit Ihre Botschaft auch wirklich ankommt (S. 93 ff).
- Alle Komponenten, Aspekte und Abschnitte des sogenannten Lebenslaufes – oder wie Sie Papier und Buchstaben am besten für sich arbeiten lassen (S. 116 ff).
- Wie Sie sich absolut überzeugend auf und von einer »Dritten Seite« präsentieren können (S. 137 ff).

- Beispiele für wirklich erfolgreiche Bewerbungsmappen (S. 217 ff).
- Essentials der Kontaktanbahnung – vom Headhunter bis zur optimalen Nutzung des Mediums Telefon (S. 187 ff.).
- Wie es Ihnen gelingen kann, trotz eines Absageschreibens in Ihrem Bewerbungsvorhaben weiter voranzukommen (S. 211 ff).
- Alles über Anschreiben (S. 167 ff), Arbeitszeugnisse (S. 157 ff u. 265 ff), Aussendung (S. 183), Aussehen auf Ihrem Foto (S. 145) und vieles mehr ...

Als professionelle Bewerbungstrainer wissen wir, was Sie wirklich weiterbringt. Mit diesem Buch auf der Basis unserer täglichen Beratungspraxis können Sie mehr aus Ihrem Können machen.

DIE VORBEREITUNG

Die richtige Vorbereitung auf Ihr Bewerbungsvorhaben ist der Schlüssel zum Erfolg und der wichtigste Wegweiser zu Ihrem Ziel. Wer bin ich? Was kann ich? Was will ich? Was ist möglich? – sind die entscheidenden Leitfragen, deren intensive Bearbeitung Ihnen helfen wird, den gewünschten Arbeitsplatz, die angestrebte Position zu »erobern«.

Ausgangspunkt

Ein Drittel Ihrer Lebenszeit

Haben Sie einmal darüber nachgedacht, wieviel Zeit Sie an Ihrem Arbeitsplatz verbringen? Es sind etwa 60 bis 80.000 Stunden, also fast ein Drittel Ihrer Lebenszeit.

Wissenschaftliche Untersuchungen ergaben, daß Menschen an einem ganz normalen Arbeitstag durchschnittlich lediglich neun Minuten mit ihrem Lebenspartner sprechen. Da Sie mit Sicherheit mehr als diese neun Minuten an Ihrem Arbeitsplatz mit Kommunikation verbringen, wird klar, daß der größte Teil Ihrer verbalen Interaktionen beruflicher Natur ist – mit Kollegen, Vorgesetzten und gegebenenfalls Dritten, wie z.B. Kunden oder Klienten.

Dennoch bringen die meisten Menschen bei der Wahl des Arbeitsplatzes nicht einmal einen Bruchteil der Sorgfalt und Mühe auf, die sie bei der Auswahl ihres Partners ganz selbstverständlich aufwenden.

Sie werden an dieser Stelle vielleicht einwenden, in wirtschaftlich schwierigen Zeiten habe man kaum die Möglichkeit der Wahl. Wählerisch sollten Sie dennoch sein. Für jeden einzelnen hängt viel von der Art der Arbeitsaufgaben und der Qualität der zwischenmenschlichen Beziehungen am Arbeitsplatz ab. Denn: Gibt es am Arbeitsplatz gravierende Probleme, haben diese mit Sicherheit Auswirkungen auf Ihren privaten Bereich, Ihre Beziehung zum Lebenspartner und damit auf Ihre Lebenszufriedenheit und Gesundheit insgesamt.

Wenn wir Ihnen in diesem Buch sehr detailliert vermitteln, welche Formen der schriftlichen Bewerbung die größten Chancen haben, auf Akzeptanz und somit auf Erfolg zu stoßen, möchten wir Sie jedoch gleichzeitig für den folgenden Aspekt sensibilisieren:

Die Spielregeln des Rituals

Es ist sicherlich absolut wichtig, die Spielregeln des Bewerbungsrituals zu kennen und sie innovativ und individuell-kreativ angereichert nahezu perfekt zu beherrschen. Es ist aber genauso notwendig, sich darüber klarzuwerden, ob ein Arbeitsplatz bei dem Unternehmen, bei dem Sie sich beworben haben, wirklich für Sie der richtige ist.

Auch der potentielle Arbeitgeber befindet sich in einer Bewerbungssituation – also ebenfalls auf dem Prüfstand – und muß sich um Sie als zukünftigen Mitarbeiter angemessen bemühen. Sollten Sie bei der ersten Kontaktaufnahme und im weiteren Verlauf des Bewerbungsverfahrens gravierende Probleme (z.B. welcher Ton herrscht zwischen Chef und Sekretärin?) und Defizite erkennen, berücksichtigen und bedenken Sie diese bei Ihrer Auswahlentscheidung genau.

Enttäuschung, Leid und Ungemach könnte auf Sie zukommen, kostbare Lebensarbeitszeit ginge unwiederbringlich verloren, wenn Vorgesetzte, Kollegen oder Mitarbeiter für Sie nicht die richtigen Partner sind oder die Arbeitsaufgaben Sie massiv unter- oder überfordern.

Die meisten Arbeitsplatzanbieter geben sich große Mühe, für ihr Unternehmen geeignete Mitarbeiter einzustellen. Viele Arbeitnehmer jedoch scheinen bereit zu sein, mehr Zeit und Geld zu investieren, um einen günstigen Gebrauchtwa-

Sinnvoll investieren

gen zu erstehen, als sich kritische Gedanken bei der Auswahl ihres Arbeitsplatzes und Arbeitgebers zu machen.

Investieren Sie Ihre Lebensarbeitszeit sinnvoll und klug. Sie ist begrenzt.

Ihre Botschaft

Bewerber erleben sich meist in der Rolle eines bemühten Arbeitnehmers, der einen Arbeitgeber davon zu überzeugen versucht, der richtige Kandidat, die richtige Kandidatin für eine bestimmte Position zu sein. Finden Sie sich in dieser Beschreibung wieder?

Machen Sie Schluß mit dieser einseitigen Bittstellerhaltung, erarbeiten Sie sich ein neues (Selbst-)Bewußtsein als Basis Ihrer erfolgreichen Bewerbungsstrategie, etwa so:

Sie sind Unternehmerin

Aus der richtigen Perspektive betrachtet, sind Sie Unternehmer bzw. Unternehmerin. Am Markt müssen Sie mit Ihrem Produkt Ihre potentiellen Kunden überzeugen. Marktforschung ist deshalb angezeigt und wird Ihnen weiterhelfen, Ihr Produkt erfolgreich an den Käufer zu bringen.

Nun ist Ihr Produkt kein Gegenstand, keine Ware, sondern eine Dienstleistung, ein Service. Es handelt sich um Ihr Know-how, Ihr spezielles Fachwissen, Ihre Arbeitskraft. So gesehen sind Ihre Kunden die potentiellen Arbeitgeber.

Warum soll ein Kunde ausgerechnet Ihr Produkt kaufen? Eine Frage, die sich jeder Unternehmer angesichts der Marktsituation konkurrierender Produkte stellen muß. Es geht um Produkt- und Käuferanalyse und die Marktchancen, die sich aus den Bedürfnissen der Käufer und den Möglichkeiten der Verkäufer ableiten lassen.

Mit anderen Worten: Auf welchem Gebiet liegen Ihre Fähigkeiten und Stärken, und wo sind die Arbeitsplatzvergeber, die genau diese Eigenschaften, Ihre Fähigkeiten und

Stärken »einkaufen« möchten, die Ihnen einen ordentlich bezahlten Arbeitsplatz anbieten können? Warum soll ein Kunde (Arbeitgeber) sich für Ihr Produkt (Ihr Know-how, Ihre Fähigkeiten) interessieren und bereit sein, 100.000 DM bzw. 50.000 € plus aller Nebenkosten pro Jahr zu bezahlen (da kommen schnell zusätzlich 50.000 DM bzw. 25.000 € und mehr zusammen)?

Womit wollen Sie überzeugen

Was sind Ihre Argumente, womit wollen Sie überzeugen? Wer sich dieser Fragestellung nicht ausgiebig widmet und sehr sorgfältig die einzelnen »Verkaufsargumente« sammelt, abwägt, formuliert und dies alles erfolgreich und gezielt als Verkaufsbotschaft zu vermitteln versteht, wird sich schwertun bei der Eroberung eines neuen Arbeitsplatzes. Es geht um ein Marketing in eigener Sache, eine besondere Herausforderung, ein neuer Aspekt auf dem Weg, Ihr Vorhaben erfolgversprechend vorzubereiten.

Das mag für das eine oder andere Ohr ein wenig sehr kommerzialisiert und nach absoluter Anpassung klingen. Sie werden jedoch im Verlauf der Lektüre bemerken, daß dem nicht so ist, daß wir die Gratwanderung zwischen Anpassung und Individuation, also Behauptung der Persönlichkeit, kritisch zu reflektieren wissen.

Die Selbstanalyse

Welche Fragen bringen Sie bei der Herausforderung, ein Marketing in eigener Sache zu entwickeln, voran? Was kann Ihnen helfen, die Essentials Ihrer persönlichen (»Verkaufs«-)Botschaft zu formulieren?

Bestandsaufnahme

Zunächst einmal geht es darum, eine Art persönlicher Bestandsaufnahme vorzunehmen. Dieses Kapitel soll Ihnen helfen, sich selbst richtig einzuschätzen und Ihren persönlichen Standort zu bestimmen.

Für diese intensive Standortbestimmung sollten Sie sich Zeit nehmen und die angebotenen Übungen sorgfältig durchführen. Es zahlt sich aus, wenn Sie besser über sich Bescheid wissen und Ihre persönlichen Stärken und Schwächen gut kennen.

Zur eigenen Standortbestimmung eignen sich folgende Fragestellungen:

- Was liegt an Ausbildungs- und Berufserfahrungen hinter Ihnen?
- Wie schätzen Sie sich und Ihre Fähigkeiten ein?
- Wie sieht die aktuelle Situation aus, mit der Sie sich auseinandersetzen müssen? (Neueinstieg, Wechsel, Aufstieg, Wiedereinstieg etc.)
- Welche Erwartungen haben Sie an Ihre berufliche und private Zukunft?

In diesem Zusammenhang gibt es vier elementare Fragen, an denen Sie nicht vorbeikommen:

Vier Grundfragen

1. Was für ein Mensch bin ich?
2. Was kann ich?
3. Was will ich?
4. Was ist möglich?

Was für ein Mensch bin ich?

Bitte benennen Sie zum Einstieg in diesen Fragenkomplex jetzt innerhalb einer Minute ganz spontan drei Adjektive, die wichtige Merkmale Ihrer Persönlichkeit charakterisieren (am besten bitte gleich hier aufschreiben).

Ich bin:

1. ....
2. ....
3. ....

Bitte lesen Sie nicht weiter, bis Sie sich für die auf Sie zutreffenden Adjektive entschieden und diese zu Papier gebracht haben.

Zufrieden

Gar nicht so einfach ... Sind Sie mit Ihrer Wahl zufrieden? Beschreiben diese Adjektive wirklich zentrale Eigenschaften Ihrer Persönlichkeit? Und können Sie diese spontane Auswahl einer anderen Person adäquat vermitteln?

In einer Bewerbungssituation müssen Sie sowohl dem Empfänger Ihrer schriftlichen Unterlagen, als auch Ihrem Gegenüber im direkten Gespräch die wichtigsten positiven Wesenszüge Ihrer Persönlichkeit, aber auch Ihre besonderen Fähigkeiten überzeugend formulieren und präsentieren können.

Als Unterstützung für die Einarbeitung in diese Thematik haben wir Ihnen jetzt einmal eine umfangreiche Liste von Persönlichkeitsmerkmalen zur Selbsteinschätzung zusammengestellt.

Sich vorab über die Frage »Was für ein Mensch bin ich?« detailliert Gedanken gemacht zu haben, festigt Ihre psychische Ausgangsposition und damit Ihr Selbstbewußtsein in der konkreten Bewerbungssituation.

Denken Sie daran: Sie müssen bei dieser Selbstbeurteilungsliste nicht um jeden Preis »gut abschneiden« wollen, sich niemandem gegenüber rechtfertigen. Es geht allein um Ihre persönliche Einschätzung.

Selbst- und Fremdbild

In einem zweiten Schritt können Sie später eine (oder mehrere) Person(en) Ihres Vertrauens bitten, die (zuvor kopierte) Adjektivliste ebenfalls auszufüllen, und zwar hinsichtlich der Einschätzung, die diese Person von Ihnen hat. Der Vergleich beider Ergebnisse (Selbst- und Fremdbild) liefert Ihnen interessante Aufschlüsse über mögliche Differenzen von Selbst- und Fremdwahrnehmung und ist Anlaß zum Nachdenken und (wenn Sie wollen) Stoff für – hoffentlich aufschlußreiche – Diskussionen.

Vielleicht wirken Sie viel furchtloser, als Sie sich fühlen. Oder Sie wähnen sich als nicht besonders ordentlich, werden aber als durchaus gut organisiert wahrgenommen. Wenn Ihnen das übertrieben erscheint, warten Sie ab: Sicherlich erleben Sie ein paar kleine Überraschungen. Für eine realistische Einschätzung bilden Sie hinterher einen Mittelwert. Nun aber erst einmal zu Ihrer Selbstbeurteilung:

Um die Ausprägung einzelner Persönlichkeitseigenschaften besser einschätzen zu können, gibt es für jedes Adjektiv eine Skala von +3 bis –3. Die Extrempole sind +3 (stark ausgeprägt) und –3 (kaum vorhanden).

Ihr Verständnis entscheidet

Falls Sie zu den einzelnen Eigenschaften Fragen haben, nicht sicher sind, was wie gemeint ist, bzw. was eigentlich unter diesem oder jenem Begriff zu verstehen ist, entscheiden Sie bitte nach Ihrem persönlichen Verständnis.

Wie schätzen Sie sich ein? Kreuzen Sie bei jeder der folgenden Eigenschaften an, wie ausgeprägt diese Ihrer Meinung nach bei Ihnen ist:

+3 = sehr stark ausgeprägt
+2 = deutlich ausgeprägt
+1 = ausgeprägt
0 = teils/teils
–1 = weniger ausgeprägt
–2 = schwach ausgeprägt
–3 = sehr schwach ausgeprägt.

sympathisch	+3	+2	+1	0	–1	–2	–3
vertrauenswürdig	+3	+2	+1	0	–1	–2	–3
vorsichtig	+3	+2	+1	0	–1	–2	–3
lernbereit	+3	+2	+1	0	–1	–2	–3
lernfähig	+3	+2	+1	0	–1	–2	–3
vertrauensvoll	+3	+2	+1	0	–1	–2	–3
leistungsorientiert	+3	+2	+1	0	–1	–2	–3
sorgfältig	+3	+2	+1	0	–1	–2	–3
aufgeschlossen	+3	+2	+1	0	–1	–2	–3
belastbar	+3	+2	+1	0	–1	–2	–3
ausdauernd	+3	+2	+1	0	–1	–2	–3
zufrieden	+3	+2	+1	0	–1	–2	–3
aggressiv	+3	+2	+1	0	–1	–2	–3
konformistisch	+3	+2	+1	0	–1	–2	–3
dominant	+3	+2	+1	0	–1	–2	–3
gerecht	+3	+2	+1	0	–1	–2	–3
verläßlich	+3	+2	+1	0	–1	–2	–3
wankelmütig	+3	+2	+1	0	–1	–2	–3
zielstrebig	+3	+2	+1	0	–1	–2	–3
geduldig	+3	+2	+1	0	–1	–2	–3
gehemmt	+3	+2	+1	0	–1	–2	–3
vital	+3	+2	+1	0	–1	–2	–3
zweifelnd	+3	+2	+1	0	–1	–2	–3
kompetent	+3	+2	+1	0	–1	–2	–3
flexibel	+3	+2	+1	0	–1	–2	–3
aktiv	+3	+2	+1	0	–1	–2	–3
wagemutig	+3	+2	+1	0	–1	–2	–3
gefühlsbetont	+3	+2	+1	0	–1	–2	–3
anspruchsvoll	+3	+2	+1	0	–1	–2	–3
passiv	+3	+2	+1	0	–1	–2	–3
liebenswert	+3	+2	+1	0	–1	–2	–3
gefühlsorientiert	+3	+2	+1	0	–1	–2	–3
impulsiv	+3	+2	+1	0	–1	–2	–3
durchsetzungsfähig	+3	+2	+1	0	–1	–2	–3
furchtsam	+3	+2	+1	0	–1	–2	–3
sachorientiert	+3	+2	+1	0	–1	–2	–3
fordernd	+3	+2	+1	0	–1	–2	–3
höflich	+3	+2	+1	0	–1	–2	–3
autoritär	+3	+2	+1	0	–1	–2	–3
pflichtbewußt	+3	+2	+1	0	–1	–2	–3

verantwortungsbewußt ...	+3	+2	+1	0	−1	−2	−3
zuverlässig ...	+3	+2	+1	0	−1	−2	−3
freundlich ...	+3	+2	+1	0	−1	−2	−3
glücklich ...	+3	+2	+1	0	−1	−2	−3
nervös ...	+3	+2	+1	0	−1	−2	−3
rechthaberisch ...	+3	+2	+1	0	−1	−2	−3
ordnungsliebend ...	+3	+2	+1	0	−1	−2	−3
ehrlich ...	+3	+2	+1	0	−1	−2	−3
loyal ...	+3	+2	+1	0	−1	−2	−3
schwermütig ...	+3	+2	+1	0	−1	−2	−3
intrigant ...	+3	+2	+1	0	−1	−2	−3
ordentlich ...	+3	+2	+1	0	−1	−2	−3
wählerisch ...	+3	+2	+1	0	−1	−2	−3
hartnäckig ...	+3	+2	+1	0	−1	−2	−3
entscheidungsfreudig ...	+3	+2	+1	0	−1	−2	−3
spontan ...	+3	+2	+1	0	−1	−2	−3
praktisch ...	+3	+2	+1	0	−1	−2	−3
beherrscht ...	+3	+2	+1	0	−1	−2	−3
risikobereit ...	+3	+2	+1	0	−1	−2	−3
selbstsicher ...	+3	+2	+1	0	−1	−2	−3
sensibel ...	+3	+2	+1	0	−1	−2	−3
selbständig ...	+3	+2	+1	0	−1	−2	−3
offen ...	+3	+2	+1	0	−1	−2	−3
zurückgezogen ...	+3	+2	+1	0	−1	−2	−3
mißtrauisch ...	+3	+2	+1	0	−1	−2	−3
leidenschaftlich ...	+3	+2	+1	0	−1	−2	−3
unkompliziert ...	+3	+2	+1	0	−1	−2	−3
fortschrittlich ...	+3	+2	+1	0	−1	−2	−3
überzeugungsstark ...	+3	+2	+1	0	−1	−2	−3
zwanghaft ...	+3	+2	+1	0	−1	−2	−3
verständnisvoll ...	+3	+2	+1	0	−1	−2	−3
kontaktfähig ...	+3	+2	+1	0	−1	−2	−3
schlagfertig ...	+3	+2	+1	0	−1	−2	−3
gründlich ...	+3	+2	+1	0	−1	−2	−3
ausgeglichen ...	+3	+2	+1	0	−1	−2	−3
kreativ ...	+3	+2	+1	0	−1	−2	−3
erfinderisch ...	+3	+2	+1	0	−1	−2	−3
selbstbewußt ...	+3	+2	+1	0	−1	−2	−3
introvertiert ...	+3	+2	+1	0	−1	−2	−3
extravertiert ...	+3	+2	+1	0	−1	−2	−3

anpassungsfähig	+3	+2	+1	0	–1	–2	–3
humorvoll	+3	+2	+1	0	–1	–2	–3
konservativ	+3	+2	+1	0	–1	–2	–3
besorgt	+3	+2	+1	0	–1	–2	–3
nachdenklich	+3	+2	+1	0	–1	–2	–3
kooperativ	+3	+2	+1	0	–1	–2	–3
unerschütterlich	+3	+2	+1	0	–1	–2	–3
problembewußt	+3	+2	+1	0	–1	–2	–3
beliebt	+3	+2	+1	0	–1	–2	–3
vernünftig	+3	+2	+1	0	–1	–2	–3
teamfähig	+3	+2	+1	0	–1	–2	–3
kommunikationsfähig	+3	+2	+1	0	–1	–2	–3
integrationsfähig	+3	+2	+1	0	–1	–2	–3
herzlich	+3	+2	+1	0	–1	–2	–3
ruhig	+3	+2	+1	0	–1	–2	–3
kompromißbereit	+3	+2	+1	0	–1	–2	–3
tolerant	+3	+2	+1	0	–1	–2	–3
ironisch	+3	+2	+1	0	–1	–2	–3
selbstironisch	+3	+2	+1	0	–1	–2	–3
vorlaut	+3	+2	+1	0	–1	–2	–3
schüchtern	+3	+2	+1	0	–1	–2	–3
zuhörbereit	+3	+2	+1	0	–1	–2	–3
selbstkritisch	+3	+2	+1	0	–1	–2	–3
kränkbar	+3	+2	+1	0	–1	–2	–3
hilfsbereit	+3	+2	+1	0	–1	–2	–3
einfühlsam	+3	+2	+1	0	–1	–2	–3
gelassen	+3	+2	+1	0	–1	–2	–3
unparteiisch	+3	+2	+1	0	–1	–2	–3
gütig	+3	+2	+1	0	–1	–2	–3
willensstark	+3	+2	+1	0	–1	–2	–3
unberechenbar	+3	+2	+1	0	–1	–2	–3
präzise	+3	+2	+1	0	–1	–2	–3
________________	+3	+2	+1	0	–1	–2	–3
________________	+3	+2	+1	0	–1	–2	–3
________________	+3	+2	+1	0	–1	–2	–3
________________	+3	+2	+1	0	–1	–2	–3

Ihnen ist sicherlich aufgefallen, daß positive und negative Eigenschaften aufgeführt worden sind.

Sympathisch und aktiv möchte jeder sein; rechthaberisch und aggressiv sicherlich niemand. Bei anderen Adjektiven ist die Beurteilung schwieriger. Für einen Leuchtturmwärter ist »sehr stark zurückgezogen« sicherlich kein Berufshindernis, ein Reporter dagegen läge mit der gleichen Eigenschaft bei seiner Bewerbung ziemlich daneben.

Vielleicht gibt es aber auch Adjektive, die Sie in dieser Liste vermißt haben und jetzt in den dafür vorgesehenen freien Zeilen ergänzen.

Schauen Sie sich alle Adjektive an, die eine deutlich herausgehobene Bewertung bekommen haben (bei dem einen ist es +3 bzw. –3, andere neigen dazu, die Ränder zu meiden und selten mehr als +2 bzw. –2 anzukreuzen). Auf wie viele Adjektive trifft eine deutlich herausgehobene Bewertung zu? Sind es 5 oder 15 oder vielleicht sogar 25? In jedem Fall ist es sehr wahrscheinlich, daß sie sowohl im Plus- wie auch im Minusbereich anzutreffen sind.

Gruppen bilden, Überschriften finden

Am besten, Sie bilden – z.B. mittels einzelner Karteikarten für jedes Adjektiv – Gruppen von Eigenschaften (Adjektiven), etwa für fünf Adjektive mit +3-Ankreuzung, für drei mit –3. Dann versuchen Sie, inhaltliche Zusammenhänge zwischen den einzelnen Adjektiven herzustellen, z.B. in Form einer Überschrift, und die Karteikarten entsprechend zu ordnen.

Angenommen, Sie haben sich für die folgenden +3-Ankreuzungen entscheiden können: sorgfältig, verläßlich, pflichtbewußt, verantwortungsbewußt, ordentlich – dann passen diese fünf Adjektive gut unter die Überschrift »preußische Tugenden«.

Nun zu Ihren drei Minus-Ankreuzungen (–3!): unordentlich, spontan, fortschrittlich. Diese passen genausogut in das Bild (so ist das immer mit den plakativen Beispielen ...), denn hier werden Ihre preußischen Tugenden ganz hervorragend ergänzt und bestätigt.

Charakteristische Beschreibungsmerkmale

Dies ist ein gutes, weil besonders augenfälliges Beispiel, und auch wenn diese Tugenden auf Arbeitgeberseite immer noch geschätzt werden, gibt es hoffentlich für Sie weitere und andere charakteristische Beschreibungsmerkmale.

Ziel dieser Übung ist es vor allem, ein besseres, (weil präziseres) Selbstbild in der Vorbereitungsphase auf eine Bewerbungssituation zu entwickeln. Denn wer in dieser Weise über sich nachgedacht hat und die Ergebnisse auch probehalber mit dem Partner, Freunden oder Bekannten durchspricht, entwickelt eine neue verbale Kompetenz und (im doppelten Sinn) neues Selbst-Bewußtsein, wenn es darum geht, sich in der Bewerbungssituation erfolgreich in eigener Sache zu präsentieren.

Neue verbale Kompetenz

In einem dritten Schritt können Sie sich dann mit der Frage auseinandersetzen: Welche Eigenschaften sind für den Arbeitsplatz, um den Sie sich bewerben, wichtig? Wonach werden Firmenchefs Sie fragen, und wie stellen diese sich den idealen Stelleninhaber vor? Gehen Sie die Liste jetzt nur unter diesem Aspekt ein weiteres Mal durch und kreuzen Sie (mit einem andersfarbigen Stift) die Eigenschaften an, die für den von Ihnen angestrebten Arbeitsplatz z.B. aus Arbeitgebersicht wichtig sind.

Ein Vergleich von Selbstbild, Fremdbeurteilung und Anforderungsprofil gibt weitere Aufschlüsse und Hinweise, auch im Hinblick auf die in jeder Bewerbungssituation zu erbringende Anpassungsleistung.

Um Ihnen noch mehr Möglichkeiten der Selbstbeurteilung an die Hand zu geben, haben wir jetzt einen kurzen Persönlichkeitsest für Sie vorbereitet. Mit 66 Aussagen zu Interessen, Neigungen und Einstellungen ist es ansatzweise möglich, ein kleines Persönlichkeitsbild zu erstellen.

Persönlichkeitstest

Um Ihnen zusätzlichen Stoff für die Frage »Wer bin ich?« zu geben, hier ein Test, dessen 66 Aussagen sich auf Ihre Interessen, Neigungen und Einstellungen beziehen und zu denen Sie Stellung nehmen sollen.

Bei vielen Aussagen kann man unterschiedlicher Meinung sein: Der eine denkt, Geld macht nicht glücklich, der andere ist gegenteiliger Meinung. Manche Menschen sind im persönlichen Umgang mit anderen zurückhaltender, andere nicht. Manch einer fühlt sich stark und selbstbewußt, ein anderer empfindet sich eher als hilflos. Eine »richtige« Antwort auf diese Aussagen gibt es nicht. Jeder Mensch hat schließlich das Recht auf seine eigene Meinung, hat seine eigenen Erfahrungen gemacht.

Alles Einschätzungssache

Wir möchten nun Ihre Meinung zu einer Reihe von Aussagen erfahren. Zu jeder Aussage gibt es drei Antwortmöglichkeiten. Dazu ein Beispiel:

Ich treibe gerne Sport.
a) stimmt
b) teils/teils
c) stimmt nicht

Kreuzen Sie bitte diejenige Antwort an, die Ihrer Meinung am besten entspricht. Wichtig: Grübeln Sie nicht lange darüber nach, wie eine Aussage zu verstehen ist und was sie bedeuten könnte. Geben Sie Ihre Antwort ganz spontan; mehr als 15 Minuten Zeit sollten Sie für diesen Test insgesamt nicht benötigen.

Nicht alle Aussagen enthalten alle Einzelheiten, die man eigentlich wissen müßte, um wirklich gründlich entscheiden zu können. Machen Sie sich also nicht zu viele Gedanken, z.B. wenn Sie außer Fußball andere Sportarten nicht mögen und auch nicht ausüben. Wenn Sie also gerne Fußball spielen und das gelegentlich tun, kreuzen Sie ruhig a) an (stimmt).

Manchmal können Sie sich vielleicht nicht ganz eindeutig entscheiden, und so liegt Ihre persönliche Einstellung zu dieser Aussage (gerne Sport zu treiben) irgendwo »dazwischen«. Dann kreuzen Sie b) (teils/teils) an. Das sollten Sie aber bitte nur dann tun, wenn es Ihnen wirklich unmöglich erscheint, sich zwischen den anderen beiden Antwortmöglichkeiten zu entscheiden.

Bitte bearbeiten Sie jede Aussage. Manche mögen Ihnen etwas sehr persönlich erscheinen, aber es geht hier nicht um einzelne Antworten, sondern nur um die Summe.

Bitte beginnen Sie jetzt:

1

Gleiches Gehalt vorausgesetzt wäre ich lieber …
a) Chemiker im Labor
b) weiß nicht
c) Manager im Hotel

2

Ich halte viel von dem Satz »Erst die Arbeit, dann das Vergnügen«.
a) stimmt
b) teils/teils
c) stimmt nicht

3

Ich arbeite lieber …
a) mit Zahlen und Statistiken
b) weiß nicht
c) mit Menschen zusammen

4

Karriere ist nicht alles im Leben.
a) stimmt
b) teils/teils
c) stimmt nicht

5

Ich vermeide es, mich mit Leuten rumzustreiten.
a) ja
b) manchmal
c) nein

6

Wenn Leute mit der Moral argumentieren, regt mich das auf.
a) stimmt
b) teils/teils
c) stimmt nicht

7

In unserer Marktordnung sollte im Prinzip alles so bleiben, wie es ist.
a) stimmt
b) teils/teils
c) stimmt nicht

8

Lieber ein ganz sicherer Arbeitsplatz mit festem, aber kleinerem Gehalt als das Gegenteil.
a) stimmt
b) teils/teils
c) stimmt nicht

9

Wenn andere die Köpfe zusammenstecken und tuscheln, denke ich, daß sie schlecht über mich reden könnten.
a) stimmt
b) teils/teils
c) stimmt nicht

10

Ich denke, daß ich Herausforderungen mutig begegne.
a) ja, meistens
b) manchmal
c) eher selten

11

Mit einer schweren Erkältung im Bett liegend ...
a) versuche ich die Zeit als eine Art Urlaub zu genießen
b) teils/teils
c) mache ich mir Gedanken über die liegenbleibende Arbeit

12

Ich fühle mich öfters einsam.
a) stimmt
x b) teils/teils
c) stimmt nicht

13

Des Nachts habe ich bisweilen schlechte Träume.
x a) zutreffend
b) teils/teils
c) unzutreffend

14

Ich lese lieber ein gutes Buch, als mich mit anderen angeregt zu unterhalten.
a) stimmt
X b) teils/teils
c) stimmt nicht

15

Wenn andere erfolgreich sind, kann ich sie schon ein bißchen beneiden.
x a) stimmt
b) teils/teils
c) stimmt nicht

16

Wenn jemand es verdient, kann ich sehr spöttisch sein.
a) im allgemeinen ja
X b) manchmal
c) nie

17

Wenn jemand besonders freundlich zu mir ist, frage ich mich schnell, warum – und was möglicherweise dahintersteckt.
X a) zutreffend
b) teils/teils
c) unzutreffend

18

Auch kleinere Experimente können ein schwer kalkulierbares Risiko beinhalten.
a) meistens zutreffend
b) teils/teils
X c) selten zutreffend

19

Ich glaube nicht, daß mir jemand wirklich Schwierigkeiten wünscht.
a) stimmt
b) teils/teils
c) stimmt nicht

20

Jemandem, der mein Vertrauen enttäuscht ...
a) bin ich sehr böse
b) teils/teils
c) kann ich relativ schnell wieder verzeihen

21

Ich habe Qualitäten, die mich vielen anderen überlegen machen.
a) stimmt
b) weiß nicht
c) stimmt nicht

22

Es ist mir unangenehm, andere in Verlegenheit zu bringen.
a) stimmt
b) teils/teils
c) stimmt nicht

23

Ich möchte im Leben vorankommen.
a) stimmt
b) teils/teils
c) stimmt nicht

24

Wenn ich mit mehreren Menschen im Fahrstuhl fahre, beschleicht mich ein unangenehmes Gefühl.
a) stimmt
b) teils/teils
c) stimmt nicht

25

Wenn ich zu Bett gehe, kann ich relativ gut und schnell einschlafen.
a) zutreffend
b) teils/teils
c) unzutreffend

26

Es passiert mir häufiger, daß ich die Arbeit anderer kritisiere.
a) stimmt
b) teils/teils
c) stimmt nicht

27

Die Welt braucht zur Orientierung mehr ...
a) Beständigkeit und Verläßlichkeit
b) teils/teils
c) Ideale und Utopien

28

Nur aus Angst vor Strafe verhalten sich die meisten Menschen korrekt.
a) stimmt
b) teils/teils
c) stimmt nicht

29

Als Kind war ich selten anderer Meinung als meine Eltern.
a) zutreffend
b) teils/teils
c) unzutreffend

30

Im Straßenverkehr lasse ich mich nicht unterkriegen.
a) zutreffend
b) teils/teils
c) unzutreffend

31

Jemanden, der schlecht über mich redet ...
a) lasse ich links liegen
b) weiß nicht
c) versuche ich zu ertappen und zur Rede zu stellen

32

Oft fällt es mir schwer, angefangene Arbeiten auch zu vollenden.
a) stimmt
b) teils/teils
c) stimmt nicht

33

Es macht mir Spaß, mit anderen Leuten zu reden.
a) stimmt
b) teils/teils
c) stimmt nicht

34

Bei gleichem Gehalt wäre ich lieber ...
a) Lehrer
b) weiß nicht
c) Förster

35

Bei mir läuft manches schief
a) oft
b) manchmal
c) selten

36

Tagträumereien kenne ich bei mir nicht.
a) zutreffend
b) teils/teils
c) unzutreffend

37

Ziele, die ich mir gesetzt habe, erreiche ich fast immer.
a) stimmt
b) teils/teils
c) stimmt nicht

38

Bei gleicher Arbeitszeit und Gehalt wäre ich lieber in einem guten Restaurant beschäftigt als ...
a) Kellner
b) weiß nicht
c) Koch

39

In einer Fabrik wäre ich lieber verantwortlich für ...
a) den Maschinenpark
b) andere Aufgaben
c) die Personalabteilung

40

Das ganze Jahr über freue ich mich auf den Urlaub.
a) stimmt
b) teils/teils
c) stimmt nicht

41

Lieber schreibe ich in einer schwierigen Situation einen Brief, als ein Telefonat zu führen.
a) stimmt
b) teils/teils
c) stimmt nicht

42

Am liebsten gehe ich in allen Dingen meine eigenen Wege.
a) zutreffend
b) teils/teils
c) unzutreffend

43

Wer viel lächelt, meint es oft nicht gut.
a) zutreffend
b) teils/teils
c) unzutreffend

44

Ein unaufgeräumter Schreibtisch stellt für mich und meinen Ordnungssinn eine Herausforderung dar.
a) zutreffend
b) teils/teils
c) unzutreffend

45

Einen besonderen, ausgefallenen Wunsch zu äußern, fällt mir schwer.
a) zutreffend
b) teils/teils
c) unzutreffend

46

Das Sprichwort »Lieber der Spatz in der Hand als die Taube auf dem Dach« ist für meine Einstellung zum Leben …
a) zutreffend
b) weiß nicht
c) unzutreffend

47

Wenn Leute freundlich zu mir sind, habe ich den Verdacht, daß sie hinter meinem Rücken schlecht über mich reden.
a) stimmt
b) teils/teils
c) stimmt nicht

48

Wenn mir im Restaurant das Essen nicht schmeckt, fällt es mir schwer, beim Kellner zu reklamieren.
a) zutreffend
b) teils/teils
c) unzutreffend

49

Das Sprichwort »Was der Bauer nicht kennt, das ißt er nicht« gilt auch für mich.
a) stimmt
b) teils/teils
c) stimmt nicht

50

Ich bin lieber dafür, daß man bei Problemlösungen ...
a) auf bewährte Methoden zurückgreift
b) teils/teils
c) neue Wege und Vorschläge ausprobiert

51

Bei einer wichtigen Arbeit lasse ich mich nicht gerne unterbrechen.
a) stimmt
b) teils/teils
c) stimmt nicht

52

Wenn ich eine große Geldsumme für wohltätige Zwecke zur Verfügung hätte, würde ich ...
a) den vollen Betrag einer caritativen Einrichtung geben
b) ihn halbieren
c) den vollen Betrag für die Wissenschaft spenden

53

Wenn das Wetter sich verändert, spüre ich Auswirkungen auf meine Arbeitsleistung und/oder Stimmung.

a) zutreffend
b) gelegentlich
c) unzutreffend

54

Ich bin lieber für mich allein als mit anderen zusammen.

a) trifft zu
b) teils/teils
c) trifft nicht zu

55

Ich bin selten krank.

a) zutreffend
b) teils/teils
c) unzutreffend

56

Oft denke ich über Möglichkeiten nach, wie man die Gesellschaft verändern müßte, damit alles besser funktioniert.

a) stimmt
b) teils/teils
c) stimmt nicht

57

Wenn ich im Kaufhaus nicht so bedient werde, wie ich es für angemessen halte, lasse ich – wenn nötig – den Abteilungsleiter rufen.

a) zutreffend
b) nicht unbedingt
c) unzutreffend

58

Hätte ich mein Leben noch einmal vor mir, würde ich ...

a) es ganz anders planen
b) weiß nicht
c) es mir ziemlich genauso wünschen

59

Ich bin für eine gewissenhafte Planung und Organisation bei der Arbeit.
a) stimmt
b) teils/teils
c) stimmt nicht

60

Ich neige zu Stimmungsschwankungen.
a) stimmt
b) gelegentlich
c) stimmt nicht

61

Mir geht im Leben manches daneben.
a) selten
b) manchmal
c) oft

62

Oftmals leide ich unter einem Gefühl des Alleinseins.
a) stimmt
b) teils/teils
c) stimmt nicht

63

Der berufliche Aufstieg ist nicht das Wichtigste im Leben.
a) stimmt
b) teils/teils
c) stimmt nicht

64

Ich streite nicht gern mit anderen Menschen.
a) stimmt
b) teils/teils
c) stimmt nicht

65

Öfters kann ich an den Leistungen anderer kein gutes Haar lassen.
a) stimmt
b) teils/teils
c) stimmt nicht

66

Am System der sozialen Marktwirtschaft gibt es viel zu reformieren.
a) stimmt
b) teils/teils
c) stimmt nicht

Sie sind sicher schon auf Ihr »persönliches« Ergebnis gespannt: Interpretation s.S. 274 ff

Was kann ich?

Um Ihre persönlichen und vor allem Ihre fachlichen Fähigkeiten optimal zu vermarkten und um als Bewerber zu überzeugen, müssen Sie sich ausgiebig mit der Frage »Was kann ich?« beschäftigen.

Gilt es doch, aus der Beantwortung dieser Frage eine Botschaft zu entwickeln, Argumente zusammenzustellen, die in den schriftlichen Bewerbungsunterlagen (später aber auch im Vorstellungsgespräch) präsentiert eine positive Auswahlentscheidung für das von Ihnen angebotene Produkt, für Ihre Dienstleistung auslösen sollen.

Ist-Analyse in vier Bereichen

Mit welchen Fähigkeiten wollen Sie also Ihren »Kunden«, den Arbeitsplatzanbieter überzeugen? Eine Ist-Analyse in vier Bereichen steht an:

1. Was haben Sie bisher geleistet?
2. Welche Probleme haben Sie bisher erfolgreich gelöst?
3. Was trauen andere Ihnen an Kompetenz zu?
4. Was sind Ihre beruflichen Wünsche, Vorstellungen und Ziele?

Mit der Frage nach Ihren beruflichen Zielen beschäftigen wir uns im nächsten Abschnitt.

Ausgehend von der Leitfrage »Was kann ich?« sollten Sie zunächst zu Ihren beruflichen Qualifikationsmerkmalen folgende Fragen ausführlich klären:

- Wo, glauben Sie, liegen – aufgrund Ihrer Ausbildung und Erfahrung aber auch sonstiger Neigungen und Interessen – Ihre wichtigsten Fähigkeiten für die angestrebte neue berufliche Position?
- Auf welchen zukünftigen beruflichen Gebieten vermuten Sie (zunächst) Defizite und warum?
- Durch welche besonderen Aktivitäten und/oder Fähigkeiten zeichnen Sie sich in Ihrer Freizeit aus?
- Auf welchen außerberuflichen Gebieten wünschen Sie sich mehr Fähigkeiten oder ein stärkeres Engagement?

Grob zu unterscheiden sind berufliche und nicht-berufliche Fähig- bzw. Fertigkeiten. Manchmal gibt es dabei auch Überschneidungen.

Kompetenzmerkmalen auf der Spur

Wie kommen Sie diesen Kompetenzmerkmalen auf die Spur? Wo anfangen und vor allem: Worauf kommt es wirklich an? Auch hier geht es natürlich vor allem um Ihren persönlichen Standort, um Ihre Ausgangsposition und um das von Ihnen angestrebte Ziel, den Arbeitsplatz und seine speziellen Anforderungen.

Einige Beispiele:

- In welchen Schul-, Studien- und Berufsausbildungsfächern waren Sie gut bzw. an welchen hatten Sie ein starkes Interesse?

- Welche handwerklichen, technischen oder künstlerischen (musischen) Fähigkeiten haben Sie?
- Verfügen Sie über eine besondere Kompetenz im Umgang mit Menschen, und/oder sind Sie organisatorisch begabt? (Vielleicht hat man Sie ja zum Vorsitzenden oder Schatzmeister eines Vereins gemacht, weil viele Menschen Ihnen vertrauen oder Sie Geschick im Umgang mit den Vereinsfinanzen bewiesen haben – beruflich machen Sie aber etwas ganz anderes.)
- Haben Sie Hobbys oder ausgeprägte (außerberufliche) Interessen, bei denen Ihre besonderen Fähigkeiten deutlich werden (z.B. Schachspielen = logisch-analytisches Denken, oder Angeln = Geduld, Ausdauer, Gelassenheit; es könnte aber auch der erfolgreiche Mannschaftssport sein, der für Ihren Teamgeist spricht)?

Systematischer kann man ein Profil der eigenen Fähigkeiten aufstellen, indem man Ausbildungs- und berufliche Qualifikationsmerkmale und außerberufliche (Freizeit-)Fähigkeiten zunächst einmal getrennt untersucht.

Noch einmal zusammengefaßt: Zu den beruflichen Qualifikationen zählen z.B. Ausbildung, Spezialkenntnisse, Berufserfahrung, bisherige berufliche Aufgabengebiete, berufliche Kenntnisse/Interessen, darüber hinausgehende Weiterbildungsmaßnahmen, Projekte und bisherige Erfolge.

Zu den außerberuflichen Fähigkeiten gehören z.B. pädagogische Fähigkeiten, Sprachkenntnisse, soziale Kompetenz und soziales Engagement, politische Tätigkeiten, handwerkliches Talent, technisches Verständnis, künstlerisch-musische Begabung, sportliches Können.

Nach der (am besten schriftlichen) Bearbeitung der oben

aufgeführten Hauptfragen soll Ihnen die folgende Selbstbeurteilungsskala helfen, diese beiden Schwerpunktbereiche Ihrer persönlichen Standortbestimmung detaillierter zu erfassen:

Kompetenzmerkmale

Sie finden auf den nächsten Seiten eine umfangreiche Liste von Kompetenzmerkmalen. Wie schätzen Sie sich selbst bezüglich der aufgeführten Fähigkeiten ein? Zum Beispiel in puncto Leistungsbereitschaft: Das ist für Sie bestimmt kein Fremdwort. Sicher haben Sie eine Vorstellung davon, was allgemein unter diesem Begriff verstanden wird.

Und wieder: Wie stark, glauben Sie, ist das Merkmal Leistungsbereitschaft bei Ihnen ausgeprägt? Es geht allein um Ihre persönliche Einschätzung. Diese brauchen Sie mit niemandem zu diskutieren. Sie müssen sich also für Ihre Einschätzung nicht rechtfertigen.

Um die einzelnen Merkmale, Fähigkeiten einschätzen zu können, gibt es wiederum jeweils eine Skala von +3 bis –3. Auch die Abstufungen und Bedeutungen bezüglich der Ausprägung und des Vorhandenseins kennen Sie bereits:

Die Extrempole sind +3 (= sehr stark ausgeprägt bzw. vorhanden) und –3 (sehr schwach ausgeprägt, kaum vorhanden), die Mitte liegt bei 0 (teils/teils, weder noch).

+3 = sehr stark ausgeprägt
+2 = deutlich ausgeprägt
+1 = ausgeprägt
0 = teils/teils
–1 = weniger ausgeprägt
–2 = schwach ausgeprägt
–3 = sehr schwach ausgeprägt

Zunächst geht es wieder nur um Ihre Selbsteinschätzung. In einem zweiten Schritt bitten Sie andere Personen, Sie einzuschätzen.

Falls Sie zu den einzelnen Merkmalen, Fähigkeiten Fragen haben, nicht sicher sind, ob es so oder anders gemeint ist, bzw. was eigentlich unter diesem Begriff zu verstehen ist, entscheiden Sie einfach für sich, was Sie darunter verstehen. Bitte kreuzen Sie nun bei jeder Eigenschaft an, wie ausgeprägt diese Ihrer Meinung nach bei Ihnen ist.

Merkmalsgruppe 1

Sensibilität	+3	+2	+1	0	–1	–2	–3
Zuhörfähigkeit	+3	+2	+1	0	–1	–2	–3
Kontaktfähigkeit	+3	+2	+1	0	–1	–2	–3
Aufgeschlossenheit	+3	+2	+1	0	–1	–2	–3
Teamorientierung	+3	+2	+1	0	–1	–2	–3
Kooperationsfähigkeit	+3	+2	+1	0	–1	–2	–3
Anpassungsfähigkeit	+3	+2	+1	0	–1	–2	–3
Kompromißbereitschaft	+3	+2	+1	0	–1	–2	–3
Diplomatie	+3	+2	+1	0	–1	–2	–3
Verhandlungsgeschick	+3	+2	+1	0	–1	–2	–3
Integrationsvermögen	+3	+2	+1	0	–1	–2	–3
Überzeugungspotential	+3	+2	+1	0	–1	–2	–3
Begeisterungsfähigkeit	+3	+2	+1	0	–1	–2	–3
Durchsetzungsfähigkeit	+3	+2	+1	0	–1	–2	–3
Motivationsfähigkeit	+3	+2	+1	0	–1	–2	–3
sprachliches Ausdrucksvermögen	+3	+2	+1	0	–1	–2	–3
schriftliches Ausdrucksvermögen	+3	+2	+1	0	–1	–2	–3
rhetorische Fähigkeiten	+3	+2	+1	0	–1	–2	–3
Teamfähigkeit	+3	+2	+1	0	–1	–2	–3
Anpassungsbereitschaft	+3	+2	+1	0	–1	–2	–3
soziale Kompetenz	+3	+2	+1	0	–1	–2	–3
Kommunikationsfähigkeit	+3	+2	+1	0	–1	–2	–3

Merkmalsgruppe 2

Zielstrebigkeit	+3	+2	+1	0	–1	–2	–3
Selbstbewußtsein	+3	+2	+1	0	–1	–2	–3
Verantwortungsbewußtsein	+3	+2	+1	0	–1	–2	–3
Kritikfähigkeit	+3	+2	+1	0	–1	–2	–3
Selbstbeherrschung	+3	+2	+1	0	–1	–2	–3
Zuverlässigkeit	+3	+2	+1	0	–1	–2	–3
Toleranzfähigkeit	+3	+2	+1	0	–1	–2	–3
Unerschrockenheit	+3	+2	+1	0	–1	–2	–3
Bereitschaft zur Verantwortungsübernahme	+3	+2	+1	0	–1	–2	–3

Merkmalsgruppe 3

Risikobereitschaft	+3	+2	+1	0	–1	–2	–3
Entscheidungfähigkeit	+3	+2	+1	0	–1	–2	–3
Sicherheitsdenken	+3	+2	+1	0	–1	–2	–3
Delegationsbereitschaft	+3	+2	+1	0	–1	–2	–3
Delegationsfähigkeit	+3	+2	+1	0	–1	–2	–3
Belastbarkeit	+3	+2	+1	0	–1	–2	–3
Streßtoleranz	+3	+2	+1	0	–1	–2	–3
Lebensfreude	+3	+2	+1	0	–1	–2	–3
Flexibilität	+3	+2	+1	0	–1	–2	–3
Repräsentationsvermögen	+3	+2	+1	0	–1	–2	–3

Merkmalsgruppe 4

Arbeitsmotivation/-wille	+3	+2	+1	0	–1	–2	–3
Tatkraft	+3	+2	+1	0	–1	–2	–3
Führungsmotivation/-wille/-fähigkeit	+3	+2	+1	0	–1	–2	–3
Eigeninitiative	+3	+2	+1	0	–1	–2	–3
Autonomie	+3	+2	+1	0	–1	–2	–3
Durchsetzungsvermögen	+3	+2	+1	0	–1	–2	–3
Selbstvertrauen	+3	+2	+1	0	–1	–2	–3
Ehrgeiz	+3	+2	+1	0	–1	–2	–3
Zielstrebigkeit	+3	+2	+1	0	–1	–2	–3
Durchhaltevermögen	+3	+2	+1	0	–1	–2	–3
Durchsetzungsvermögen	+3	+2	+1	0	–1	–2	–3
Frustrationstoleranz	+3	+2	+1	0	–1	–2	–3
Erfolgsorientierung	+3	+2	+1	0	–1	–2	–3
Tatkraft	+3	+2	+1	0	–1	–2	–3
Vitalität	+3	+2	+1	0	–1	–2	–3
Leistungsbereitschaft	+3	+2	+1	0	–1	–2	–3
Idealismus	+3	+2	+1	0	–1	–2	–3
Identifikationsbereitschaft mit Unternehmen/Institution	+3	+2	+1	0	–1	–2	–3

Merkmalsgruppe 5

Autonomie	+3	+2	+1	0	–1	–2	–3
Selbständigkeit	+3	+2	+1	0	–1	–2	–3
Verantwortungsbewußtsein	+3	+2	+1	0	–1	–2	–3
Unabhängigkeit	+3	+2	+1	0	–1	–2	–3
Zuverlässigkeit	+3	+2	+1	0	–1	–2	–3
Selbstdisziplin	+3	+2	+1	0	–1	–2	–3
Streßtoleranz	+3	+2	+1	0	–1	–2	–3
Ausdauer	+3	+2	+1	0	–1	–2	–3
Belastbarkeit	+3	+2	+1	0	–1	–2	–3
Geduld	+3	+2	+1	0	–1	–2	–3

Pflichtbewußtsein	+3	+2	+1	0	–1	–2	–3
Loyalität	+3	+2	+1	0	–1	–2	–3

Merkmalsgruppe 6

analytisches Denken	+3	+2	+1	0	–1	–2	–3
konzeptionelles Planen	+3	+2	+1	0	–1	–2	–3
planvolles Vorgehen	+3	+2	+1	0	–1	–2	–3
kombinatorisches Denken	+3	+2	+1	0	–1	–2	–3
effiziente Arbeitsorganisation	+3	+2	+1	0	–1	–2	–3
Entscheidungsvermögen	+3	+2	+1	0	–1	–2	–3

Merkmalsgruppe 7

Kosten/Nutzen-Bewußtsein	+3	+2	+1	0	–1	–2	–3
Unternehmerisches Denken	+3	+2	+1	0	–1	–2	–3
systematische Arbeitsorganisation	+3	+2	+1	0	–1	–2	–3
Zieldefinitionsfähigkeit	+3	+2	+1	0	–1	–2	–3
Arbeitseffizienz	+3	+2	+1	0	–1	–2	–3
gesunder Materialismus	+3	+2	+1	0	–1	–2	–3
physische Fitneß	+3	+2	+1	0	–1	–2	–3
gesundheitliches Wohlbefinden	+3	+2	+1	0	–1	–2	–3
psychische Konstitution	+3	+2	+1	0	–1	–2	–3
Selbstkontrollfähigkeiten	+3	+2	+1	0	–1	–2	–3

Auswertung

Welche +3- oder gegebenenfalls +2-Ankreuzungen, welche –3- gegebenenfalls –2-Ankreuzungen haben Sie in den folgenden Merkmalsgruppen (bitte eintragen):

Auswertung

In der Merkmalsgruppe 1
Persönlichkeit/Kommunikationsfähigkeit / soziale Kompetenz

In der Merkmalsgruppe 2
Selbständigkeit

In der Merkmalsgruppe 3
Entscheidungsverhalten

In der Merkmalsgruppe 4
Leistungsmotivation

In der Merkmalsgruppe 5
Selbstkontrollfähigkeit/Aktivitätspotential

In der Merkmalsgruppe 6
Systematisch-zielorientiertes Denken und Handeln

In der Merkmalsgruppe 7
Wichtige globale Merkmale

Nachdem Sie diese Liste bearbeitet haben: Gibt es Merkmale, die Sie vermißt haben oder die Ihnen jetzt bzw. im Laufe der nächsten Zeit einfallen und um die Sie die Liste ergänzen möchten? Würden diese neuen, von Ihnen beigesteuerten Fähigkeiten eher die Bewertung +3 oder –3 bekommen?

Was fällt Ihnen zu einzelnen Fähigkeiten, was zu den Merkmalsgruppen insgesamt ein? Wo liegen Ihre Stärken, wo Ihre Schwächen? Welche Botschaft läßt sich aus Ihren positiven Fähigkeiten für Ihren »Kunden«, einen potentiellen Arbeitgeber, formulieren? Mit welchen Defiziten müssen Sie sich, bezogen auf die erfolgreiche »Vermarktung« Ihrer Dienstleistung, ernsthaft auseinandersetzen, welche können Sie aber auch getrost vernachlässigen?

Die nächste Einschätzungsaufgabe besteht für Sie darin, die Ihrer Meinung nach in dem von Ihnen angestrebten Aufgaben- und Arbeitsgebiet wichtigsten Fähigkeiten und Merkmale zu markieren.

Eine weitere Nutzungsmöglichkeit der Liste bestünde darin, mit einem andersfarbigen Stift jeweils diejenigen Qualifikationsmerkmale zu markieren, von denen Sie glauben, daß sie sich Ihr Interviewpartner von einem Idealkandidaten wünscht. Der Vergleich dieser beiden Profile (Selbstbild/imaginäres Idealbild) – Markierungen durch eine Linie verbinden – ergibt wiederum Stoff zum Nachdenken.

Ferner haben Sie erneut die Möglichkeit, mit Hilfe der im Anhang noch einmal wiedergegebenen Merkmalsliste Kopien zu erstellen. Bitten Sie auch hier ausgewählte Personen Ihrer Umgebung, Sie einzuschätzen. Wiederum ergibt der Vergleich beider Profile (Selbst- und Fremdbild) Anregungen zur Reflexion.

Noch ein Hinweis: Sollten Sie die Extrempositionen (+3, –3) in Ihren Ankreuzungen vermieden haben (weniger als 5mal), müssen Sie zwangsläufig die +2- bzw. –2-Ankreuzwerte verwenden.

Verbessertes Selbst-Bewußtsein

Der Vorteil der Bearbeitung dieser Qualifikations-Merkmalsliste besteht wie bei der ersten Adjektivliste in einem verbesserten Selbst-Bewußtsein über die eigenen Fähigkeiten und in der nun gegebenen Möglichkeit, an den im Selbst- oder Fremdbild sichtbar gewordenen Defiziten zu arbeiten.

Nach diesem Procedere sind Sie wiederum in der Lage, etwa fünf positive, aber auch möglicherweise drei bis fünf defizitäre Merkmale zu benennen, die Ihre Fähigkeiten, Ihr Können und Nichtkönnen zutreffend beschreiben.

Prägnante Botschaft

All dies geschieht immer im Hinblick auf Ihr Ziel: Wie können Sie für Ihr zunächst schriftliches Bewerbungsvorhaben dem potentiellen neuen Arbeitgeber Ihre persönlichen und fachlichen Qualitäten so prägnant, so eindrucksvoll wie möglich in einer zusammenfassenden Botschaft vermitteln?

Für das Vorstellungsgespräch empfehlen wir Ihnen übrigens, nicht nur darauf vorbereitet zu sein, Ihre Qualifikationsmerkmale konkret zu benennen, sondern jeweils auch glaubhaft Situationen schildern zu können, in denen Sie diese bereits erfolgreich bewiesen haben.

Neben der Notwendigkeit, im Rahmen einer Bewerbung eine überzeugende Botschaft zu vermitteln, gibt es aber einen noch viel wichtigeren Grund, warum Sie Ihre speziellen Fähigkeiten wirklich kennen und benennen können sollten:

Wenn Sie in Ihrem Beruf auf Dauer wirklich erfolgreich sein wollen, müssen Sie Ihre besonderen Begabungen und Fähigkeiten weiterentwickeln. Es geht darum, daß Sie sich als Anbieter dieser speziellen Kompetenz deutlich von Mitbewerbern und deren Fähigkeiten unterscheiden, d.h. positiv abheben. Das bedeutet im Klartext: Sie müssen anders sein als andere und dies auch glaubwürdig vermitteln und zu einem späteren Zeitpunkt natürlich unter Beweis stellen können.

Konzentration auf Ihre Stärken

Konzentrieren Sie sich vor allem auf das, was Sie gerne machen und gut können. Versuchen Sie nicht, auf vielen, wenn nicht sogar auf allen Gebieten gut oder sogar besonders gut zu sein. Dies ist in der Regel leider unmöglich zu erreichen. Allround-Talente sind wirklich selten oder häufig nur mittelmäßig.

Ein plastisches Beispiel: Ein Bäcker muß nicht in allen Erzeugnissen, die er in seiner Bäckerei verkauft, Spitzenqualität zu realisieren versuchen. Brötchen- und Brotsorten, Kuchen und Torten bieten ein so »weites Feld«, daß es schier unmöglich wäre, in allen diesen Produkten immer die höchste Qualitätsstufe zu erreichen.

Angenommen, unser Beispiel-Bäcker hat auf einem Gebiet, sagen wir bei verschiedenen Vollkornbrotsorten, ein besonderes Talent, ein gutes persönliches Geschick. Er schafft mühelos eine sehr gute, vielleicht sogar exzellente Qualität, die ihm viele Kunden bringt.

Wenn unser Bäcker vom Ehrgeiz getrieben nun auch versuchen würde, seine Brötchen, Torten und Kuchen auf ein ähnliches Qualitätsniveau zu bringen, bestünde die Gefahr, daß er sich verzettelt. Aufgrund der vielleicht sogar enttäuschenden Backergebnisse könnte unser Beispiel-Bäcker sogar frustriert reagieren, den Spaß an der Arbeit und auch Kunden verlieren, insbesondere jedoch dann, wenn er sein eigentliches Spezialkönnen, die Vollkornbrot-Backerei, infolge seiner Verzettelung vernachlässigt.

Stärken ausbauen

Unser Beispiel-Bäcker täte also gut daran, sich auf seine Stärken zu konzentrieren und seine Schwächen dabei ruhig zu vernachlässigen. Vielleicht könnte er neben den bereits erfolgreichen Vollkornbroten weitere Vollkornbrotkreationen entwickeln und erfolgreich anbieten. Sein guter Ruf für diese exzellenten Backwaren würde sich immer weiter herumsprechen und eine besondere Klientel auch aus der weiteren Umgebung anziehen, die seine speziellen Qualitäts-Vollkornbrotsorten zu kaufen wünscht.

Seine außergewöhnliche Brotqualität richtig einschätzend, könnte unser Beispiel-Bäcker bei speziellen Kundengruppen sogar gezielt Werbung machen, um sich durch sein besonderes Qualitätsprofil von anderen Bäckereien, Mitbewerbern abzuheben. Das würde gleichzeitig seinen Marktwert als »der« Vollkornbrotbäcker steigern. Zu guter Letzt könnte er sein exquisites Brot auch in Filialbetrieben verkaufen und dadurch geschäftlich immer stärker expandieren.

Wissensvorsprung ausbauen

Sein Wissensvorsprung, sein Erfahrungshintergrund würden immer größer, immer wertvoller werden durch die Konzentration auf seine eigentliche Stärke, die Fähigkeit, besonderes Vollkornbrot backen zu können.

Zusammengefaßt: Um erfolgreich zu sein, müssen Sie nicht andere kopieren und deren vermeintlichen Erfolgsrezepten hinterherlaufen, sondern Ihre eigenen Stärken erkennen und ausbauen. Erwerben Sie sich eine sichtbare Kompetenz, um mit diesem Image und Leistungsprofil konkrete Zielgruppen zu erobern und deren Problemlösungsbedürfnisse besser bedienen zu können als andere.

Ein Anwalt, der mal Verkehrs-, mal Miet-, mal Steuerrechtsfälle bearbeitet, wird auf Dauer weniger Erfolg haben als sein Kollege, der sich nach reiflicher Überlegung zur Frage »Was kann ich?« darauf spezialisiert hat, vor allem Steuerrechtssachen zu übernehmen.

Mit jedem neuen Steuerrechtsfall erweitert er seine Kompetenz, und wenn er die Probleme seiner Mandanten erfolgreich löst, weil er qualifiziert und hochmotiviert arbeitet, gewinnt er an Image und damit an Anziehungskraft für neue Mandanten. Bald wird er in seiner Umgebung »der« Fachanwalt für Steuerrecht sein und damit besonders interessant für Unternehmen oder einzelne Mandanten, die auf diesem Sektor juristische Unterstützung wünschen.

Was will ich?

Persönliche Ziele bestimmen

Diese Frage scheint spontan leichter beantwortbar zu sein als die Frage nach den eigenen Fähigkeiten (wer lobt sich schon gerne selbst ...?). Aber je länger Sie sich mit dieser Frage konfrontieren, was Ihre eigentlichen persönlichen Ziele sind, desto verschwommener, ja vielleicht sogar widersprüchlicher, wird das Bild, das Sie entwerfen.

Auch hier ist es wieder unbedingt notwendig, sich dieser Frage mit Papier, Bleistift oder dem PC und mit genügend Zeit intensiv zu widmen.

Vorstellbar ist aber auch eine existentielle berufliche Druck- oder sogar Notsituation, die die Frage »Was will ich?« geradezu luxuriös erscheinen läßt und nur die Kurzantwort »Arbeit und damit Geld« zuläßt.

Trotz eventueller Probleme und berechtigter Sorgen ist eine intensive Auseinandersetzung mit den persönlichen Zielvorstellungen immer sinnvoll. Die resignativ-depressive Haltung »In meiner Situation nehme ich jede akzeptable

Aufgabe an« verbessert die beruflichen Zukunftsaussichten nicht, so subjektiv verständlich sie auf den ersten Blick auch erscheinen mag (siehe dazu das Kapitel »Die richtige Einstellung zu Ihrer Einstellung«, S. 86 ff).

Bei der Frage »Was will ich?« sind private und berufliche Ziele zu unterscheiden, mit all ihren Überschneidungsmöglichkeiten.

Zum weiteren, intensiven Einstieg in die Thematik empfehlen wir zunächst, sich mit den 10 Leitsätzen zur Arbeitssuche zu befassen, die David Maister, ein amerikanischer Arbeitsforscher, aufgestellt hat:

1. Sie können nicht wirklich Klarheit darüber gewinnen, was Sie von Ihrem Berufsleben erwarten, wenn Sie nicht wissen, was Sie von Ihrem Leben erwarten.
2. Suchen Sie sich keinen Arbeitsplatz, bevor Sie nicht gründlich darüber nachgedacht haben, was Erfolg für Sie bedeutet.
3. Bestimmen Sie zuerst, was Sie im Leben erreichen wollen, und machen Sie sich erst dann auf den Weg zu Ihren Zielen.
4. Man kann schnell einer (Selbst-)Täuschung anheimfallen, wenn es um die Frage geht: Was erwarte ich vom Leben?
5. Viele Leute um Sie herum sagen Ihnen, was Sie vom Leben erwarten sollten: Ihre Eltern, Lehrer, ältere Geschwister, Freunde. Sie müssen die Ratschläge anderer Menschen für sich nicht akzeptieren. Gehen Sie Ihren eigenen Weg.
6. Streichen Sie bei der Arbeitsplatzsuche das Wort »sollte« aus Ihrem Vokabular.

7. Die meisten Menschen sind permanent bemüht, andere Menschen zu beeindrucken. Finden Sie heraus, wen Sie beeindrucken wollen und warum.
8. Man kann nicht alle Menschen gleicherweise beeindrucken. Manche sind durch Geld, Status, Intellekt, Charakter, Fertigkeiten usw. zu überzeugen. Weshalb wollen Sie bewundert werden und von wem? Wir wünschen uns alle Beachtung und Wertschätzung. Die Frage ist nur, in wessen Augen und auf welche Weise.
9. Keiner spricht gerne offen von seinen Wünschen, z.B. »stinkreich« werden zu wollen, immer im Mittelpunkt des Interesses zu stehen, von allen bewundert zu werden, Macht ausüben zu können usw. Überwinden Sie sich, und gestehen Sie sich schonungslos ein, was Sie anderen nicht so gerne zugeben würden. Es hilft Ihnen, herauszufinden, worum es Ihnen wirklich geht.
10. Sorgen Sie sich nicht, ob Sie eine berufliche Aufgabe gut lösen können. Wenn es die richtige Herausforderung für Sie ist, wenn Sie Spaß und Erfüllung dabei haben, werden Sie diese Aufgabe schon gut bewältigen.

Setzen Sie sich doch mal mit diesen neu gewonnenen Anregungen auseinander. Es lohnt sich, länger darüber nachzudenken.

Anregungen für die Zielfindung

Auch die weiteren Fragen sollen Ihnen bei der Zielfindung behilflich sein:

Zur persönlichen Situation:

- Was haben Sie bisher in Ihrem Leben erreicht?
- Was haben Sie bisher trotz Vorsätzen nicht erreicht und warum?
- Was mißfällt Ihnen an Ihrer jetzigen persönlichen Situation?
- Was möchten Sie an Ihrer jetzigen persönlichen Situation am schnellsten ändern, und was kann noch warten?
- Wie sieht Ihre Partner- bzw. familiäre Situation aus, und gibt es da größere Probleme?
- Wer fördert bzw. behindert Sie in Ihrer persönlichen Entwicklung?
- Welchen Einfluß auf Ihre persönlichen Zielvorstellungen und Entscheidungen haben ihr(e) Partner(in), Ihre Kinder, Freunde und andere Bezugspersonen?
- Welche Ihrer persönlichen Eigenschaften und Fähigkeiten sind für Ihre Mitmenschen besonders wertvoll bzw. wichtig?
- Welchen Einfluß hat Ihre angestrebte Berufstätigkeit vermutlich auf Ihr Privatleben und umgekehrt: Welchen Einfluß hat Ihr Privatleben auf Ihren Beruf?
- Welche persönlichen Gründe sprechen gegen einen Arbeitsplatz-, Branchen- und/oder Berufswechsel?
- Welche persönlichen Gründe sprechen gegen einen Ortswechsel?
- Welche persönlichen Schwierigkeiten sehen Sie in der Zukunft für sich?
- Fühlen Sie sich einer deutlichen Veränderung des Arbeitsplatzes und des Berufs- und Lebensumfeldes gewachsen?

Zur beruflichen Situation:

- Was haben Sie bisher beruflich erreicht?
- Was haben Sie bisher trotz Vorsätzen beruflich nicht erreicht und warum?
- Was läßt bei Ihnen sowohl generell als auch konkret berufliche Zufriedenheit bzw. Unzufriedenheit entstehen?
- Was mißfällt Ihnen an Ihrer jetzigen beruflichen Situation?
- Was möchten Sie an Ihrer jetzigen beruflichen Situation am schnellsten ändern, und was kann noch warten?
- Welche Ihrer beruflichen Kenntnisse und Fähigkeiten sind für Ihren zukünftigen Arbeitgeber und Ihre Kollegen besonders wertvoll bzw. wichtig?
- Fühlen Sie sich in beruflicher Hinsicht zur Zeit eher über- oder unterfordert, und worin ist dies begründet?
- Wie kommen Sie mit Ihren Vorgesetzten bzw. Kollegen aus?
- Welche beruflichen Förderer und »Steine-in-den-Weg-Werfer« haben Sie?
- Und wer könnte das in Zukunft sein?
- Wie sehen Ihre beruflichen Ziele aus, bezogen auf Position und Verdienst?
- Welche Chancen für Entwicklung und Aufstieg haben Sie an Ihrem jetzigen Arbeitsplatz?
- Wie sind die generellen Zukunftsaussichten an Ihrem Arbeitsplatz (in Ihrer Branche, in Ihrem Beruf)?
- Welche beruflichen Schwierigkeiten sehen Sie in der Zukunft für sich?

- Sind Sie mit den Leistungen (Bezahlung, Sozialleistungen, Extras etc.) Ihres jetzigen Arbeitgebers zufrieden?
- Welchen Einfluß auf Ihre beruflichen Zielvorstellungen und Entscheidungen haben ihr(e) Partner(in), Ihre Kinder, Freunde und andere Bezugspersonen?
- Welche Gründe sprechen für einen beruflich begründeten Ortswechsel? Sind Sie diesbezüglich flexibel?
- Trauen Sie sich zu, eine völlig neue berufliche Aufgabe zu übernehmen?

Schlüsselworte entwickeln

Versuchen Sie, aus der (möglichst schriftlichen) Beantwortung jeder einzelnen Frage jeweils Schlüsselworte zu entwickeln, die Ihr Ziel kurz und prägnant beschreiben. Abstrahieren Sie dabei ruhig, verkürzen und vereinfachen Sie gegebenenfalls, und bringen Sie die für Sie ganz persönlich wichtigen Dinge auf den Punkt.

Eine Rangfolge der Zielvorstellungen hilft Ihnen, Prioritäten zu erkennen und Schwerpunkte zu bilden. Eine solche persönliche und berufliche Situationsanalyse verschafft Ihnen Klarheit und hilft Ihnen bei der Abwägung von Gründen für oder gegen einen Arbeitsplatz, der z.B. völlig andere Aufgaben als die zur Zeit von Ihnen bewältigten beinhaltet. Wichtig dabei ist auch die neu gewonnene verbale Kompetenz bezüglich der Frage: »Was wollen Sie eigentlich, was ist wirklich wichtig für Sie?«

Was ist möglich?

Warnung for der Schere im Kopf

Vom Tellerwäscher zum Millionär, vom Schauspieler zum Präsidenten – und umgekehrt: nichts erscheint unmöglich.

Aber Vorsicht, glauben Sie nicht leichtfertig schnell gemachten Versprechungen, egal von welcher Seite.

Andererseits: Wer gegen seine Wünsche und Vorstellungen vorschnell die Schere im Kopf ansetzt, erreicht weniger, als möglicherweise für ihn drin wäre. Grau ist das Mittelmaß, jedoch allemal vielleicht ein sicherer Weg. Zuviel, aber auch zuwenig Phantasie kann schädlich sein. Der schmale Grat, auf dem Sie zwischen den Extremen wandeln, Ihre persönliche, richtige Balance, ist individuell herauszufinden.

Mehrere designierte bundesdeutsche Wirtschaftsminister haben vor ihrer Wahl offen erklärt, von Wirtschaft nicht allzuviel zu verstehen. Ex-Wirtschaftsminister Bangemann wußte einmal auf die Frage eines Journalisten, wie viele Nullen eine Milliarde hat, keine Antwort. Gleichwohl nahm aber jeder Wirtschaftsminister fraglos für sich in Anspruch, der richtige Mann für diese Aufgabe zu sein. Bemerkenswerte Beispiele für Mut und Selbstbewußtsein – so weit hergeholt sie auch auf den ersten Blick erscheinen mögen.

Schön wäre es, wenn wir Ihnen auch für den Aspekt »Was ist möglich?« einen durch Fragen gesteuerten Leitfaden als Analysehilfe vorstellen könnten. Auch wenn wir glauben, daß die Frage nach Ihren individuellen Möglichkeiten nicht einfach pauschal behandelt werden kann – mit den folgenden Überlegungen kommen Sie weiter:

Wissenszuwachs

Nach der Bearbeitung der vorangegangenen Abschnitte wissen Sie einiges mehr über Ihre persönlichen Qualitäten, beruflichen Fähigkeiten und über Ihre Lebensziele. Aus dieser Analyse von Ist-Zustand und Zielen ergeben sich die Fragen:

- In welches Aufgabengebiet passen Ihre Stärken wie der sprichwörtliche Schlüssel zum Schloß? Mit welchen Qualitäten und Fähigkeiten können Sie erfolg-

reich Probleme lösen, Aufgaben konstruktiv bewältigen?
- Überhaupt: Welche speziellen Aufgabenstellungen ergeben sich aus Ihren persönlichen und beruflichen Fähigkeiten und Qualitäten?
- Fakt ist: Auf dem Arbeitsmarkt müssen Sie Ihre Fähigkeiten »verkaufen«. Ergo: Wer auf dem Arbeitsmarkt könnte an Ihren Fähigkeiten interessiert sein? Und: Bei welchen Arbeitgebern wäre zu erwarten, daß Sie Ihre besondere Kompetenz auch optimal zur Geltung bringen können?
- Welche Einsatzgebiete gibt es also für Ihre Fähigkeiten, und wie sehen Ihre »Verkaufschancen« aus?

Bedenken Sie: In den Dingen, die Sie wirklich gerne und deshalb ja auch gut machen, werden Sie sich mit Leichtigkeit weiterentwickeln und immer besser und erfolgreicher sein.

Verkaufschancen

Überlegen Sie auch, wie Sie Ihre unterschiedlichen Fähigkeiten und Qualitäten so kombinieren, daß sie Ihre »Verkaufschancen« auf dem Arbeitsmarkt vergrößern.

Auf welchem Gebiet und für welchen Arbeitgeber Sie arbeiten, sollten Sie weitestgehend selbst bestimmen. Grob plakativ verkürzt: Die Tatsache, daß Bäcker gesucht werden, weil keiner gerne früh aufsteht, ist noch lange kein Grund, daß Sie sich diesen Job aussuchen.

Problemlösungen und Einsatzort

Fragen Sie sich immer erst, für welche Problemlösungen auf dem Arbeitsmarkt Ihre speziellen Fähigkeiten am besten geeignet sind.

Wo finden Sie den für Sie und Ihre Fähigkeiten optimalen Einsatzort, d.h. Arbeitsplatz?

Wichtig erscheint uns, auf folgendes noch einmal hinzuweisen: Jeder Mensch neigt dazu, in einer persönlichen und beruflichen Übergangs- bzw. Krisensituation seinen Handlungsspielraum und seine Gestaltungsmöglichkeiten zu unterschätzen. Die Schere im Kopf beschneidet uns in so einer Situation dann auch noch unnötigerweise in unserer-Aktivität. Schließlich geht es doch um nichts Geringeres, als um die Verwirklichung der individuellen beruflichen Identität.

Die Erkenntnisse aus der ersten, zweiten und dritten Situationsanalyse (Was für ein Mensch bin ich? Was kann ich? Was will ich?) müssen mit der Realität (Was ist möglich?) in Einklang gebracht werden. Dabei sollte man aber nicht nur seinen eigenen Realitätssinn als Maßstab nehmen, sondern auch andere Personen und deren Blick für die Möglichkeiten einbeziehen. Gespräche mit dem Lebenspartner, Freunden, Bekannten, Fachberatern (Arbeitsamt, Personalberatungsunternehmen etc.) bis hin zu Berufskollegen können sehr hilfreich sein.

Es sind individuelle Ausgangssituationen denkbar, die eine Frage nach dem, was möglich ist, nicht einfach beantwortbar machen. Versuchen Sie, wenn irgend möglich, sich mit diesem Thema nicht allein herumzuquälen. Greifen Sie auf das Phantasiepotential Ihrer Mitmenschen zurück.

Wissen, Können, Wollen

Die folgenden Zeilen sollen depressives Risiko und konstruktive Chance der hier behandelten Aspekte verdeutlichen:

Ich weiß nicht, wer ich bin.	**versus**	Ich bin mir meiner selbst bewußt.
Ich kann nicht, was ich will.		Ich kann, was ich will.
Ich will nicht, was ich kann,		Ich will, was ich kann,
und was möglich ist,		und was möglich ist, das mach' ich.
das mag ich nicht.		

Also: Es nutzt nichts, nur die Löcher im Schweizer Käse zu sehen – oder neudeutsch und ohne Zynismus gesagt: Don't worry, be happy. Programmieren Sie sich also dreimal täglich mit den folgenden vier Zeilen:

Ich bin mir meiner selbst bewußt.
Ich kann, was ich will.
Ich will, was ich kann,
und was möglich ist, das mach' ich.

Von Vorteilen und Vorurteilen

oder vom Führen statt Dienen – ein Exkurs für Frauen

Störfaktoren

Wenn zwei das gleiche tun, ist es noch lange nicht dasselbe. Zwischen berufstätigen Männern und berufstätigen Frauen gibt es evidente Unterschiede. Während bei Männern Ehefrau und Kinder, ein sogenanntes normales Familienleben, absolut karrierefördernd sind, stellt sich dies bei Frauen ganz anders dar. Ehemann und vor allem Kinder sind – leider in den meisten Fällen – Störfaktoren, entpuppen sich als regelrechte Berufs- und Karrierehemmnisse.

Eigentlich grotesk: Zum einen wird die Familie einer berufstätigen Frau von Arbeitgeberseite als Hindernis betrachtet (»Was machen Sie mit Ihren Kindern? Was sagt denn Ihr Mann dazu ...?«). Außerdem erwartet *mann* (und Umgebung, z.B. die kritische Schwiegermutter) von Frauen, daß diese neben ihrer Berufstätigkeit gleichzeitig auch noch perfekte Mütter und perfekte Ehefrauen sind. Und darüber hinaus wünscht *mann* sich die berufstätige Frau natürlich allzeit jugendlich, attraktiv und modisch schick.

Absolut inakzeptable Zumutungen!

Aber doch, Gott sei Dank – in der letzten Zeit ist einiges auf dem Arbeitsmarkt in Bewegung gekommen ...

Obwohl noch immer die Mehrheit der Arbeitnehmerin-

Frauen erobern Führungspositionen

nen in »typischen« Frauenberufen tätig ist, häufig schlecht bezahlt und mit eher untergeordneten Aufgabenbereichen betraut, zeichnet sich in den Führungsetagen ein Wandel im Denken und Handeln ab. Es gibt deutliche Anzeichen eines Rollenwechsels im Management. Frauen erobern leitende Positionen.

Die Zeiten also, in denen Frauen eine Minderheit im Berufsleben darstellten, sind nun bald endgültig vorbei. Und noch besser: Eine traditionell männliche Sozialisation wird künftig eher von Nachteil sein, wenn es um Führungspositionen, Macht und Verantwortung in der Wirtschaft, im Öffentlichen Dienst, aber auch in der Politik geht.

Warum? Während Männer erst mühsam lernen müssen, ihr überkommenes, autoritäres Imponiergehabe abzulegen, haben Frauen damit im allgemeinen keine Probleme.

Die Trendforscher verzeichnen einen entscheidenden Wandel in der Unternehmensführung: Der zeitgemäße Führungsstil liegt nicht mehr im männlich-autoritären Kontrollieren, sondern im einfühlsamen Motivieren der MitarbeiterInnen und vor allem in der Fähigkeit, sich immer wieder flexibel auf neue Veränderungen einstellen zu können.

Führungspersönlichkeiten sollen keine Vaterfigur mehr sein, die einem alle Entscheidungen und Probleme abnimmt. Vielmehr erwartet man heute von einer Unternehmensführung, daß sie Eigenverantwortung, Teamarbeit und »flachere«, offenere Strukturen in einem Betrieb unterstützt. Der entscheidende Unterschied zwischen dem, was wir unter altem und neuem Management verstehen, liegt in der Führungsstrategie: Nicht durch Zwang, sondern durch Motivation sollen Menschen geführt und Arbeit koordiniert werden.

Und Frauen können das nun mal eindeutig besser. Denn sie sind eher dazu in der Lage, bei anderen Eigeninitiative zu wecken und zu fördern, weil sie auch viel eher als ihre männlichen Kollegen bereit sind, Macht und Autorität wirklich zu teilen.

Unabhängigkeit wird heute groß geschrieben, Bürokratie und starre Hierarchien dagegen abgelehnt, während andere wichtige Dinge wie Familienleben und Erholung mit der Arbeit in Einklang gebracht werden sollen.

Frauen haben darin meist mehr Erfahrung und viel bessere Übung.

Eine gescheite Frau hat Millionen geborener Feinde ...

Ob Sie es wollen, mögen oder nicht: Ein Teil unseres Denkens und Handelns wird (gerade in bezug auf die Geschlechter) bewußt oder unbewußt von Vorannahmen oder, deutlicher ausgedrückt, von Vorurteilen bestimmt.

Daß kleine Kinder nicht nur süß, Männer nicht immer stark und Frauen weiß Gott nicht dumm sind, gehört ja vielleicht doch schon zu den gängigen Standards enttarnter Klischee-Vorstellungen.

Vorurteile gegenüber Frauen

Als Bewerberin tun Sie jedoch gut daran, sich mit den typischen Vorurteilen auseinanderzusetzen, die *mann* Ihnen von Arbeitgeberseite (beabsichtigt oder nicht, besser gesagt: unbewußt) entgegenbringt.

Frauen sind typischerweise ... kompliziertere Menschen. Sie sind (oftmals) wenig rational oder vernunftbetont, sehr emotional bis hysterisch veranlagt, schwach (physisch und psychisch), aber auch herrschsüchtig (vor allem Mütter!), besitzergreifend, neidisch, eifersüchtig, launisch, oftmals scheinbar grundlos depressiv, Klatsch und Tratsch liebend, aufopfernd bis selbstquälerisch, eigentlich konfliktscheu und dennoch auch wieder nahezu streitsüchtig. Sie sind technisch unbegabt, haben »nahe am Wasser gebaut« und werden bei Auseinandersetzungen schnell unsachlich (siehe oben von wegen über-emotional!). Im großen und ganzen sind sie unzuverlässig, passiv, manchmal sogar unordentlich (»verschlampt«), aber eitel.

Vieles davon hat nur eine bedingte Bedeutung für die Arbeitswelt, einiges aber – fest etabliert in den Köpfen von männlichen Arbeitsplatzvergebern – hat verheerende Folgen für den Entscheidungs- und Auswahlprozeß, wenn es um Sie als Bewerberin geht.

Damit müssen Sie also rechnen – furchtbar, aber nichtsdestoweniger wahr. Bestimmt ein bißchen übertrieben in dieser Ballung, aber es geht uns um die Verdeutlichung dessen, was Ihnen schlimmstenfalls begegnen kann. Sie verzeihen uns also diese recht herbe Sammlung dummer – nicht untypischer – männlicher Vorurteile (übrigens vielleicht wiederum ein Vorurteil?). Allein es bleibt die Frage, wie Sie damit umzugehen gedenken.

In der Kombination Arbeit und Familie wird Frauen eine »Doppelbelastung« attestiert, mit der Konsequenz einer vermeintlich eingeschränkten Verfügbarkeit. Sie kann der Arbeitgeber nicht permanent auf Dienstreise, Fortbildung etc. schicken.

Vorurteile kennen

Die angeblich geringere Belastbarkeit und Risikobereitschaft von Frauen ebenso wie deren fehlende Zielstrebigkeit gehören vollends in den Bereich der angstgesteuerten Männerphantasien.

PS: Wir sind Ihnen noch den zweiten Teil unserer Überschrift schuldig. Das Wort stammt von Marie Freifrau von Ebner-Eschenbach (1830–1916): »Eine gescheite Frau hat Millionen geborener Feinde – alle dummen Männer.«

Kein Herz für Kinder

ist leider allzu oft die Grundhaltung auf Arbeitgeberseite, wenn es um Beschäftigungsverhältnisse von Müttern geht.

Handfeste ökonomische Arbeitgeberinteressen sind bei der routinemäßigen Abschätzung im Spiel, ob und wann eine Bewerberin eventuell schwanger werden könne. Insbesondere mittlere und kleinere Betriebe fühlen sich oftmals über die Gebühr finanziell strapaziert, wenn eine Mitarbeiterin ein Kind erwartet.

Daß Frauen schwanger werden, hat die Natur so eingerichtet, daß Arbeitgeber ihnen dabei den Lohn weiterzahlen müssen, schreibt das Gesetz vor. Eine beschäftigte schwangere Frau genießt zu Recht einen besonderen (Kündigungs-)Schutz. Demgegenüber besteht der Arbeitgeber auf seinem Recht, sich seine Mitarbeiterinnen auswählen zu dürfen. Jedoch sind Fragen nach einer bestehenden oder zukünftig geplanten Schwangerschaft im Bewerbungsverfahren juristisch unzulässig.

Wenn's ans Zahlen geht

Kein Mensch hat etwas gegen Kinder (alle haben ein Herz für sie ...), nur wenn es ans Zahlen geht, sieht doch alles etwas anders aus. Und auch die Einarbeitungszeit einer Schwangerschaftsvertretung und das Aufrechterhalten des Arbeitplatzes für die gewordene Mutter sind letztendlich finanzielle Probleme, die den Arbeitgeber beschäftigen.

Davon abgeleitet sorgt er sich auf dem Hintergrund seiner Interessen um die schon zitierte etwaige Doppelbelastung durch Familie/Haushalt und die Arbeitsplatzanforderungen, ebenso wie um die zeitliche Verfügbarkeit (mögliche Einschränkung) sowie den überraschend auftretenden Arbeitsausfall durch Erkrankungen des Kindes.

Kinder

Jede Frau ohne Kinder – egal ob sie früher oder später Kinder will oder nicht – muß sich in der Bewerbungssituation mit diesen Ressentiments vieler Arbeitgeber auseinandersetzen. Sie ist, solange sie sich im gebärfähigen Alter befindet, der Gefahr einer indirekten oder direkten Diskriminierung ausgesetzt. Hat sie bereits Kinder, stellt der Arbeitgeber sich (und ihr) die Frage, wie viele Kinder noch geplant sind, wie die aktuelle Versorgung der vorhandenen Kinder organisiert ist etc.

Zusätzliche Schwierigkeiten sehen viele Chefs auf sich zukommen, wenn sich alleinerziehende Frauen bewerben. Die hohe soziale Verantwortung (es handelt sich hier um eine Alleinverdienerin, die mann moralisch nicht so leicht kündigen kann) addiert sich zu den Gefahren der »Doppelbelastung«, der »eingeschränkten Verfügbarkeit« und der etwaigen »Fehlzeiten«. Das schreckt oftmals den tapfersten sozialen Arbeitgeber ab.

Übrigens auch dies: Als Frau kinderlos zu sein und auch bleiben zu wollen, muß im Vorstellungsgespräch erst einmal überzeugend vermittelt werden. Männliche Bewerber kommen und bringen den Arbeitgeber nicht in die oben beschriebenen »Verlegenheiten« und sind damit klar im Vorteil. Die Gleichberechtigung läßt grüßen.

Womit Sie eventuell rechnen müssen ...

Es könnte sein, daß Sie auf Arbeitgeberseite – weil 90 Prozent der Chefs immer noch Männer sind – mit bestimmten Vorurteilen konfrontiert werden.

Ausgangsposition

Was *mann* auf Arbeitgeberseite von Ihnen denkt und wissen will, was befürchtet wird, und welches Fazit Sie daraus ziehen können, ist je nach Ihrer Ausgangsposition unterschiedlich und hängt auch davon ab, wie stark Sie sind oder sich wenigstens fühlen.

Sind Sie ...

- Wiedereinsteigerin

- Alleinerziehende
- Ehefrau und Mutter
- Ehefrau (noch?) ohne Kinder
- alleinstehend (Single)?

Zunächst sollten Sie sich fragen, welches Engagement Sie im Augenblick für Ihre berufliche Laufbahn aufbringen können und wollen. Das richtet sich naturgemäß sehr stark nach Ihrer persönlichen Situation. Hilfreich bei diesen Vorüberlegungen ist das Abstecken eines Zeitrahmens: Wieviel Zeit können und wollen Sie in den nächsten zwei bis fünf Jahren für Ihren Beruf, wieviel für Ihre Familie investieren? Welche Art der Unterstützung können Sie von Ihrem Partner, den Menschen in Ihrer Umgebung erwarten?

Der »klarste« Fall: Sie sind ledig und ohne Kinder. Dann haben Sie die Möglichkeit, Ihren Qualifikationen und Neigungen gemäß einen Fulltime-Job zu wählen, sich stark zu engagieren, gegebenenfalls auch einen Ortswechsel vorzunehmen, viel zu reisen usw.

Zweite Ausgangsposition: Sie sind verheiratet bzw. leben in einer eheähnlichen Gemeinschaft, aber ohne Kinder. Dann sollten Sie kritisch prüfen, inwieweit Sie sich darauf einlassen wollen und können, daß beide Partner Karriere machen. Mögliche Ortswechsel könnten in diesem Fall durchaus für Sie beide persönliche Schwierigkeiten nach sich ziehen. Alles kommt auf die klärende Absprache mit Ihrem Partner an. Mit einem Gespräch ist es dabei sicherlich nicht getan.

Dritte Variante: Sie sind verheiratet (oder eheähnlich zusammenlebend) und haben ein Kind oder mehrere Kinder. Je nach deren Alter sind hier die beruflichen Möglichkeiten unter Umständen etwas stärker eingeschränkt, und es gilt genau zu prüfen, inwieweit Sie sich eine Dreifachbelastung zumuten wollen und können (bzw. müssen). Wieweit kann Ihr Partner beruflich »zurücktreten« bzw. Sie aktiv unterstützen, um Ihnen die Chance zu geben, etwas für Ihre berufliche Entwicklung zu tun? Wie und wo können Ihre Kinder untergebracht und versorgt werden? Wie viele Stunden am Tag sind Sie »familienfrei« usw. »Verhandeln« Sie mit Ihrem Partner, mit den Menschen Ihrer Umgebung. In der Regel ist immer weitaus mehr möglich als im ersten Augenblick vorstellbar.

Kein Perfektionismus

Wenn Sie versuchen, in allen drei Bereichen – Familie/Kinder, Haushalt und Beruf – gleich perfekt zu sein, kann der Preis auf Dauer nur Erschöpfung und der spürbare Verlust von sozialen Kontakten sein. Sie müssen also immer wieder Prioritäten setzen und auch genügend Regenerationsphasen für sich selbst einplanen. Allen perfekt gerecht zu werden kann übrigens auch überhaupt nicht das Ziel sein. Befreien Sie sich von innerem und äußerem Überforderungsdruck.

Vierte Möglichkeit und sicherlich zum Teil die schwierigste: Sie sind alleinerziehend, allein verantwortlich für Ihr Kind/Ihre Kinder und darüber hinaus gezwungen, Geld zu verdienen. In dieser Situation müssen Sie Ihre Arbeitskraft ganz besonders klug in der Arbeitswelt anbieten, gilt es, materielle Lebensabsicherung und persönliches Wohl (physisch wie psychisch) angemessen in Einklang zu bringen. In dieser Situation müssen Sie sich immerhin nicht mit einem eventuell schwierigen Partner auseinandersetzen. Das kann auch von Vorteil sein.

Ungerechtigkeit Ungleichheit

Alles in allem diktiert die familiäre Situation einer Frau heutzutage leider immer noch weit mehr die beruflichen Möglichkeiten, als es bei einem Mann in unserer Gesellschaft in der Regel der Fall ist. Die meisten Ehemänner verfolgen ihre Berufs- und Karriereziele oft relativ rücksichtslos und unabhängig von ihrer Familiensituation. Dennoch verbreitet sich nicht nur in den USA, sondern zunehmend auch bei uns die Erkenntnis, daß Frauen Männern gegenüber

über eine bessere emotionale und soziale Kompetenz verfügen und gerade deshalb für Führungspositionen prädestiniert sind.

Das Wichtigste zusammengefaßt:

Auf die Vorbereitung kommt es ganz entscheidend an. Sie müssen wissen, wer Sie sind, was Sie können, wollen und welche Möglichkeiten Ihnen offenstehen.

Das bedeutet für Sie als BewerberIn: unternehmerisch denken. Es geht darum, Ihre Arbeitskraft, Ihr Können zu »vermarkten«.

Dazu müssen Sie Ihr Produkt (Ihre Fähigkeiten) bestens kennen, die potentiellen Käufer (in diesem Fall die Arbeitgeber) und deren Kauf- und Entscheidungsverhalten gut studiert haben und einen Kommunikationsweg finden, nun das Käuferverhalten in Ihrem Sinne positiv zu beeinflussen.

Die wichtigsten Fragen sind dabei: Was wollen Sie kommunizieren? Wie lautet Ihre Botschaft? Was ist Ihr eigentliches Ziel?

Sichtweise

Was will Ihr »Kunde«, der potentielle neue Arbeitgeber, ist die zentrale Frage für die nun folgenden Kapitel. Worauf wird bei der Auswahl neuer Führungskräfte auf Arbeitgeberseite wirklich geachtet? Auf welche Weise erfüllen Sie das Anforderungsprofil, um einen Arbeitsplatzwechsel erfolgreich durchzuführen, und wie spiegelt sich dieses in Stellenanzeigen?

Kundenwünsche – wovon Arbeitgeber träumen

Mit welchen Wünschen werden Sie konfrontiert, wenn Sie sich bewerben? Was sind die persönlichen und beruflichen Anforderungen, die man von Arbeitgeberseite an Sie stellt? Wovon träumen Ihre »Kunden«?

Arbeitgeber-Entscheidungskriterien

Unsere über zehnjährige Forschungs- und Beratungsarbeit zur speziellen Thematik »Prüfungssituation Bewerbung« hat als Quintessenz drei entscheidende Faktoren ergeben, auf die es aus der Sicht der Arbeitgeber bei einem Bewerber ankommt:

- die Persönlichkeit des Bewerbers,
- seine Leistungsmotivation und
- seine Kompetenz.

Das bedeutet:

1. Mobilisiert der Bewerber Sympathiegefühle, kann man sich mit ihm »wohlfühlen« und paßt er zum Team, zum Unternehmen (bzw. zur Institution)? Haben Sie die gleiche Wellenlänge?
2. Was bewegt den Bewerber, was sind seine Motive für Arbeitsplatz- und Aufgabenwahl, und ist er motiviert, Außerordentliches zur Verwirklichung von Unternehmens- bzw. Institutionszielen zu leisten?
3. Verfügt er über die erforderlichen generellen wie fachlichen Qualifikationsmerkmale (Ausbildung/Berufserfahrung)?

Während Sympathie (wie auch Antipathie) bei einer ersten Begegnung sofort spontan affektiv spürbar ist, werden die

Schlüsselmerkmale Leistungsmotivation und Kompetenz attribuiert (d.h. im Gesprächsverlauf attestiert). Sie sind Merkmale, die sich nicht unmittelbar affektiv mitteilen. Und dennoch: Es geht bei der Leistung und dem Können auch um Zutrauen, und das bedeutet Vertrauen, also doch wieder auch um die Beteiligung von Gefühlen.

Jedoch: Leistungsmotivation und Kompetenz offenbaren sich nicht so schnell wie das zentrale, auf die Persönlichkeit bezogene und auch durch unbewußte Faktoren mitgesteuerte Sympathiegefühl.

Aus Bewerbersicht muß es daher Ziel sein, diese drei Essentials (Persönlichkeit, Leistungsmotivation und Kompetenz) während des gesamten Bewerbungsverfahrens als Signale so »auszusenden«, daß sie beim Arbeitgeber »ankommen«.

Essentials

Sie erinnern sich an die intensive Auseinandersetzung mit den vier Fragen zu Ihrer Standortbestimmung: Wer bin ich? Was kann ich? Was will ich? Was ist möglich?

Ihre Ausarbeitungsergebnisse dazu fließen jetzt direkt in die Themen, in die Bewerbungs-Prüfungsbereiche Persönlichkeit, Leistungsmotivation und Kompetenz ein. Nun kommt es auf die von Ihnen ausgewählten Keywords an.

- Was für ein Mensch sind Sie, wie präsentieren Sie sich?
- Wie bringen Sie Ihre Leistungsmotivation deutlich zum Ausdruck?
- Wie vermitteln Sie überzeugend Ihre Kompetenz?

Der zentrale Faktor

Die Reihenfolge ist nicht zufällig gewählt. Am wichtigsten ist Ihre Person, Ihre Wesensart. Der zentrale Faktor Persönlichkeit spielt auch bei allen anderen Themen eine bedeutsame Rolle.

Vor der Abklärung Ihrer Kompetenz steht die Frage nach Ihrer Leistungsmotivation: Was bewegt Sie, und wie stark ist Ihre Antriebskraft? Wie sehen Ihre Ziele aus, und was setzen Sie ein, um diese zu erreichen? Wie läßt sich der Leistungsaspekt bei Ihnen in der Vergangenheit beschreiben, und welche Prognosen kann man daraus für die Zukunft ableiten?

Deutlich abgeschlagen hinter diesen beiden Aspekten folgt erst der Kompetenz-Faktor. Adäquate Ausbildung und einschlägige Berufserfahrung als Komponenten der fachlichen Qualifikation sind Basis und werden eigentlich vorausgesetzt.

Wichtigstes Kriterium: Persönlichkeit

Kompetenz spielt in der Bewerbungssituation natürlich schon eine gewichtige Rolle, aber nicht die absolut entscheidende. Auch der kompetenteste Kandidat kann sehr wohl scheitern, wenn seine Persönlichkeit nicht den Wunsch aufkommen läßt, mit ihm zusammenzuarbeiten.

Die drei entscheidenen Faktoren für den Bewerbungserfolg kennen Sie jetzt. Worauf achten Personalchefs nun aber im einzelnen, worauf kommt es bei der Persönlichkeit, Leistungsmotivation und Kompetenz detailliert an? Ein Ekelpaket kann ja auch Persönlichkeit und Leistungsmotivation haben, nur eben nicht die richtige ...

Anforderungsprofile

Wie sehen die Anforderungsmerkmale aus? Zunächst zu den wesentlichen Aufgaben von Führungskräften, die man in 10 Punkten zusammenfassen kann:

1. Innovationsfunktion
2. Zielsetzungs- und Planungsfunktion
3. Delegationsfunktion
4. Koordinationsfunktion
5. Entscheidungsfunktion
6. Motivationsfunktion
7. Kontrollfunktion
8. Informationsfunktion
9. Repräsentationsfunktion
10. Personalbetreuungs- und -auslesefunktion

Es folgt ein detailliertes Anforderungsprofil für Führungskräfte, systematisiert nach den drei Aspekten Persönlichkeit, Leistungsmotivation und Kompetenz:

Persönlichkeit

1. Anforderungen an das Interaktionsverhalten
   - Kontaktfähigkeit
   - Kooperationsfähigkeit
   - Verhandlungsgeschick
   - Durchsetzungsfähigkeit
   - Motivationsfähigkeit
   - Kontrollfähigkeit
   - Personalbetreuungs- und -auslesefähigkeiten
   - Informationsbereitschaft
2. Anforderungen an die Selbständigkeit
   - Zielstrebigkeit
   - Selbstbewußtsein
   - Verantwortungsbewußtsein und -bereitschaft
   - Kritikfähigkeit
   - Zuverlässigkeit

3. Anforderungen an das Entscheidungsverhalten
   - Risikobereitschaft
   - Entscheidungskompetenz
4. Anforderungen an Delegationsbereitschaft und -verhalten
   - Informationsfähigkeit und -bereitschaft
5. Anforderungen an die Belastbarkeit
   - Streßtoleranz
   - Vitalität
6. Anforderungen an die Flexibilität
7. Anforderungen an das Repräsentationsvermögen

Leistungsmotivation

1. Anforderungen an die Zielstrebigkeit
   - Durchhaltevermögen
   - Durchsetzungsvermögen
   - Frustrationstoleranz
   - Erfolgsorientierung
   - Vitalität
2. Anforderungen an die intrinsische Motivation
   - Idealismus
   - Identifikationsbereitschaft mit Unternehmen/Institutionszielen
3. Anforderungen an die extrinsische Motivierbarkeit
   - gesunder Materialismus
4. Anforderungen an die physische Fitneß
   - gesundheitliches Wohlbefinden
5. Anforderungen an die psychische Konstitution
   - weitgehend unneurotische Persönlichkeitsstruktur
6. Anforderungen an die Selbstkontrollfähigkeiten
   - Autonomie
   - Zuverlässigkeit
   - Selbstdisziplin

7. Anforderungen an systematische Arbeitsorganisation
   - Zieldefinitionsfähigkeit
   - Arbeitseffizienz
   - Kosten/Nutzen-Bewußtsein

(Natürlich gibt es hier Überschneidungen mit den vorher unter »Persönlichkeit« aufgeführten Anforderungsmerkmalen.)

Positionsbezogene Kompetenzanforderungen

1. Bildungsanforderungen
   - Schulbildung
   - berufliche Grundausbildung
   - Fremdsprachenkenntnisse
   - Lern- und Weiterbildungsbereitschaft
2. Berufsspezifische Anforderungen
   - beruflicher Werdegang
   - Berufserfahrung
   - Branchenkenntnisse
   - Produktkenntnisse
3. Aufgabenspezifische Anforderungen
   - Routineresistenz
   - Kreativität
   - Planungs- und Organisationsfähigkeit
   - Koordinationsfähigkeit
   - Problembewußtsein
   - Problemlösungsfähigkeit
   - Ausdrucksfähigkeit (verbal/schriftlich)
   - technisches Verständnis
   - künstlerische Begabung
   - manuelles Geschick

4. Unternehmensspezifische Anforderungen
   - unternehmenspolitische Anforderungen
   - Führungsstil
   - Normsystem/Unternehmenskultur
   - sozial-gesellschaftliche Normen
   - religiöse
   - politische
   - familiäre
   - gesetzliche
   - mitarbeiterorientierte Anforderungen
   - unternehmenszielorientierte Anforderungen

Es ist leicht einzusehen, daß Persönlichkeit, Leistungsmotivation und Kompetenz nicht konsequent isoliert voneinander betrachtet werden können. Trotzdem ist es sehr hilfreich, sich diese drei wichtigen Aspekte zunächst einmal einzeln zu verdeutlichen.

Wenn Sie ein kompetitiver (auf »competition«, also auf Wettbewerb, Rivalität ausgerichteter) Mensch sind, steuert das Ihre Leistungsmotivation und hat Einfluß auf Ihre Wesensart (Persönlichkeit, gekennzeichnet z.B. durch Ehrgeiz bis hin zu Verbissenheit, Egoismus).

Die nun folgende, erweiterte Liste von Anforderungsmerkmalen stellt eine Verdichtung von Faktoren dar, die für das Bewerberprofil relevant sind:

1. Soziale Kompetenz
2. Systematisch-zielorientiertes Denken und Handeln
3. Aktivitätspotential
4. Ausdrucksfähigkeit

Was darunter im einzelnen zu verstehen ist, verdeutlicht die folgende Übersicht:

1. Soziale Kompetenz
   - Sensibilität
   - Kontaktfähigkeit
   - Kooperationsfähigkeit
   - Integrationsvermögen
   - Informationsbereitschaft
   - Selbstkontrolle

2. Systematisch-zielorientiertes Denken und Handeln
   - analytisches Denken
   - konzeptionelles Denken
   - kombinatorisches Denken
   - effiziente Arbeitsorganisation
   - Entscheidungsvermögen
   - Planungs- und Kontrollvermögen

3. Aktivitätspotential
   - Arbeitsmotivation
   - Führungsmotivation
   - Autonomie
   - Durchsetzungsvermögen
   - Selbstvertrauen

4. Ausdrucksfähigkeit
   - mündliches und schriftliches Darstellungsvermögen
   - rhetorische Fähigkeiten

Schlagworte, mögen Sie denken, alles schön und gut – was diese einzelnen Kategorien inhaltlich bedeuten, bleibt erklärungsbedürftig.

Soziale Kompetenz

- Sensibilität
  Einfühlungsvermögen, Probleme und Gefühle anderer erkennen und berücksichtigen
  Realistische Einschätzung der Wirkung der eigenen Person auf andere
- Kontaktfähigkeit
  Auf andere zugehen können, leicht ins Gespräch kommen
  Offenheit bezüglich eigener Ziele, Absichten, Methoden
  Vertrauensvoller und hilfsbereiter Umgang mit anderen
- Kooperationsfähigkeit
  Aufgreifen und Weiterführung der Ideen anderer
  Sich nicht auf Kosten anderer durchsetzen
  Erfolg mit anderen teilen
  Verzicht auf Konkurrenzdenken, Machtinteressen und Rivalität
- Integrationsvermögen
  Ursachen von Konflikten erkennen und Lösungen anstreben
  Unterschiedliche Interessen zielgerichtet »kanalisieren« ohne Aufgeben des eigenen Konzepts
- Informationsbereitschaft
  Andere mit Informationen versorgen
  Wichtige Informationen nicht zurückhalten
  Zuhören können und Zeit für Gespräche haben
- Selbstkontrolle
  Auf Angriffe nicht aggressiv reagieren
  Andere nicht provozieren
  In der Stimmungslage berechenbar sein

Systematisch-zielorientiertes Denken und Handeln

- analytisches Denken
  - Gemeinsamkeiten zwischen unterschiedlichen Sachverhalten erkennen
  - Allgemeine Regeln aus der Betrachtung von Einzelfällen ableiten können und auf die Ziele anwenden
- konzeptionelles Denken
  - Entwickeln von Problemlösungsstrategien
  - Erstellen einer adäquaten Rangfolge von Einzelschritten bei der Projektplanung
- kombinatorisches Denken
  - Verarbeitung und Übernahme von Informationen und Denkweisen anderer Fachdisziplinen
  - Kombinieren vorhandener Daten in neuartiger Weise und Entwickeln von Alternativen
- effiziente Arbeitsorganisation
  - Einhalten von Terminen und Absprachen
  - Überblick halten und Aufgaben verteilen können
  - Eigene Aufgaben bis zum kompletten Abschluß bringen
- Entscheidungsvermögen
  - Einbeziehung aller verfügbaren Informationen
  - Anfordern und Bewerten von Alternativen
  - Kein Auf- oder Abschieben von Entscheidungen
  - Kalkulierbares Risiko eingehen
  - Folgen der Entscheidung bedenken
- Planungs- und Kontrollvermögen
  - Arbeitsziele formulieren
  - Ordnungskriterien suchen und sichtbar machen
  - Planvolles Vorgehen
  - Arbeitsabläufe aufeinander abstimmen
  - Komplexe Sachverhalte schnell strukturieren können
  - Überprüfung der Planerfüllung

Aktivitätspotential

- Arbeitsmotivation
  Konstantbleiben der Arbeitsleistung auch bei komplexen Aufgaben
  Anstehende Arbeiten selbständig schnell erledigen
  Kurzfristige Veränderungen akzeptieren und verarbeiten
- Führungsmotivation
  Aufnahme und Organisation von Führungsrollen
  Initiativen zur Durchführung eines Interessenausgleichs im Mitarbeiterbereich
  Konzentration mehr auf die Arbeitsergebnisse als auf den Arbeitsprozeß
- Autonomie
  Selbständiges Arbeiten ohne Anweisungsbedarf
  Eigenständige Formulierung neuer Aufgaben und Ziele
  Streben nach verbesserten Arbeitsergebnissen
  Bereitschaft, Neues zu erkunden und zu erlernen
- Durchsetzungsvermögen
  Ziele nicht aus dem Auge verlieren
  Eigenen Standpunkt auch gegen Widerstände durchsetzen
  Konkurrenzsituationen nicht ausweichen
  Stark zielorientiertes Vorgehen
- Selbstvertrauen
  Bei Rückschlägen nicht aufgeben
  Sich von Fakten und Sachverhalten, nicht von der Persönlichkeit anderer beeinflussen lassen
  Erfolgsorientiertes und -sicheres Denken und Fühlen

Ausdrucksfähigkeit

- mündliches und schriftliches Darstellungsvermögen
  Klare, verständliche Sprache
  Flüssige Formulierung, akustisch gut zu verstehen
  Stilsichere Sprachgewandtheit im Schriftlichen
- rhetorische Fähigkeiten
  Argumentative Überzeugungskraft

Nicht verzweifeln

Sollten Sie spätestens an dieser Stelle – was Ihre eigene Person angeht – Differenzen zwischen Soll und Haben feststellen, darf das kein Anlaß für eine reaktive Depression sein. Schließlich werden ja beim Einstieg in den »Bewerbungszirkus« vor allem Ihre schauspielerischen Fähigkeiten auf die Probe gestellt. Die in der Branchensprache als »High Potentials«, »Hochtalente« oder »Goldfische« geltenden Kandidaten sind vor allem Meister der Selbstdarstellung – und auch diese ist für Sie erlernbar.

Anforderungsprofile im Spiegel von Stellenanzeigen

Eine Durchsicht der Anforderungen an Führungskräfte, wie sie sich in Stellenangeboten von FAZ-Wochenendausgaben finden, zeigt ein hohes Maß an Übereinstimmung bezüglich der wichtigsten erwünschten Eigenschaften, die Bewerber auszeichnen sollen. Diese Merkmale sind interessanterweise weitgehend unabhängig von der jeweiligen Branche und der speziell zu besetzenden Position.

Die geforderten Qualifikationsmerkmale stimmen auch mit unserer Systematisierung »Persönlichkeit, Leistungsmotivation und Kompetenz« überein.

Im Mittelpunkt des Arbeitgeberinteresses stehen dabei

Anforderungen an die Persönlichkeit des Bewerbers. Gewünscht wird ...

Wir suchen eine engagierte und erfolgreiche Persönlichkeit.

Die menschliche Qualifikation unserer Mitarbeiter ist uns sehr wichtig. Erfolg und Menschlichkeit stehen bei uns in engem Zusammenhang.

... persönliche Ausstrahlung, sicheres Auftreten ...

Die Aufgabe erfordert Kontaktfähigkeit, sicheres Auftreten und Durchsetzungsvermögen.

Persönlich sollten Sie durch Eigeninitiative, Engagement und Freude an selbständiger Arbeit überzeugen sowie Kooperationsbereitschaft mitbringen.

Persönlich werden Sie uns überzeugen, wenn Sie analytisches Denkvermögen, eine zukunftsgerichtete Betrachtungsweise, Kontaktfreudigkeit sowie Einfühlungsvermögen und Überzeugungskraft besitzen.

Persönlich ist er aktiv, engagiert, zuverlässig und kostenbewußt.

... gewandtes Auftreten ...
... Kontaktfreudigkeit und sicheres Auftreten ...

Diese in hohem Maße eigenverantwortliche Position erfordert eine dynamische Person, die mit Engagement und Energie unsere anspruchsvollen Unternehmensziele verwirklicht.

In persönlicher Hinsicht erwarten wir Kontaktfreudigkeit, Initiative, Durchsetzungsvermögen sowie eine gewandte und prägnante Ausdrucksweise in schriftlicher und mündlicher Form.

Immer wieder werden Anforderungen an die Persönlichkeit mit Leistungsvariablen kombiniert. Der zweite Aussagepunkt ist Leistungsmotivation. Erwünscht ist vor allem die Bereitschaft, etwas Außerordentliches zu leisten:

Einsatzbereitschaft und der Wille zum Erfolg.
Die Realisierbarkeit von Konzepten, Abstraktionsfähigkeit und überdurchschnittliches Engagement, verbunden mit hoher Mobilität haben Sie unter Beweis gestellt.

Kontaktfähigkeit und Verhandlungsgeschick, sehr gute analytische Fähigkeiten, hohe Leistungsbereitschaft, ausgeprägte Argumentationsfähigkeit und Durchsetzungskraft, Freude an Teamarbeit und Fähigkeit, komplexe Zusammenhänge einfach darzustellen.

Sie passen am besten in unser junges Team, wenn Sie
- *überdurchschnittlich engagiert sind*
- *Initiative und Aufgeschlossenheit zeigen*
- *eigene Ideen entwickeln können*
- *selbständig arbeiten können*
- *Mobilität besitzen.*

Belastbarkeit, Eigeninitiative, Wunsch nach selbständigem Arbeiten, Fähigkeiten zu konzeptionellem und kreativem Denken.

Die weiteren Anzeigentexte vermischen noch stärker als die vorangegangenen Beispiele Persönlichkeitsmerkmale und

Leistungsorientierung. Es werden zusätzlich Kompetenzmerkmale angesprochen, die vor allem Führungsfähigkeit implizieren:

Unsere Kunden erwarten ...
Fachliche Kompetenz durch ein abgeschlossenes Studium, einschlägige, mehrjährige Berufserfahrung und Kenntnisse in der Personalwirtschaft/Organisation.

Soziale Kompetenz durch die Fähigkeit, Führungskräfte und Spezialisten situationsgerecht zu beraten sowie Gruppenprozesse zu steuern und zu begleiten.

Methodische Kompetenz durch das Beherrschen moderner Führungs-, Moderations- und Organisationsmethoden.

Beherrschung des Management-Instrumentariums, konzeptionelles und analytisches Denken, Motivationsfähigkeit und Durchsetzungsvermögen sowie Verhandlungsgeschick ...

»Unser Mann« überzeugt durch Fachkompetenz, zupakkenden mittelständischen Arbeitsstil und zielorientierte Führung ...

Kreativität, Überzeugungs- und Führungsstärke werden ebenso vorausgesetzt wie die Fähigkeit zu positiver Zusammenarbeit ...

Nachweisbare Qualifikation, persönliches Engagement, hohes Potential ...

Ihr Profil: Handfestes Organisationsgeschick, konzeptionelles Denken, Integrationsfähigkeit, hohes Maß an Einsatzbereitschaft ...

... die Fähigkeit, analytisch konzeptionell und operativ zu arbeiten, sowohl allein, als auch im Team ...

Hervorragende technische und kaufmännische Kenntnisse, Initiative, Verhandlungsgeschick mit in- und ausländischen Kunden, verbunden mit der Zähigkeit in der Verfol-

gung der gesetzten Ziele sowie vorbildhaftes persönliches Engagement in der Führung der unterstellten Mitarbeiter sind für diese Aufgabe unverzichtbar.

Profunde Erfahrung in der sensiblen Führung von Mitarbeitern sollte Ihren bisherigen Werdegang kennzeichnen.

... die Fähigkeit, Mitarbeiter kooperativ zu führen und zu motivieren, eine zielstrebige, analytisch-konzeptionelle Arbeitsweise, viel Eigeninitiative und Ideenreichtum, Verhandlungs- und Organisationsgeschick, sowie ein sehr gutes Ausdrucksvermögen.

... Projekte ergebnisorientiert planen und organisieren sowie die einzelnen Maßnahmen mit Eigeninitiative, Elan und Durchsetzungsvermögen umsetzen.

Darüber hinaus erwarten wir ausgeprägtes konzeptionelles Denken, Stärken in der Kommunikation, die Fähigkeit, Entscheidungen zu treffen und Verantwortung zu übernehmen, sowie Freude an Teamarbeit.

... unternehmerisch denkend, fachlich versiert ...

... Mitarbeiter fachlich anleiten und motivieren ...

... motivierende Führung der Ihnen unterstellten Mitabeiter und deren Einsatzplanung ...

... entwickeln Konzepte und setzen strategisch Impulse ...

Ein guter Praktiker mit vermittelndem Teamgeist und trotzdem starkem Durchsetzungsvermögen wäre der ideale Kandidat, der nicht älter als 45 Jahre sein sollte.

... sind innovativ und denken analytisch ...

... organisatorisches Talent ...

Sie übernehmen eine eingespielte, junge Mannschaft, der Sie ein zielgerichteter Vorgesetzter sein sollen.

... die Fähigkeit, unter Termindruck ein Team zielorientiert zu führen ...

... Verhandlungsgeschick, Führungsfähigkeit ...

... Loyalität, absolute Diskretion, Organisationsgeschick,

ausgezeichneter mündlicher und schriftlicher Ausdruck, Fremdsprachenkenntnisse ...

Sie haben ... Organisationsgeschick, verfügen über Flexibilität wie auch über ein kommunikatives Wesen und Teamgeist.

Verantwortungsvolle und motivierende Personalführung ist ein wesentlicher Bestandteil unserer Unternehmenskultur.

... qualifiziert und verantwortungsbewußt ...

... analytischer Verstand, Verhandlungsgeschick, gute organisatorische Fähigkeiten ...

Abschlußbemerkung. Um es mit Shakespeare zu sagen: Was Ihr wollt.

Der ideale Kandidat

Man sucht den jung-dynamischen Bewerber mit der Erfahrung des alten Hasen. Es geht zu wie im Märchen mit der Prinzessin, für die ein Gemahl gesucht wird. Viele bewerben sich, aber der schönen jungen Prinzessin ist keiner gut genug. Alle heiratswilligen Kandidaten fallen durch die Prüfung, den Test. Märchen- wie Arbeitskandidaten müssen vorturnen, unlösbare Aufgaben, schwierigste Auswahlprozeduren über sich ergehen lassen.

Wetten, daß viele nachweislich erfolgreiche Führungskräfte, die sich inkognito bei anderen Firmen bewerben würden, eine gute Chance hätten, abgewiesen zu werden?

Das Wichtigste zusammengefaßt:

Die drei entscheidenden Faktoren für den Bewerbungserfolg sind zweifelsohne Persönlichkeit, Leistungsmotivation und Kompetenz. Diese Keywords bestimmen, inwieweit der Kandidat auch das restliche

Anforderungsprofil erfüllt. Dabei geht es im einzelnen besonders um soziale Kompetenz, systematisch-zielorientiertes Denken und Handeln, ein gutes Aktivitätspotential und sichere Ausdrucksfähigkeit.

Die Wunschzettel der Arbeitsplatzanbieter – so eine kurze Stellenanzeigenanalyse – sind lang, und oft gelingt es nur recht verschwommen, auf den Punkt zu bringen, worauf es den Arbeitgebern wirklich ankommt. Immer wieder wird nach dem Messias, dem Märchenprinz, einer Traumprinzessin Ausschau gehalten. Kein Wunder, daß den Bewerbern die auferlegten Prüfungen bisweilen wie im Märchen nicht nur schwerfallen, sondern auch oft genug mißlingen.

Einstellungssache

Wen kennen Sie am besten? Sich selbst? Vielleicht fällt es gerade deshalb so schwer, sich einer anderen Person gegenüber angemessen darzustellen. Und das vor allem, wenn man diese nicht kennt, nicht weiß, worauf es dem Gegenüber in der Bewerbungssituation wirklich ankommt, und man das ganze zunächst einmal schriftlich bewältigen muß.Was sind die psychischen Barrieren, mit denen Bewerber sich auseinanderzusetzen haben, und warum ist die richtige Einstellung zu Ihrer Einstellung so wichtig?

In eigener Mission

Nicht ohne Grund tun wir uns schwer, wenn es um die positive Darstellung unserer selbst geht, das Benennen von Qualitäten, von herausragenden Leistungen, die wir erbracht haben. Das Erziehungsmotto »Eigenlob stinkt«, eine uns oft mit brachialer elterlicher Gewalt antrainierte Bescheidenheit, die uns stets auferlegte Zurückhaltung, kulminiert jetzt in der Bewerbungssituation häufig in Form eines mangelnden Selbstwertgefühls, eines defizitären narzißtischen Gleichgewichts.

Wir alle kennen das Phänomen: Für eine fremde Sache oder andere Personen können wir uns viel besser engagieren, deren Interessen deutlich erfolgreicher vertreten, als unsere eigenen Belange. So versagen oft auch nachweislich erfolgreiche Top-Führungskräfte, wenn es darum geht, die eigenen Qualitäten und Leistungen in der Prüfungssituation Bewerbung auf den Punkt zu bringen und überzeugend darzustellen.

Und noch ein weiterer Gedanke: Sie werden uns zustimmen, daß die Formulierung einer Heiratsannonce oder das Antwortschreiben auf eine solche eine heikle Sache ist. Heikel nicht etwa im moralischen Sinne, sondern wirklich schwierig, weil dieses Unterfangen zeitaufwendig ist, wenn man/frau seiner eigenen Person gerecht werden und damit auch Erfolg haben will.

Selbstdarstellung

Nicht viel anders verhält es sich bei der Gestaltung des Bewerbungsanschreibens, insbesondere des Lebenslaufes. Dabei steht außer Zweifel, daß jeder Mensch im persönlichen wie im beruflichen Bereich Qualitäten besitzt. Die Frage ist nur, ob Sie diese wirklich kennen und in der schriftlichen Bewerbung angemessen darstellen können, so daß Ihr Gegenüber, der Leser Ihrer Bewerbungsunterlagen, Interesse an Ihrer Person bekommt, verbunden mit dem Wunsch, Sie persönlich kennenzulernen.

Sie kommen höchstwahrscheinlich nicht daran vorbei, eine neue Form der Selbstdarstellung zu erlernen. Für die Bewerbungssituation, den Arbeitsplatzwechsel, gelten spezielle Spielregeln und Kommunikationsformen.

Gerade in dieser Situation ist es jetzt besonders notwendig, sich selbst gut zu »managen« – mit anderen Worten: sich erfolgreich zu »vermarkten«.

Ein wichtiger Aspekt für Ihre weitere berufliche Zukunft ist also das Erlernen von speziellen Bewerbungstechniken und -strategien, um die eigenen Interessen und Ziele durchzusetzen.

Gut verpackt ist jede Ware attraktiver für den potentiellen Käufer. Das gilt insbesondere für die »Ware« Arbeitskraft. Oder mit Goethe: »Nur die Lumpen sind bescheiden – Brave freuen sich der Tat.«

Zum Hintergrund des Unbehagens

Woher kommt eigentlich das Unbehagen, das sich meist schon bei der gedanklichen Vorstellung einer Bewerbungssituation spontan einstellt? Ein Hauptgrund ist die Abneigung, sich einem Anpassungs- und Unterwerfungsritual zu unterziehen, das klar die Gefahr beinhaltet, als Person abgewiesen zu werden.

Prüfung

Hinzu kommt das Bewußtsein, daß die klassischen Prüfungssituationen in Schule, Studium und Berufseinstieg zum Glück der Vergangenheit angehören und man sich einem derartigen Streß gottlob nicht mehr unterziehen muß. Vielleicht tragen Sie derzeit sogar selbst Personalverantwortung und haben für die Auswahl und Einstellung neuer Mitarbeiter zu sorgen und sind froh, die Prüfungssituation Bewerbung von der anderen Seite her zu kennen.

In einem erweiterten Sinne ist jeder von uns täglich vielen Bewerbungssituationen ausgesetzt: immer wenn es darum geht, für ein eigenes Anliegen zu werben, sei es beruflich oder privat. Gemeinsamer psychologischer Hintergrund aller Bewerbungssituationen ist der Wunsch, willkommengeheißen und angenommen zu werden, verbunden mit der gleichzeitigen Angst vor Abweisung. Die Bewerbungsthematik begleitet uns lebenslang.

Sie werden erstaunt sein, aber bereits im embryonalen Stadium unserer Existenz befinden wir uns quasi in einer ersten Bewerbungssituation. Schon hier geht es um die Frage: Werde ich von den Eltern (später an deren Stelle von den Vorgesetzten) angenommen? Entspreche ich den allgemeinen Wünschen – Junge oder Mädchen, angehende Eiskunstläuferin oder ein Doktor der Medizin in spe? – später: Bin ich der ideale Kandidat für den neuen Aufgabenbereich?

Kindheit

Deutliche Bewerbungsherausforderungen begleiten uns durch die Kindheit. Die Qualität des Gedichtaufsagens vor der Autoritätsfigur Weihnachtsmann scheint eine Auswirkung auf die Verteilung der Geschenke zu haben und die Einstiegsphase bei Kindergarten- und Schulbesuch sind klassische Bewerbungssituationen für den Neuankömmling.

Vergleichbare Rituale

Auch bei der Partnersuche und -auswahl geht es um nichts anderes als um ein typisches Bewerbungsritual (Kleidung, Auftreten, Gesprächsführung: Was sagt man wie?). Die klassische Korrespondenz, die Liebesbriefe, sind durchaus vergleichbar mit dem Bewerbungsanschreiben für eine ausgeschriebene Position. Kontakt- und Heiratsanzeigen weisen so gesehen Parallelen zu Stellenanzeigen auf.

Das Alltagsleben steckt so betrachtet voller Bewerbungssituationen: Da bewirbt man sich um eine Wohnung und muß sich vor dem Vermieter quasi entblößen (»Sind Sie verheiratet? Haben Sie Kinder, Hunde oder Katzen? Was verdienen Sie…?«). Und auch das Kreditgespräch am Bankschalter hat den Charakter einer Bewerbung. Selbst die an eine fremde Person auf der Straße gerichtete Frage nach der Uhrzeit oder einer bestimmten Adresse beinhaltet immer auch den Test, ob man wohl mit seinem Anliegen bei seinem Gegenüber ankommt, brauchbare Auskunft erhält.

Wer wichtige Wünsche an andere hat, setzt sich auch immer der Möglichkeit aus, abgewiesen zu werden. Das bewußte Reflektieren der Gefahr einer narzißtischen Kränkung hilft, das Unbehagen vor und bei einer Bewerbungssituation weitgehend in den Griff zu bekommen und sich auf die Chancen zu konzentrieren.

Die richtige Einstellung zu Ihrer Einstellung

Wie Sie spüren, geht es um Ihre Einstellung. Das ist durchaus bewußt doppeldeutig formuliert, denn vieles im Leben ist eben Einstellungssache. Wie wir das meinen?

Wer wirklich überzeugt ist, daß er/sie dies oder jenes erreichen bzw. bekommen kann, ist seinem Ziel ganz sicher schon ein Stückchen näher. Und ein Ziel sollte man schon haben.

Mentale Vorbereitung

Worum geht es? Jede Bewerbung bedarf einer mentalen Einstimmung und Vorbereitung, um auf diese Weise fest bzw. gefestigt im Glauben sein Ziel auch wirklich zu erreichen.

Nicht nur im Sport weiß man die Nützlichkeit dieser »Psychotechnik« zu schätzen und bedient sich ihrer. In der Medizin gewinnt sie täglich an Bedeutung. Mentales Training wird in der sich immer mehr verbreitenden Erkenntnis des Zusammenhangs von Seele und Körper (Psychosomatik) gezielt eingesetzt, um Behandlungserfolge und damit Gesundungsprozesse abzusichern, ja bisweilen sogar erst wirklich zu ermöglichen.

Zurück zu unserem Thema: Die mentale Vorbereitung, Ihre Einstellung zu dem Vorhaben Arbeitsplatzwechsel/Aufstieg und damit Ihre Einstellung zur Einstellung, ist von grundlegender Bedeutung.

Wieso? Nun, einmal angenommen, ein Bewerber geht voller Zweifel darüber, ob er wirklich die angebotene Position haben möchte, zum Vorstellungsgespräch. Vielleicht plagt ihn zusätzlich sogar noch Unsicherheit bezüglich seiner eigenen Kompetenz für die neue Aufgabe.

Die Wahrscheinlichkeit, daß man diesem Bewerber einen Arbeitsplatz anbietet, ist doch wohl sehr gering. Seine nicht wirklich vorhandene Motivation und seine Mißerfolgserwartung wird auf die eine oder andere Art im Vorstellungsgespräch »rüberkommen« und dem Arbeitsplatzanbieter auffallen. Verständlich, daß dieser sich dann für einen anderen Bewerber entscheidet.

Falsch wäre aber auch jetzt der Umkehrschluß, der Bewerber bekäme den Arbeitsplatz allein schon deshalb, weil er nur ganz fest daran glaubt, genau der Richtige zu sein, die maximale Kompetenz mitzubringen. Womöglich erklärt unser Beispiel-Bewerber seinem Gegenüber gleich zu Anfang des Vorstellungsgesprächs, daß er zweifelsfrei der einzig richtige Kandidat sei. Natürlich ist auch dies ein relativ sicherer Weg, sich alle Chancen auf den neuen potentiellen Arbeitsplatz zu verbauen.

Überzeugungskraft

Und trotzdem: Sie als Bewerber müssen schon von sich, von Ihren Qualitäten und Qualifikationsmerkmalen überzeugt sein. Wer denn sonst, wenn nicht an erster Stelle Sie?

Selbstverständlich spielen auch Ihre Mitmenschen eine nicht zu unterschätzende Rolle dabei. Glaubt man an Sie, an Ihre Fähigkeiten, oder wird Ihnen vermittelt – direkt, offen oder versteckt angedeutet –, Sie seien ein Pechvogel (oder ähnliches in schwächerer bzw. stärkerer Form)?

Eine Bewerbung ist somit immer auch ein gutes Stück Überzeugungsarbeit. Wer überzeugen will, braucht Kraft (nämlich Überzeugungskraft). Diese muß man zunächst aus sich selbst schöpfen können (dazu muß sie aber erst mal vorhanden sein). Es bedarf aber immer auch einer gewissen Unterstützung durch die Umwelt.

Wer als Kind ständig gesagt bekommt »Laß das, Finger weg, das kannst Du nicht, Du bist ein Tollpatsch, Dummkopf« usw., wird später auf seinem »Selbstvertrauens-(Bank-)Konto« eher ein Minus, also ein deutliches Defizit haben und sich schwertun, wenn er darauf zurückgreifen will, oder es vielleicht nur kurzfristig »überziehen« möchte.

Anders, wenn glückliche Umstände und/oder Personen im rechten Augenblick und Maß dem Kind wiederholt signalisieren: Das schaffst du schon, auch wenn es schwierig ist, wir glauben an dich, du bist O.K., nur weiter so ... Hier wird ein gut gefülltes »Selbstvertrauens-(Bank-)Konto« im Erwachsenenleben (und damit auch bei beruflichen Dingen) zur Verfügung stehen, auf das man zurückgreifen und es getrost auch in Maßen überziehen kann.

Nehmen Sie sich Zeit

Mit diesen Anregungen, liebe Leserin, lieber Leser, möchten wir Ihnen einen Augenblick des Insichkehrens empfehlen. Wir wünschen Ihnen für diese Bewerbungs-Vorüberlegungsphase eine gute und konstruktive Auseinandersetzung mit sich selbst, aber auch mit den Ihnen sehr nahestehenden Menschen in Ihrer unmittelbaren Umgebung. Nehmen Sie sich diese Zeit, und seien Sie geduldig, sowohl mit sich als auch mit Ihrer Umwelt. Eine intensive Auseinandersetzung mit Ihrer inneren Einstellung zu der vor Ihnen liegenden Aufgabe Arbeitsplatzwechsel wird Ihnen sehr bei diesem wichtigen Vorhaben helfen. Dies gilt übrigens generell für alle wichtigen Unternehmungen in unserem Leben.

Arbeitsplatzwechsel

Noch auf ein Wort: Die meisten Bewerbungsratgeber beginnen mit einer Warnung an den Leser: Kündigen Sie Ihren Arbeitsplatz nicht, bevor Sie einen neuen Arbeitsvertrag unterschrieben in der Hand halten. Mag der momentane Frust bei Ihrem jetzigen Job auch noch so groß sein, handeln Sie nicht unüberlegt – lautet die Mahnung der Personalchefs und Berater.

Wer erst nach seiner Kündigung auf Arbeitsplatzsuche geht, gerät unter Druck und ist vielen potentiellen Chefs suspekt. Noch schlimmer: Wer arbeitslos ist und sich aus dieser Situation heraus bewirbt, erfährt häufig Mißtrauen und Ablehnung.

Wir ersparen uns und Ihnen hier diese mahnenden Worte. Sie werden wissen, was Sie tun, und dies verantworten können. Trotzdem dazu ein Kommentar:

Und die Moral …

Wenn sich ein Paar nach vielen Jahren des gemeinsamen Lebens trennt, liegt häufig der Verdacht nahe, einer der Partner – insbesondere der, der die Trennung betreibt – hat einen neuen Partner für sich gefunden, den er/sie klar bevorzugt. In der Regel bestätigt sich das dann ja auch umgehend. In den Augen der Mitwelt findet dieses Vorgehen selten besondere Zustimmung oder gar Sympathie. Man identifiziert sich eher mit dem/der Zurückgelassenen.

Anders sieht es aus, wenn sich ein Paar trennt und keine neue Außenbeziehung dafür mitverantwortlich ist, sondern lediglich die Entscheidung des einen Partners oder beider gemeinsam, nicht mehr miteinander leben zu können und zu wollen. Trennungsmotiv ist dann die Erkenntnis, daß es zusammen nicht mehr geht. Die Akzeptanz dieser Art von Trennung ist weitaus höher, ja nötigt sogar Respekt ab. Als Außenstehender bewundert man den Mut der Beteiligten.

Bei der Trennung des Arbeitnehmers von seinem Arbeitgeber herrscht eine andere Moral: Wer hier seine »Außenbeziehung« legalisiert, ohne den aktuellen beruflichen Status quo aufgekündigt zu haben, gilt als clever – ist kein »Bigamist«. Wer dagegen erst kündigt und dann auf Suche geht, gilt als dumm, wenn nicht sogar verrückt, mindestens aber als unüberlegt Handelnder.

Personalchefs aufgepaßt

Nun mögen die folgenden Sätze eher an die Adresse von Personalchefs gerichtet sein: Die – milde gesagt – Diskriminierung eines Bewerbers, der erst gekündigt und dann vielleicht sogar ein, zwei Monate pausiert hat und sich jetzt bewirbt, erscheint uns nicht gerechtfertigt. Eigentlich verdient dieser Bewerber eher Bewunderung für die korrekte Trennungsabwicklung von seinem vorherigen Arbeitgeber. Dieses Vorgehen spricht eher für Mut und Selbstbewußtsein, denn auch eine freiwillige (schöpferische) Pause wird der Arbeitsleistung gut bekommen (Voraussetzung natürlich: Man kann sich die Arbeitsunterbrechung leisten).

Hier, so scheint uns, ist es an der Zeit, über eine Korrektur stereotyper Sichtweisen und Beurteilungen nachzudenken. Es gäbe noch einiges mehr dazu zu sagen, aber dies würde den Rahmen des uns aufgegebenen Themas sprengen.

Das Wichtigste zusammengefaßt:

Nachdem wir die entscheidenden drei Faktoren (Persönlichkeit, Leistungsmotivation und Kompetenz) kennen, kommt es darauf an, sich seinem Gegenüber zunächst einmal schriftlich angemessen zu präsentieren, um Interesse und damit eine Einladung auszulösen.

Jedoch Vertreter seiner selbst zu sein ist nun einmal besonders schwer. Dafür hat die jahrelange Erziehung »erfolgreich« gesorgt. Gut zu wissen, woher das Unbehagen kommt, und was Bewerbungen so schwer macht. Was hilft, ist eine mentale Vorbereitung, die richtige Einstellung zur Einstellung, wenn der Arbeitsplatzwechsel optimal gelingen soll.

DIE BEWERBUNGSMAPPE

Nach einer sorgfältigen Vorbereitung verfügen Sie über eine stabile mentale Ausgangsposition als Basis für die innovativ-kreative Gestaltung Ihrer Bewerbungsunterlagen. Und dabei ist entgegen herkömmlicher Vorstellungen nicht das Bewerbungsanschreiben so wichtig, sondern das Bewußtsein, daß Sie eine Botschaft »rüberbringen« und dafür einen »Verkaufsprospekt« entwickeln müssen. Dieser soll Ihren »Kunden« wirklich begeistern und den Wunsch auslösen, Sie unbedingt persönlich näher kennenlernen zu wollen. Das bedeutet Werbung in eigener Sache, die Mobilisierung von Interesse und Sympathie.

Verkaufsprospekt

Bis zu diesem Teil des Buches haben Sie zwei wichtige Vorbereitungsphasen durchlaufen. Dabei ging es um die Analyse Ihres persönlichen Ausgangspunktes und um Ihre (Werbe-) Botschaft für den potentiellen neuen Arbeitgeber, die sich aus den Hauptkomponenten Können, Wollen und Möglichkeiten zusammensetzt. Unser Ziel war u.a. die Sensibilisierung für die Notwendigkeit eines kundenorientierten Marketings in eigener Sache. Das Produkt, das Sie am Markt anbieten, müssen Sie bestens kennen, ebenso wie Ihre potentiellen Kunden, die Käufer Ihrer Dienstleistung.

Der jetzt zu bewältigende Schritt besteht in der Abfassung und Zusammenstellung einer Dokumentation dessen, was Sie anzubieten haben. Herkömmliche Bewerbungsratgeber eröffnen zu diesem Zeitpunkt den Reigen mit Tips zum Bewerbungsanschreiben (»Sehr geehrte Damen und Herren ...«).

Ein Qualitätsprodukt verkaufen

Da Sie jedoch unternehmerisch denken und Ihrem Kunden (dem Arbeitsplatzanbieter) ein Qualitätsprodukt verkaufen wollen (eine Dienstleistung, Ihr spezielles Knowhow), ist es angemessen, ja konsequent, sich Gedanken in einer anderen Richtung zu machen: Die Entwicklung einer Art besonderen »Werbeprospektes« ist gefragt. Dies kann nicht mit der schlichten Bezeichnung »Lebenslauf« angemessen umschrieben werden. Und auch das sogenannte Bewerbungsanschreiben hat hier bei diesem Vorgehen noch nichts »verloren«. Dieses Mal – so unser Vorschlag – machen Sie eben alles ganz anders. Und deswegen tauschen Sie jetzt auch für einen Moment die Rollen.

Rollenwechsel

Versetzen Sie sich in folgende Situation: Ein Hochbauunternehmen (Sie können sich aber auch ein Beispiel, das sich auf Ihre Branche bezieht, denken) schreibt per Wochenendinserat in der FAZ die Position eines Bauleiters aus. Wenige Tage später wird die Personalabteilung mit einer Fülle von dicken A4-formatigen Briefumschlägen überschwemmt. Etwa 200 bis 400 Bewerbungen, vielleicht sogar mehr, sind für den Zeitraum von zwei bis drei Wochen nach Erscheinen der Anzeige eine realistische Größe, mit der sich Personalsachbearbeiter auseinandersetzen müssen.

Haben Sie sich schon einmal ausgemalt, vor welche Organisations- und Auswahlprobleme die Personalabteilung dieses Unternehmens gestellt ist? Was, glauben Sie, werden die Mitarbeiter tun, um ihren Aufgaben (Bewältigung der eingesandten Unterlagen und Auswahl geeignet erscheinender Kandidaten) gerecht zu werden? (Rückversand oder Zwischenbescheid ist hier die Frage.)

Nun wollen wir kein falsches Mitleid erwecken, denken aber, daß ein Bewerber mit konkreten Erfahrungen und Kenntnissen über eine solche Auswahlsituation seine Bewerbungsunterlagen zukünftig vollkommen anders gestalten würde.

Haben Sie eine Vorstellung, welchen Raum, welches Volumen allein 300 dicke Umschläge mit Bewerbungsunterlagen einnehmen? Abgesehen davon, daß der Personalsachbearbeiter jeden Umschlag öffnen und die Unterlagen herausnehmen muß, hat er sich so effizient wie möglich mit den eingesandten Papieren des Bewerbers zu beschäftigen und eine Entscheidung zu treffen. Es geht darum, möglichst schnell die wirklich interessanten Kandidaten von den übrigen, weniger geeignet erscheinenden, zu unterscheiden.

Was meinen Sie: Mit welcher Anzahl von Kandidaten für die ausgeschriebene Position wird man bereit sein sich näher zu beschäftigen? Oder anders gefragt: Wie viele der interessant erscheinenden Bewerber werden zu einer ersten Vorstellungsgesprächsrunde eingeladen?

In der Regel verständigt man sich auf fünf bis maximal zehn Kandidaten. Sie erhalten vom Sekretariat die Einladung zu einem ersten persönlichen Kennenlerngespräch in die Firmenzentrale.

Herausfiltern

Um diese Anzahl von etwa sieben, vielleicht acht herauszufiltern, muß man sich intensiver wenigstens mit der doppelten, möglicherweise auch der vier- bis fünffachen Menge an Kandidaten beschäftigen. Klar ist jedenfalls: Nicht 100 Bewerbungsunterlagen, geschweige denn 300 oder gar mehr, können intensiv bearbeitet, d.h. gelesen, analysiert und wirklich zur Kenntnis genommen werden, sondern nur etwa 10 Prozent.

Fazit: Also lediglich 20 bis vielleicht 40 Bewerbungsunterlagen können wirklich intensiv »studiert« werden, um abzuwägen, welcher Kandidat aus dieser Vorauswahl in die erste Gesprächsrunde einzuladen ist.

Glauben Sie allen Ernstes, daß da jedes Bewerbungsanschreiben (»Sehr geehrte Damen und Herren, hiermit bewerbe ich mich auf Ihre Anzeige ... Sie suchen einen ... Ich bin« ... usw. usw., die ganze Berufsgeschichte bis hin zu: »Über Ihre Einladung zu einem persönlichen Vorstellungsgespräch würde ich mich freuen ...«) aufmerksam gelesen werden kann? Ganz sicher nicht!

Worauf wird also die vom Personalsachbearbeiter auf Kurzzeit eingestellte Aufmerksamkeit zentriert? Nach dem Öffnen des Umschlages huscht der Blick – wenn überhaupt – flüchtig über das Anschreiben, um dann in der beigefügten Mappe das Foto und die Eckdaten des Kandidaten überblickartig zu erfassen: Alter, Beruf, aktueller Arbeitsplatz, eventuell Werdegang, gegebenenfalls Hobbys.

Dafür sind zwei bis drei Minuten (bisweilen sogar deutlich weniger) für den geübten schnellen, fünf bis sieben für den wirklich schon fast zwanghaft genauen Sachbearbeiter und Voraussortierer bereits sehr viel Zeit. Dennoch wird hier die Weiche gestellt, die das Bewerbungsverfahren für den Kandidaten beendet, oder ihn in eine erste Vorauswahl kommen läßt. Immer übrigens unter der Berücksichtigung, daß man eine mehr oder weniger konkrete Vorstellung hat, welche Auswahlkriterien der Kandidat zu erfüllen hat, um ein weitergehendes Interesse zu wecken, das eine intensivere Auseinandersetzung mit den eingesandten Bewerbungsunterlagen nach sich zieht.

Wenn Sie jemals die Aufgabe hatten, einen Berg von Bewerbungsunterlagen auf der Suche nach geeigneten Kandidaten durchzuschauen, wissen Sie, wie schnell die Aufmerksamkeit sinkt, Unlustgefühle aufsteigen und der ewige Zeitdruck Ihnen das Gefühl suggeriert: Alles Mist, der Richtige ist sowieso nicht dabei, die eingereichten Papiere sind viel zu wenig aussagekräftig, die ganze Auswahlprozedur eine einzige Qual ...

Wo das Auge hängenbleibt

Nach spätestens fünf Bewerbungsmappen sind Sie nicht mehr in der Lage, die Informationen wirklich aufzunehmen, blättern Sie in den Papieren wie ein Zombie, rast- und ruhelos auf der undefinierbaren Suche nach etwas Besonderem, ohne eigentlich konkret benennen zu können, welche Muse Sie wachküssen könnte aus Ihrem scheinbar hundertjährigen Dornröschenschlaf. Dilettantismus und Monotonie in der »Zubereitung« der vorliegenden und von Ihnen durchzuschauenden Unterlagen lassen Sie abstumpfen, nur noch auf das Papier starren, ohne wirklich zu lesen, ohne die Informationen inhaltlich aufnehmen zu können.

Vielleicht meinen Sie, wir übertreiben, und der von Ihnen dazu befragte Personalmensch wird sofort in glühenden Worten berichten, daß er sich für jede Bewerbung auf seinem Schreibtisch eine Viertelstunde Zeit nimmt. Alles »Kappes«, und so wie man in einer Kirche auch bei festem Aufmerksamkeits-Vorsatz nach einer etwa zehnminütigen Predigt (meistens jedenfalls) abdriftet und eigenen Gedanken nachhängt, wissen auch Personalausleseprofis um die Gefahren der Abstumpfung und versuchen, sich dagegen zu immunisieren, indem sie intuitiv und in Eile die Unterlagen mehr durchblättern als eigentlich lesen.

Auf der Suche

Wo ihr Auge allerdings hängenbleibt und interessante »Nahrung« findet, lesen auch sie sich kurzzeitig fest, um dann spontan zu entscheiden, ob der Kandidat auf den großen Stapel der Rücksendeunterlagen oder vielleicht doch auf den ganz kleinen für die erneute Durchsicht kommt.

Das aber muß Ihr unbedingtes Ziel sein, liebe Leserin, lieber Leser, und unsere Intention, unser erklärtes didaktisches Ziel, ist es, Ihnen zu verdeutlichen, worauf es ankommt und wie es gelingen kann, die Aufmerksamkeit eines potentiellen neuen Arbeitgebers zu »fesseln«.

Worauf es ankommt, damit Ihre Botschaft ankommt

Sie haben sich mental auf das Bewerbungsvorhaben gut vorbereitet. »Bewerbungstheoretisch« gesprochen wissen Sie, wer Sie sind, woher Sie kommen, wohin Sie gehen wollen und was Sie anzubieten haben. Das sind die richtigen Voraussetzungen, um sich der neuen konkreten Aufgabe zu stellen: einen Verkaufsprospekt in eigener Sache zu gestalten, sich schriftlich angemessen vor- und darzustellen.

Werbung

Zur nochmaligen Verdeutlichung: Sich bewerben bedeutet, Werbung für Ihre Person und Ihre Dienstleistung, d.h. für Ihre Arbeitskraft zu machen. Mit der schriftlichen Bewerbung geben Sie eine Art Visitenkarte, eine Vorab-Arbeitsprobe und erzeugen damit einen ersten Eindruck bei dem potentiellen Arbeitgeber bzw. seinen Vertretern (Personalchef, Sekretärin etc.). Daß dieser wichtige erste Eindruck positiv sein wird und Ihnen deshalb zu einer Einladung zu einem Bewerbungsgespräch verhilft, ist dabei das erklärte Ziel.

Traurig, aber wahr: Selbst erfolgreiche und hochqualifizierte Berufsvertreter mit einem wirklich bestechenden Bildungshintergrund scheitern oft kläglich, wenn es in einer Bewerbungssituation darum geht, die eigene Person in schriftlicher Form angemessen zu präsentieren.

Obwohl fast alle Bewerbungs-Ratgeberbücher die formalen Rahmenbedingungen einer schriftlichen Bewerbung ausführlich benennen, werden immer wieder die gleichen gravierenden Fehler gemacht.

80% Präsentationsfehler

Das führt u.a. zu dem erschreckenden Ergebnis, daß im Schnitt von 100 eingegangenen schriftlichen Bewerbungen bis zu 80 quasi sofort aussortiert werden müssen, weil Präsentationsfehler eine intensivere Beschäftigung mit dem Bewerber von vornherein als nicht lohnenswert erscheinen lassen.

Verdeutlichen Sie sich einmal: Die Ablehnungsgründe beziehen sich in dieser allerersten Auslesephase überwiegend noch nicht einmal auf inhaltlich-qualitative Aspekte. Daraus läßt sich mit Recht schlußfolgern, daß die perfekte Gestaltung der schriftlichen Bewerbungsunterlagen ein absolutes Muß ist.

Selbstschädigungstendenz

Entsprechend sollte sich derjenige, der bereits in dieser Bewerbungsphase nicht die notwendige Mühe und Sorgfalt walten läßt, auf seine Motive hinterfragen lassen. Aus psychologischer Sicht erscheint es uns gerechtfertigt, in diesem Fall von einer unbewußten Selbstschädigungstendenz zu sprechen. Ein drastischer Vergleich: Sie rasen mit abgefahrenen Reifen bei regennasser Straße mit 140 Sachen in eine scharfe Kurve und ...

Unbewußtes Motiv des Scheiterns: Angst vor dem Erfolg

Was könnten die verborgenen Motive dieses schon bei Beginn eines Bewerbungsvorhabens provozierten Scheiterns sein?

Hintergrund ist vielleicht die mehr oder weniger bewußte Verweigerung einer Anpassungsleistung: Die rigiden Gestaltungsregeln, scheinbar definitiv festgelegt durch die Arbeitgeberseite, provozieren einen Widerwillen, sich den vorgegebenen Bedingungen und formalen Anforderungen gefügig zu unterwerfen.

Kränkung

Es könnte aber auch an dem (unbewußten) Motiv liegen, die Gefahr von Niederlage, Ablehnung und Kränkung in einer später folgenden Bewerbungsphase (z.B. im Vorstellungsgespräch) oder im neuen Job aktiv vorwegzunehmen. Dies geschieht, indem man sich selbst vormacht, etwas zu unternehmen, gleichzeitig aber unbewußt dem Adressaten auf Arbeitgeberseite signalisiert: »Laß mich bloß in Ruhe, lad' mich gar nicht erst ein, beschäftige dich nicht intensiver mit mir.«

Das dritte Motiv basiert auf der unbewußten Tendenz, einen notwendigen Stellenwechsel möglichst zu vermeiden. Vielleicht möchte man gar nicht wirklich wechseln, sondern aus verschiedenen, zum Teil nicht eingestandenen Gründen in der jetzigen Position ausharren.

Man will sich nicht von materiellen Vergünstigungen und/oder zwischenmenschlichen Annehmlichkeiten trennen, die der aktuelle Arbeitsplatz vielleicht immer noch bietet. Manchmal gibt es auch ein unbewußtes Bedürfnis, leiden zu müssen, das eine autonome Trennungsentscheidung verhindert oder sehr (zu) lange hinauszögern läßt.

Ein anderes Motiv für die nachlässige Gestaltung der Bewerbungsunterlagen könnte, wie schon angedeutet, auch die Angst vor den Anforderungen sein, die ein Arbeitsplatzwechsel mit sich bringt. Selbstwertzweifel und Versagensängste sind hier die bremsenden Kräfte.

Unbewußte Strategie

Die Tendenz, den neuen Arbeitsplatz nicht wirklich haben zu wollen, könnte auch auf der unbewußten Strategie basieren, Partnern oder Angehörigen eine Enttäuschung zuzufügen. Vielleicht ist man in die Ausbildungs- und Berufsrolle gegen die eigene Überzeugung gedrängt worden (»Großvater war leitender Ingenieur, Vater ist es, natürlich wirst auch du, mein Sohn, dich bemühen, daß du als Ingenieur vorankommst!«), und das Bewerbungsversagen ermöglicht jetzt eine späte Rache an den »Lieben«. So wird – um beim Ingenieurbeispiel zu bleiben – die Position des Chefingenieurs zwar formal angestrebt, aber gleichzeitig legt man sich selbst »Stolpersteine« in den Weg.

Ein letztes, hier anzuführendes unbewußtes Motiv kann sein, den Karrieresprung nicht wirklich riskieren zu wollen, aufgrund uneingestandener Schuldgefühle gegenüber den

Eltern, die es bildungsmäßig und gesellschaftlich nicht so weit gebracht haben und die man nicht zu übertreffen wagt.

Traditionelle formale Standardanforderungen

In den diversen Ratgebern zu diesem Thema finden Sie immer wieder dieselben, in Form absoluter Regeln ausgesprochenen Empfehlungen, z.B. den Rat, nur weißes Papier zu benutzen. Bitte vergessen Sie dies alles.

Die Möglichkeiten sind sicherlich begrenzt, lassen aber dennoch eine ganze Palette an individuellen, kreativen und innovativen Möglichkeiten zu. Aufgrund unserer langen Erfahrung in der Beratung von Bewerbern (s.S. 303) wissen wir erstens um die »modischen« Entwicklungen und Trends und zweitens um die Gültigkeit des Goethe-Zitats »Erlaubt ist, was gefällt«.

Und wenn Sie sich dreist entscheiden, Ihre Bewerbung per Hand auf feuerrotem Papier mit grüner Tinte zu schreiben, kann das durchaus Erfolg haben, zumal wenn es sich um einen kreativ-aufgeschlossenen Tätigkeitsbereich handelt, wie z.B. die PR-Abteilung eines Energiekonzerns. Ihnen muß dagegen klar sein, daß das gleiche Vorgehen bei einer großen deutschen Bank allerbeste Chancen für die Rundablage (= Papierkorb) hat.

Kein Patentrezept

Diese Sätze nur zum Verständnis dafür, daß es nicht *das* Patentrezept, *den* Königsweg für die hundertprozentig erfolgreiche schriftliche Bewerbung gibt. Und dennoch: Es gelten Spielregeln, und deren Berücksichtigung macht durchaus Sinn. Man kann mit einem kreativ-innovativen Bewerbungsdesign nicht jeden Personalchef überzeugen und muß damit leben, daß einer von zehn oder vielleicht sogar drei mit dem Kopf schütteln und Ihnen alles zurückschicken. Sehr wahrscheinlich aber werden ein, zwei Personalauswähler Ihr Engagement, Ihren Stil zu schätzen wissen und entsprechend anders darauf reagieren. Und nur darauf kommt es an. Sie müssen wissen, was Sie wollen, denn jeden zu überzeugen – *everbody's darling* zu sein – ist nun mal nicht gut möglich.

Es gelten jedoch Spielregeln, deren Berücksichtigung durchaus Sinn macht, und die wir hier nennen möchten:

Im Normalfall besteht eine schriftliche Bewerbung aus mehreren, den in der Stellenanzeigensprache so genannten »üblichen«, »vollständigen« oder »aussagefähigen« Unterlagen. Das sind in der Regel:

- das Bewerbungsanschreiben
- der Lebenslauf
- das Foto
- die Zeugniskopien

Weitere Anlagen zum Bewerbungsanschreiben können unter Umständen sein: Zertifikate oder Auflistungen über besondere Schulungen, Kurse etc., eine Handschriftenprobe, in seltenen Fällen Referenzen/Empfehlungen, oder gar das polizeiliche Führungszeugnis.

Spielregeln

Wie gesagt: Immer wieder werden bei der schriftlichen Bewerbung Formfehler gemacht. Die üblichen allgemeinen Empfehlungen für die formale Gestaltung Ihrer Bewerbungsunterlagen ergänzen wir hier durch ausgewählte und neuerdings erfolgreich erprobte Innovationen:

- Verwenden Sie für Bewerbungsanschreiben und alle weiteren Textseiten (sogenannter Lebenslauf, beruflicher Werdegang etc.) gutes weißes oder auch dezent getöntes Papier (z.B. Grau, Beige; keine schrillen, knalligen Farben!), unliniert im DIN-A-4-Format, das Sie natürlich nur einseitig beschreiben.

- Eigenes Briefpapier mit Name und Anschrift (gedruckt; dezentes Design) ist durchaus empfehlenswert (Kosten ca. ab 100 DM bzw. 50.000 € aufwärts; mit einem modernen PC-Drucker läßt sich ein Briefkopf auch selbst gestalten).
- Benutzen Sie für Bewerbungsanschreiben und die übrigen von Ihnen verfaßten Unterlagen möglichst einen PC mit gutem (Laser-/Tintenstrahl-)Drucker. In größeren Städten bieten Fotokopiergeschäfte den Service an, Ihre Unterlagen direkt von Ihrer Diskette in Top-Qualität auszudrucken. Übrigens: Wir empfehlen, für Ihre Texte keinen Block-, sondern Flattersatz zu verwenden (sieht lebendiger aus).
- Für Ihre Unterschrift (kein Autogramm oder eine Rezeptblock-Arzt-Unterschrift!) empfehlen wir konservatives Königsblau aus einem Füllfederhalter oder Tintenschreiber. Rot, Grün oder Schwarz kommen schlecht an (nicht politisch gemeint). Nicht selten wird die Unterschrift bei Anschreiben und unter dem Lebenslauf vergessen (Freudsche Fehlleistung!).
- Für Ihre Schreiben gilt: Nicht radieren, verbessern, durchstreichen oder mit Tipp-ex korrigieren, auf jeden Fall: neu schreiben.
- Rechtschreibung, Grammatik und Zeichensetzung müssen absolut korrekt sein (bedienen Sie sich der kompetenten Hilfe anderer).
- Achten Sie auf eine übersichtliche, klare Gliederung (Absätze!).
- Wichtig sind eine gute Platzeinteilung und angemessene Ränder (ca. 4 cm links, ca. 3 cm rechts), kor-

rekter Umbruch, keine »Löcher« in den Zeilen und an deren Ende.

- Flecken, Eselsohren, zerknülltes Papier fallen extrem negativ auf, aber alles in Klarsichtfolien »einzuschweißen« ist auch keine Lösung (am schlimmsten: alle Unterlagen in eine Hülle zu zwängen, aus der sie der Personalchef dann nur mühsam hervorzerren kann).
- Das Anschreiben lose, gesondert obenauf, die anderen Unterlagen in einer adäquaten Bewerbungsmappe: Es gibt schöne, moderne Präsentationssysteme und -mappen. Thermoschnell- bzw. Spiralbindesysteme zusammen mit Klarsichtfolien- und Kartondeckel stellen eine solche Alternative dar. Ähnliche Effekte erzielt man auch schon mit einer Plastik-Konzeptschienenhalterung. Als Vorlagemodell könnten Ihnen z.B. Konzeptpräsentationen von Werbeagenturen dienen oder die Steuererklärungsunterlagen Ihres Steuerberaters (falls der sich etwas mehr Mühe gibt). In Bürofachgeschäften gibt es da bereits eine größere Auswahl. Fotokopierläden haben inzwischen auch andere Bindungssysteme, die sehr attraktiv wirken.
- Traditionell ist die Reihenfolge der Unterlagen:
  - Lebenslauf (Foto oben rechts, gut festgeklebt)
  - eventuell Handschriftenprobe
  - Arbeitszeugnisse (Kopien!)
  - gegebenenfalls (berufliche) Ausbildungsabschlußzeugnisse (Kopien!)
  - weitere Unterlagen (s.o.)

  Generell gilt: je wichtiger die Unterlage, das Dokument, desto weiter vorn abheften. Wir empfehlen Ihnen, bei der »Eroberung« eines qualifizierten Arbeitsplatzes mit einem Jahresbruttoeinkommen von rund 100.000 DM/50.000 € neue Wege der dramaturgischen »Inszenierung« und damit der Gestaltung und Anordnung der Bewerbungsunterlagen zu beschreiten (ausführlich siehe dazu S. 116 ff.).

- Für die Anlagen (Zeugnisse etc.) unbedingt nur gute, neue Fotokopien verwenden (nicht solche, denen man eine mehrfache Postreise ansieht). Möglich sind auch Kopien auf dezent getöntem Papier. Man könnte z.B. alle Ausbildungszeugnisse auf einem Papier fotokopieren, das sich von dem der Arbeitszeugnisse bzw. Weiterbildungszertifikate farblich unterscheidet.
- Achtung: Verschicken Sie bloß keine Original-Zeugnisse oder -Bescheinigungen (nur Anschreiben, Lebenslauf und gegebenenfalls eine Handschriftenprobe müssen im Original eingereicht werden).
- Machen Sie sich unbedingt Fotokopien von allen Unterlagen, die Sie verschicken, damit Sie nach 6 oder gar 10 Wochen noch wissen, wer bzw. was man von Ihnen weiß bzw. auf dem Tisch hat.
- Verwenden Sie für die postalische Zusendung aller Unterlagen einen stabilen, rückenkartonierten DIN-A-4-Umschlag (meistens braun, viel ästhetischer, aber schwieriger zu bekommen, ist allerdings weiß; Steigerungsmöglichkeit: mit Adressenfenster!). Einen noch besseren Schutz Ihrer Unterlagen gewährleisten Buchversandtaschen (auch Buchbox genannt, aus grauem Karton).
- Achten Sie auf die korrekte Umschlaggestaltung – keine innovativen Experimente bei Adresse, Absender, Briefmarkenpositionierung (bloß keine Aufkleber, egal ob für Frieden, Umwelt oder Weihnach-

ten). Professionell wirken maschinengeschriebene Adressen- und Absenderetiketten (bzw. Absenderstempel).
- Versandart: ganz normal, nicht unbedingt Express (könnte zu drängend wirken, es gibt aber auch Ausnahmen), auf keinen Fall jedoch per Einschreiben-Rückschein oder Wertbrief senden (= Zwangscharakter).
- Wichtig: die richtige Frankierung.
- Bevor Sie alles abschicken, empfiehlt sich ein letzter Check durch eine von Ihnen ausgewählte »Personalkommission«.

Bevor wir im einzelnen zu den drei großen Abschnitten Ihrer schriftlichen Bewerbungsunterlagen kommen: Anschreiben – weitere Bewerbungstexte (traditionell beinhaltend: Lebenslauf) – andere Dokumente und Anlagen (Arbeits- und Ausbildungszeugnisse etc.), hier einige Grundlagenfakten der Werbepsychologie als Voraussetzung für die optimale Gestaltung Ihrer Bewerbung:

Worum es geht: Werbung in eigener Sache

Die gesamten Bewerbungsunterlagen und deren Präsentation sind eine Art Visitenkarte, eine besondere Form der ersten Arbeitsprobe, die Ihre Chancen, eine von Ihnen angestrebte berufliche Position zu bekommen, erheblich verbessern. Bedingung: Ihre Unterlagen überzeugen – in Inhalt und Form.

Per aspera ad astra: Es ist durchaus nicht außergewöhnlich, angesichts der Bedeutung eines Bewerbungsvorhabens allein für die Konzeption der Bewerbungsunterlagen 20 bis 40 Stunden Zeit zu investieren. Die konkrete Ausführung über den PC kann im ersten Durchgang leicht noch einmal soviel Zeit in Anspruch nehmen. Nach einer gewissen Routine (nicht unbedingt wünschenswert!) wird das Erstellen der x-ten Bewerbungsmappe – selbstverständlich individuell zugeschnitten auf den betreffenden »Kunden« (= Arbeitsplatzanbieter) – nur noch einen Bruchteil der Zeit (ca. ein bis zwei Stunden) beanspruchen.

Alternative Konzepte entwickeln

Profis entwickeln übrigens drei alternative Konzepte für ihre schriftlichen Bewerbungsunterlagen, um diese zunächst einer selbst ausgewählten »Jury« vorzulegen. Durch Tips und Kritik von anderer Seite lassen sich die Bewerbungsunterlagen wesentlich optimieren und immer attraktiver und überzeugender gestalten.

Bedenken Sie: Es geht um den ersten guten Eindruck, den Sie bei einem »Käufer« Ihrer »Ware« Arbeitskraft erzielen wollen. Dabei kann Ihnen die folgende Grundformel aus der Werbepsychologie behilflich sein: A I D A.

AIDA steht für:

A = attention (Aufmerksamkeit erzeugen)
I = interest (Interesse wecken)
D = desire (Wunsch zur Vorstellungsgespräch-Einladung auslösen)
A = action (die Handlungsaktivität provozieren)

Ihr Ziel ist es ja, durch die Bewerbungsunterlagen und deren Präsentation eine Einladung zu einem Vorstellungsgespräch zu erhalten. Das AIDA-Modell ist eine hilfreiche Leitlinie für die Konzeption.

Verkaufsprospekt

Es kommt darauf an, in prägnanter Form alle wichtigen Argumente, die für Sie sprechen (und zu einer Einladung führen könnten), gut formuliert vorzutragen. Der Leser soll neugierig gemacht werden auf jede neue Seite, die er in Ihrem »Verkaufsprospekt« umblättert, und damit natürlich auf Sie als Person. Der Wunsch, Sie kennenzulernen, muß zwingend entstehen.

Den Arbeitgeber interessiert vor allem, ob er den Unterlagen Hinweise auf eine Übereinstimmung mit den von ihm gewünschten Eignungskriterien und Anforderungsmerkmalen für die zu besetzende Position entnehmen kann. Diese rationale Prüfungsweise ist von mehr oder weniger unbewußten emotionalen Aspekten überlagert. Ein Bewerber, auf dessen Foto z.B. eine bestimmte Barttracht auffällig hervorsticht (eventuell à la »Karl Marx« oder »Kaiser Wilhelm«), kann auf der Sach- und Kompetenzebene noch so viel vorzuweisen haben, er riskiert, beim Auswähler Vorbehalte bis Antipathie auszulösen und damit nicht eingeladen zu werden.

Worauf es ankommt: Interesse und Sympathie

Ihrem »Kunden«, dem Arbeitvergeber, geht es bei der Auswahl der Bewerber, die zu einem Vorstellungsgespräch eingeladen werden sollen, vor allem um Kompetenz, Leistungsmotivation und Persönlichkeit (s. »Kundenwünsche« S. 65 ff).

Diese drei Hauptthemen und wichtigen Auswahlkriterien lassen sich nicht immer ganz eindeutig voneinander abgrenzen bzw. unterscheiden. Sie sind auf vielfältige Weise miteinander verflochten.

So könnte man z.B. Kriterien wie Verantwortungsbewußtsein, Zuverlässigkeit und Teamfähigkeit allen drei Kategorien zuordnen.

Auch wenn in der allerersten Phase – des Bewerbungs-

(Sie) und Auswahlverfahrens (»Kunde« Personalchef) – die Kompetenz im Vordergrund steht, verlagert sich im weiteren Verfahren die Gewichtung immer stärker auf die Persönlichkeit des Kandidaten und seine Leistungsmotivation. Das Thema Kompetenz tritt mehr und mehr in den Hintergrund, sogar an die dritte Stelle.

Verschiebung der Rangfolge

Der letztlich entscheidende Faktor ist also Ihre Persönlichkeit, denn wenn Sie sich z.B. als junger Chirurg auf eine entsprechende Position bewerben, kann man voraussetzen, daß Sie Medizin studiert und Ihre Facharztausbildung abgeschlossen haben. Natürlich ist es für den bewerberauswählenden und einladenden Chefarzt der Herzchirurgie interessant, wo Sie studiert und Ihre Facharztausbildung absolviert haben und welche besonderen OP-Erfahrungen Sie mitbringen.

Und für den Fall, daß Sie zwar schon jede Menge Blinddärme und Gallenblasen, aber noch nie am offenen Herzen operiert haben, dürfte die Entscheidung in Ihrem Fall gegen eine Einladung ausfallen. Wenn Sie jedoch ein Minimum an Herzoperationen nachweisen können, wie sicherlich übrigens eine größere Anzahl Ihrer Mitbewerber, treten plötzlich ganz andere Auswahlkriterien in den Vordergrund. Da spielt dann viel mehr eine Rolle, bei welchen Professoren Sie studiert, wo Sie bereits gearbeitet haben, oder wo Sie geboren und aufgewachsen sind. Und wenn Sie am gleichen Gymnasium wie der auswählende Chefarzt Ihr Abitur absolvierten, nur eben zehn Jahre später, wird sich Ihre Chance, eingeladen zu werden, ganz erheblich erhöhen. Sie ahnen, warum.

Auswahlkriterien

Aus dem Bewerbungsalltag – also wirklich passiert: Die Chefärztin einer Augenklinik (alleinerziehende Mutter einer zweijährigen Tochter) sucht einen Oberarzt für die Anästhesie. Die ausgeschriebene Position ist verbunden mit einer Dienstwohnung auf dem Krankenhausgelände, auf dem auch die alleinerziehende Chefärztin wohnt. Aus 120 Bewerbungen wählt sie einen Mann und fünf Frauen für eine Einladung zum Vorstellungsgespräch aus. Vier der Frauen haben übrigens auch Kinder im Alter der Tochter der auswählenden Chefärztin. Zufall? Die Position wird schließlich besetzt mit einer alleinerziehenden Ärztin, die einen dreijährigen Sohn hat. Die Chefärztin erzählt später ganz offen und ehrlich, daß es ihr bei der Auswahlentscheidung nicht zuletzt auch um einen Spielkameraden für ihre kleine Tochter ging ...

Die Entscheidungskriterien

Wenn also Aspekte der *Persönlichkeit* des Bewerbers so entscheidend sind, worum geht es dabei im einzelnen?

- Wirken Sie sympathisch und vertrauenswürdig?
- Sind Sie anpassungs- und teamfähig?
- Passen Sie zu Institution/Unternehmen/Team?

Bei der Abklärung der *Leistungsmotivation* geht es um Fragen wie:

- Bringen Sie Engagement (»Enthusiasmus und Biß«) für die angestrebte Aufgabe/Position mit?
- Sind Sie in ausgeprägtem Maße lern-, einsatz- und arbeitswillig?
- Ist eine hohe Identifizierung mit Position/Aufgabe und Unternehmen/Institution zu erwarten?

Die Überprüfung Ihrer fachlichen *Kompetenz* will Antworten auf die Frage:

- Haben Sie berufsrelevante Erfahrungen, Kenntnisse, Eigenschaften?

Die Kenntnis und Berücksichtigung dieses skizzierten Hintergrundes von Auswahlverfahren sollte ein ganz wichtiger Bestandteil Ihrer Vorbereitung und Bewerbungskonzeption sein.

Alle drei Komponenten – die Persönlichkeit des Bewerbers, seine Leistungsmotivation und die Kompetenz (beachten Sie die Reihenfolge!) – lassen sich bereits trefflich aus den eingereichten Bewerbungsunterlagen herauslesen. Ein Bewerber, der ein »Fahndungsfoto« (blaß, fettige Haare etc.) schickt, seinen Lebenslauf auf einer halben Seite unterbringt, dafür aber drei Seiten Anschreiben hat, ohne jedoch Ausbildungs- oder Arbeitszeugnisse beizufügen, wirkt weder sympathisch noch entsprechend erfolgsmotiviert, geschweige denn kompetent.

Der zentrale Faktor während des gesamten Bewerbungsverfahrens ist die Sympathie. Deshalb der folgende Exkurs:

Sympathie – oder zur Psychologie des ersten Eindrucks

Gelingen oder Mißlingen eines Bewerbungsvorhabens hängt entscheidend mit davon ab, ob Sie für sich Sympathie mobilisieren können oder nicht. *Gefühle*

Dabei geht es zunächst noch nicht um den berühmt-berüchtigten ersten Eindruck, bei dem zwischen zwei Gesprächspartnern, die sich bisher unbekannt waren, im persönlichen Kontakt die Weichen in Richtung einer positiven (Sympathie) oder negativen Gefühlsreaktion (Antipathie) gestellt werden und der in den ersten Minuten eines Vorstellungsgesprächs von entscheidender Bedeutung ist.

Beim ersten Eindruck, den Ihre Bewerbungsunterlagen machen, kommt es auf die Kraft Ihrer Worte an, wenn nicht auf die Argumente, auf jeden Fall auch auf das Drumherum, die gesamte Präsentation.

Wenn das Erzeugen von Sympathie so wichtig ist, was verstehen wir eigentlich darunter und was unter dem

Gegenpol Antipathie? Wodurch werden beide Gefühlseinstellungen mobilisiert?

Sympathie heißt Gefühl von	**Antipathie** heißt Gefühl von
Interesse an Ihrer Person	Desinteresse
Vertrauen	Mißtrauen
positive Gefühle	negative Gefühle
Zuneigung	Abneigung
Wärme	Kälte
Gemeinsamkeiten	fehlende Gemeinsamkeiten
Attraktivität	Abstoßung
Schönheit	Häßlichsein
»gleiche Wellenlänge«	»andere Wellenlänge«
Zugewandtheit	Abgewandtheit

Sympathie wird mobilisiert durch	**Antipathie** wird mobilisiert durch
Anpassung	mangelnde Anpassung
Charisma	fehlendes Charisma
Freundlichkeit	Unfreundlichkeit
Höflichkeit	Unhöflichkeit
Gelassenheit	Nervosität
Ruhe	Unruhe
Selbstsicherheit	Selbst-Unsicherheit
Geduld	Ungeduld
Toleranz	Intoleranz
Gleichberechtigung	Dominanz/Machtstreben
Gewährenlassen (Freiheit)	Beherrschung (Unfreiheit)
Attraktivität	Abstoßendes Äußeres
Schönheit	Häßlichsein
Gewandtheit	Unsicherheit

Entspanntsein	Angespanntsein
gleiche/ähnliche Interessen/Hobbys	stark unterschiedliche Interessen/Hobbys

Vieles von diesen positiven Schlüsselbegriffen läßt sich nicht nur in der persönlichen Begegnung, sondern bereits bei der schriftlichen Kontaktaufnahme sympathiefördernd realisieren. Das Vorab-Telefonat (siehe S. 202 ff) sollte bereits auch zu Sympathiepunkten beigetragen haben.

Bedürfnisbefriedigung

Zur Mobilisierung von Sympathiegefühlen kommt es immer dann, wenn Ihr Gegenüber – also auch der Leser Ihrer Bewerbungsunterlagen – den (ersten) Eindruck und die Hoffnung gewinnt, daß Sie einen Beitrag zu seiner Bedürfnisbefriedigung (Erfolg, Macht, Liebeswünsche etc.) leisten können.

Oder vice versa definiert: Das Gefühl der Antipathie basiert auf dem Eindruck, daß der/die andere zur eigenen Bedürfnisbefriedigung keinen oder einen zu geringen Beitrag leisten kann.

Sympathiefördernd sind also vor allem Identifizierungsprozesse (»Der ist ja genauso/ähnlich wie ich«) und biographische Parallelen (z.B. bezüglich früherer Wohnorte, Ausbildungsinstitutionen und Personen, Arbeitgeber, Familienstand etc.).

Sympathie entsteht aufgrund verbaler und nonverbaler Kommunikation:

A. Verbale Kommunikation
   Sprache (formal/inhaltlich)
   Sprech-/Redeweise (averbale Anteile der verbalen Kommunikation) laut, leise, Dialekt, Klang (der Ton macht die Musik), aber auch: Schreibstil, Schriftform
B. Nonverbale Kommunikation
   Aussehen, Äußeres, Auftreten

Erscheinung
Größe
Figur
Gewicht
Haare (auch: Bart)
Haut
Körpersprache
Mimik
Gestik
Kleidung
Brille / Accessoires

Wer aufgrund der schriftlichen Unterlagen und des Telefonats leistungsmotiviert und kompetent wirkt, macht sich zusätzlich zu seinen sonstigen Persönlichkeitsmerkmalen sympathisch.

Damit sind auch diese weiteren zentralen Faktoren im Bewerbungsverfahren – Leistungsmotivation und Kompetenz als flankierende Aspekte – mit angesprochen und einbezogen (sie sind quasi die »Geschwister« der Sympathie).

Dem Bewerber attribuierte Leistungsmotivation und Kompetenz tragen zur Realisierung des Auswähler-Bedürfnisses nach Erfolg bei. Für den Personalchef (oder z.B. auch für den Personalberater) besteht der Erfolg darin, jemanden empfohlen zu haben, der den Posten bekommt, und sich später auch noch bewährt.

Zuschreibung

Wenn Sie Ihr Bewerbungsanschreiben mit der Anrede »Sehr geehrte Damen und Herren« beginnen, obwohl in der Stellenanzeige namentlich ein Ansprechpartner benannt war, lösen Sie ebenso Antipathie aus wie mit dem formelhaften Einleitungssatz »Hiermit bewerbe ich mich um …« Antipathie entsteht auch, wenn Sie Ihre gesamten Unterlagen in eine einzige Klarsichthülle pressen, aus der man sie nur mühsam hervorziehen kann. Oder wenn die interessanten Informationen wie bei einem Puzzle mühsam vom Leser zusammengesetzt werden müssen.

Klar, übersichtlich und prägnant formulierte und ästhetisch gestaltete Bewerbungsunterlagen sind eher dazu angetan, für Sie als potentiellen Vorstellungsgesprächsgast zu werben.

Leitlinie für die jetzt folgende Darstellung der einzelnen Komponenten einer Bewerbungsmappe ist der Versuch, mit jedem einzelnen Mosaikstein Sympathie und Interesse zu mobilisieren.

Das Wichtigste zusammengefaßt:

Ihre Bewerbungsmappe hat mehr von einem Verkaufsprospekt, als Ihnen bisher vielleicht bewußt war. Es geht darum, den Wunsch zu wecken, Sie und die von Ihnen angebotene Dienstleistung näher kennenlernen zu wollen. Daraus folgt eine Einladung zum Vorstellungsgespräch.

Unbewußte Motive können Ihrem Erfolg im Wege stehen – wichtig, auch darüber selbstkritisch zu reflektieren.

Wie weit Sie sich den formalen Standardanforderungen anpassen, entscheiden Sie – unter Abwägung der Tatsache, daß Sie es nicht allen recht machen können.

Absolute Priorität hat der erste Eindruck Ihrer Arbeitsprobe Bewerbungsmappe. Die AIDA-Formel hat sich als guter dramaturgischer Wegweiser erwiesen. Was Sie unbedingt mobilisieren müssen, ist Sympathie. Leistungsmotivation und Kompetenz werden Ihnen attribuiert.

Selbstdarstellung

Aus welchen Mosaiksteinen setzt sich das Bild Ihrer Bewerbungsmappe zusammen, und was ist bei der Abfolge der Einzelkomponenten zu berücksichtigen? Welche biographischen Anpassungsleistungen sind zu erbringen, und wie kriegt man das ganze gut lesbar zu Papier? An welcher Stelle können Sie ein bißchen mehr Glanz vermitteln und auf eine persönliche, innovative und kreative Weise geschickt auf sich aufmerksam machen?

Auf dem Weg zu einer neuen Präsentationsform

Nach der ausführlichen Vorbereitung und der psychologischen Leitlinie, Interesse und Sympathie erwecken zu wollen, benennen wir doch zunächst einmal die verschiedenen Komponenten, die wir in einer Bewerbungsmappe überreichen können. Dabei vernachlässigen wir jetzt den Verpackungs-Aspekt (Mappenform) ebenso wie das Bewerbungsanschreiben, obwohl Sie vielleicht gerade dieses immer noch für primär wichtig erachten. Die wichtigsten, bereits genannten Bausteine einer Bewerbungsmappe sind:

Die Bausteine

- der Lebenslauf
- das Foto
- die Arbeits- und
- gegebenenfalls Ausbildungszeugnisse.

Wir empfehlen jedoch, auch weitere Komponenten zu berücksichtigen und gegebenenfalls in die eigene Komposition einer Mappe aufzunehmen. Als da wären:

- das Deckblatt
- die Inhaltsübersicht
- die Einleitungsseite
- die Seite mit den persönlichen Daten
- der berufliche, persönliche Werdegang (sogenannter Lebenslauf)
- eine Arbeitsplatz- und/oder Aufgabenbeschreibung
- die »Dritte Seite«
- eine Handschriftenprobe
- Referenzen
- das Anlagenverzeichnis
- gegebenenfalls Arbeitsproben

Lebensläufe als biographische Anpassungsleistungen

Der Lebenslauf scheint immer noch eines der wichtigsten Doku- und Argumente zu sein, das für oder gegen Sie spricht. Viele Personalausleseprofis sind sogar der Meinung, die Analyse des eingereichten Lebenslaufes stelle die entscheidende Weiche für die Einladung zum Vorstellungsgespräch. Bei einer von uns durchgeführten Befragung der Personalabteilungen führender deutscher Unternehmen gaben fast 90 Prozent an, die Lebenslaufanalyse als Auswahlverfahren bei Personalentscheidungen im Führungsbereich einzusetzen.

Somit darf man sich nicht wundern, wenn für die sorgfältige Konzeptionierung und letztendlich Ausformulierung dieses Bewerbungsmosaiksteins mehrere Stunden aufgewendet werden müssen (es sei denn, Sie haben schon einige praktische Vorerfahrung auf diesem Gebiet: Dann schaffen Sie es natürlich schneller).

Lebenslauf-Variationen

Im Gegensatz zur landläufigen Meinung gibt es für Sie bei Bewerbungen nicht nur einen ein für allemal feststehenden Lebenslauf, den Sie für alle Arten von Bewerbungen mit unverändertem Text einsetzen, sondern immer mehrere Varianten (Variationen). Notwendig ist dabei die jeweilige »Anpassung« des Lebenslaufes an die besonderen Aufgaben und Anforderungsmerkmale der angestrebten Position.

Kurzbeschreibung

Die wichtigen Informationen und Argumente, die für Sie als idealen Kandidaten und damit einladungswürdigen Bewerber sprechen, müssen klar und übersichtlich geordnet sein. Man bevorzugt heute die tabellarische Darstellungsform. Daß Ihr Lebenslauf jedoch möglichst nicht länger als eine Seite, maximal zwei Seiten lang sein darf, gehört in den Bereich der veralteten, völlig überholten Empfehlungen. Sie sind in der Länge und graphischen Gestaltung relativ frei.

Mehr Mut

Ausformulierte oder mit der Hand geschriebene Lebensläufe sind nur auf ausdrückliche Anforderung anzufertigen. Sie können jedoch die heute übliche computergeschriebene tabellarische Form durch eine handgeschriebene Extraseite ergänzen, auf der Sie einen vernünftigen Werbetext in eigener Sache verfassen (s. S. 150 ff und »Dritte Seite«, S. 137 ff).

Eine Bewerberin für eine Journalistenschule erzählte uns, sie habe Ihre Bewerbung förmlich in allerletzter Minute zusammengestellt. Ein taufrischer Lebenslauf lag vor – allerdings im Computer. Sie widersetzte sich aus purer Not der Bitte um ein handgeschriebenes Exemplar, fügte statt dessen einen handgeschriebenen launigen Brief bei (nach dem Motto: Journalisten müssen unter Druck arbeiten können) –

und beeindruckte prompt das Auswahlgremium durch diese kecke Art. – Mißverstehen wir uns nicht: Sie sollen nicht trotzig alles anders machen, aber das eine oder andere kreative »Ausscheren« kann durchaus positiv ausgelegt werden.

Dem Lebenslauf will man entnehmen, ob Sie sowohl von Ihrer fachlichen Kompetenz, aufgrund Ihrer Berufserfahrung und Berufsstationen, als auch durch Ihre Persönlichkeit für den angebotenen Arbeitsplatz geeignet sind.

So schreibt ein für Personalchefs verfaßtes schlaues Buch: »Der Lebenslauf ist wohl diejenige Unterlage, die uns (den Arbeitgebern) den größten Einblick in die Gesamtentwicklung des Bewerbers ermöglicht und einige wesentliche Lebensstrukturen – und damit meistens auch Charakterstrukturen – aufzeigt ... Versteht man es, den Lebenslauf richtig zu lesen und sich Gedanken über Hintergründe und Antriebe, Leitmotive und Umweltbedingungen des Lebenslaufes zu machen, so ist er interessant und spannend wie das Leben selbst.« (Raschke/Knebel, *Taschenbuch für Bewerberauslese*, S.15)

Das bedeutet für Sie eine Chance, mit zusätzlichen Qualifikationen zu glänzen und aus der Menge von Bewerbern hervorzutreten. Vielleicht haben Sie ein berufsspezifisches Ehrenamt oder Engagement, vielleicht haben Sie an Wettbewerben teilgenommen und gewonnen, Auslandsaufenthalte oder besondere Spezialkurse absolviert. Aber auch außerberufliche Hobbys oder Interessen sind von Relevanz, wenn sie mit den spezifischen Anforderungsmerkmalen des angestrebten Arbeitsplatzes in Zusammenhang zu bringen sind (plastisch-betrieben: Angeln = Geduld/sicher positiv bei einem Bewerbungsvorhaben als Heimleiter für schwererziehbare Kinder).

Interesse wecken

Der entscheidende Gedanke bei der Gestaltung des Lebenslaufes ist: Was könnte Sie bei dem angestrebten Arbeitsplatz in den Augen des Arbeitgebers interessant machen, aufwerten, von anderen Mitbewerbern positiv unterscheiden? Vielleicht ist es ja das besondere Image Ihrer Universität, Ausbildungsfirma, Ihres jetzigen Arbeitgebers oder eine Mitgliedschaft (in Vereinen usw.), die beim Leser Ihrer Unterlagen »ein Glöckchen klingeln« läßt (hoffentlich das richtige). Aber seien Sie gewarnt, übertreiben Sie nicht, manchmal ist weniger mehr.

Personalchefs und Arbeitgeber versuchen, den Lebenslauf vor allem unter zwei Aspekten zu analysieren: Zeitfolge- und Positionsanalyse.

Analyse

Bei der *Zeitfolgeanalyse* geht es um zeitliche Lücken und Arbeitsplatzwechsel, hinter denen Ungutes vermutet wird. Findet ein Arbeitsplatzwechsel in zu kurzen Abständen statt (deutlich unter fünf Jahren), mutmaßt man Schwierigkeiten, mangelndes Durchhaltevermögen etc. Dies wird bei jüngeren Bewerbern anders interpretiert als bei älteren. Wechselt man erst nach 10 oder 15 Jahren, kann dies nun aber auch wieder negativ ausgelegt werden (z.B. mangelnde Risikobereitschaft, verminderte Flexibilität, zu geringe Lern- und Anpassungsfähigkeit).

Bei der *Positionsanalyse* geht es um den Auf- bzw. Abstieg, Berufs- bzw. Arbeitsgebietswechsel. Hier kommt es auf die Geradlinigkeit und Folgerichtigkeit an. Wurde ziellos gewechselt? Wurden die Arbeitsgebiete ohne inneren Zusammenhang gewählt? Hat man es mit einem »Hans Dampf in allen Gassen« zu tun? Oder zeichnet sich ein Bild konsequenter, klarer Laufbahnplanung ab, was zugunsten der Motivations- und Leistungsbereitschaft des Bewerbers interpretiert werden kann?

Klassisches Schema

Folgendes klassisches Schema war bisher Standard bei der tabellarischen Lebenslaufdarstellung und sollte Ihnen zur Anregung und als Ausgangsbasis für eine individuelle Weiterentwicklung dienen:

1. **Persönliche Daten**
- Vor- und Zuname
- Anschrift/Telefon (muß nicht sein)
- Geburtsdatum und Ort – Religionszugehörigkeit (muß nicht sein, es sei denn ...)
- Familienstand, gegebenenfalls Zahl und Alter der Kinder
- gegebenenfalls Name und Beruf des Ehepartners (muß nicht unbedingt sein)
- Staatsangehörigkeit (aber nur, wenn es eine andere als die deutsche ist)
  (Und bitte nicht mehr die Eltern aufführen ...)

2. **Schulausbildung**
- besuchte Schulen (Typen)
- Schulabschluß
  alle Informationen mit grober Zeitangabe

3. **gegebenenfalls Wehr-/Zivildienst**
- Einsatzbereich

4. **Hochschulstudium**
- Fach/Fächer
- Universität
- Schwerpunkte
- gegebenenfalls Thema der Examensarbeit/gegebenenfalls Promotion
- Art der Examina

5. **Berufstätigkeit**
- gegebenenfalls Art der Berufsausbildung
- gegebenenfalls Ausbildungsfirma/-Institution, eventuell mit Ortsangabe
- gegebenenfalls Abschluß, eventuell mit Hinweis auf besonderen Erfolg
- Berufsbezeichnungen, -Positionen, eventuell Kurzbeschreibung
- Arbeitgeber mit Ortsangaben
  alles mit Zeitangaben

6. gegebenenfalls Berufliche Weiterbildung
alles, was der Berufspraxis genützt hat
7. gegebenenfalls außerberufliche Weiterbildung
aufgepaßt bei Kursen: Fremdsprachen ja, bei Paragliding, Psycho- oder Astrokurs an der VHS Vorsicht: Welches Bild entwerfen Sie möglicherweise hier von sich? Auf welches unter Umständen gesundheitsgefährdende Hobby machen Sie aufmerksam?
8. Besondere Kenntnisse
z.B. Fremdsprachen, EDV, Führerschein und andere Zertifikate, aber auch hier bitte überlegen, welches Bild man von sich abgibt.
9. Hobbys/Interessen
künstlerische Betätigung, ehrenamtliches und/oder soziales, gegebenenfalls sogar politisches Engagement (nur die richtige Richtung muß es natürlich sein) Sport (wichtig).
All dies will gut überlegt sein und sollte irgendwie zu Ihnen und Ihrer Bewerbung um den speziellen Arbeitsplatz passen. Hier kann auch noch eine kleine Botschaft, Erklärung etc. untergebracht werden ..., wenn Platz ist und Sie eine gute Idee dazu haben (und sich damit nicht noch zu guter Letzt schaden ...).
10. gegebenenfalls Sonderinformationen über
z.B. Auslandsaufenthalte während Schulzeit/Studium/Berufstätigkeit.
11. Ort, Datum, Unterschrift
(bloß keine ehrenrührigen Erklärungen, Versicherungen etc.) und ein gutes Foto, am besten oben rechts (Rückseite mit Namen versehen für den Fall der Fälle) gut festgeklebt, nicht geklammert oder gar geheftet (wie gehen Sie mit sich um ...?) runden den traditionell gestalteten Lebenslauf mehr oder weniger ab.

Hinweise

Eigentlich versteht es sich von selbst, daß Angaben über die Glaubensrichtung, politische Orientierung/Aktivität (Ausnahme: Bewerbungen bei Tendenzunternehmen), Vermögensverhältnisse und den Gesundheitszustand nicht in den Lebenslauf gehören. Das wird eventuell später – unzulässigerweise! – im Personalfragebogen oder im Vorstellungsgespräch ausgeforscht.

Falls Sie noch recht jung sein sollten: Wer Ihre Eltern sind und was diese beruflich tun bzw. getan haben, mag in ländlichen Gegenden den Inhaber einer kleineren Firma vielleicht beeindrucken, möglicherweise schüren Sie aber auch Neid oder andere Vorurteile. Wir raten ab. Ähnlich sehen wir die Problematik beim Thema Geschwister.

Zu guter Letzt: Ihnen ist sicherlich schon längst klar, daß man einen Lebenslauf in der Regel nur ein einziges Mal für eine gezielte Bewerbung verwenden kann. Er muß, wenn er wirklich überzeugen soll, individuell auf den angebotenen Arbeitsplatz zugeschnitten sein und entsprechend frisch wirken.

Also keine Kopie schicken – aber für sich selbst eine anfertigen und gut aufheben. Das Gedächtnis kann doch recht trügerisch sein, und so sollte man sich vor einem Vorstellungstermin mit eben dieser Kopie des Lebenslaufes noch einmal gut auseinandersetzen.

Hier zunächst zwei Beispiele für eine eher traditionelle Lebenslaufgestaltung und ein drittes Beispiel für einen moderneren, bereits deutlich modifizierten Aufbau.

Beispiele

Lebenslauf

Foto

Name:	Klaus Peter Meyer
Geburtsdatum:	11.11.1950
Geburtsort:	Nürnberg
Familienstand:	verheiratet, Vater einer Tochter
Schulbildung:	Grundschule in Berlin, 1956-1962 Gymnasium in Berlin, 1962-1969
Hochschulstudium:	Betriebswirtschaft Freie Universität Berlin 1970-1982 Abschluß: Diplom-Betriebswirt
Berufstätigkeit:	Trainee bei Nestlé, München 1983-1985 Junior-Produktmanager Milch-frischerzeugnisse 1985-1986 Produktmanager, Südmilch AG München 1987-1992 seit 1.10.1992: Bereichsleiter im Bayernwerk, Unterhaching, für den Milchfrischproduktbereich
Sprachkenntnisse:	Englisch, Französisch
Weiterbildung:	verschiedene Management-Kurse, u.a. an der Akademie für Führungskräfte in Bad Harzburg, zum Themenbereich Mitarbeitermotivation
Hobbys:	Schach, Klassische Musik
Ehrenamt:	seit 1990 Schatzmeister der Telefonseelsorge München
München, 12.5.97	Klaus-Peter Meyer

CURRICULUM VITAE

Zur Person	Werner Witt geb. 1.11.50 in Berlin verheiratet, 1 Tochter Ehefrau: Maria Witt Beruf: Tontechnikerin [Foto]
Ausbildung	
Schulausbildung 1956-1969	Grundschule und Gymnasium mit Abitur in Berlin
Hochschulstudium 1970-1975	Wirtschafts- und Gesellschaftskommunikation an der Technischen Universität Berlin Studienschwerpunkt: Marketing Abschluß: Diplom-Kommunikationswirt
Berufstätigkeit	
NIXDORF, Berlin 1.10.1975 - 31.12.1976	Traineeprogramm für akademische Nachwuchsführungskräfte
HERTIE, Berlin 1.1.1977 - 30.9.1985 ab 1980	Assistent der Marketingabteilung Bereich Food Bereichsleiter dieser Abteilung
NORDZUCKER, Berlin 1.10.1985 - 31.3.1993	Gesamtleiter Marketing
SÜDMOLKEREI, Stuttgart seit 1.4.1993	Geschäftsführer/Verkauf
Weiterbildung	diverse Seminare und Fortbildungsveranstaltungen, u.a.:
1989	10 Tage Management-Seminar in Davos
1990	Zeitmanangement-Intensivtraining Institut für Rationelles Arbeiten, Frankfurt a.M.
1985 – jetzt regelmäßig	Teilnahme an den Deutschen Marketingtagen, Frankfurt a.M.
1994	Assessment Center als Auswahl- und Beurteilungsverfahren, 10-Tage-Seminar
1995	Personalentwicklungsinstrumente für Führungskräfte, einwöchiges Seminar
Sprachkenntnisse	
Englisch	Fließend in Wort und Schrift
Französisch, Spanisch	Gute Kenntnisse
Ehrenamtliches Engagement	
seit 1994	Schöffe am Amtsgericht Stuttgart
Berlin, 12.5.97	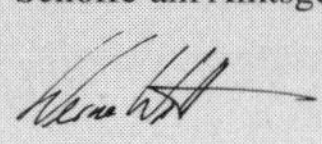

LEBENSLAUF UND AUSBILDUNGSGANG

Persönliche Daten

Petra Müller, Diplom-Pädagogin
11.11.1954 in Sandhausen/Thüringen geboren
verheiratet, drei erwachsene Kinder
Stellvertretende Leiterin eines
heilpädagogischen Kinderheimes
ausgebildete Krankenschwester

Foto

Berufstätigkeit

seit 1.1.1994	Pädagogische Mitarbeiterin im Kinderheim Mannheim-Mitte, seit 1.1.1996 in der Funktion einer stellv. Leiterin
1976 – 1984	Krankenschwester in der geriatrischen Abteilung in meinem Ausbildungskrankenhaus
1988 – 1994	Familienphase Geburt und Erziehung der Kinder

Berufliche / außerberufliche Weiterbildung

1999	Einwochenseminar Spezielle Methodik der modernen Heilpädagogik nach Warhöfer

1994	3 Fortbildungsseminare im Haus des Erziehers
1983 – 1988	Studium der Sozialpädagogik / Univ. Mannheim Schwerpunkt Sonderpädagogik
1977 – 1979	3 Geriatrielehrgänge im Mannheimer Uniklinikum

Ausbildungsweg und Schule

1976 – 1979	Besuch der Abendschule Werner v. Braun Abschluß Abitur (Durchschnittsnote 2,0)
1973 – 1976	Ausbildung zur Krankenschwester im Diakonissenkrankenhaus Mannheim-Nord
1960 – 1970	Volks-, Mittelschule, Gymnasium

Kenntnisse / Fähigkeiten / Interessen

EDV-Kenntnisse	Fundierte PC-Kenntnisse, insbesondere Erfahrung mit Textverarbeitung Word 2000
Fremdsprachen	Gute Englisch- und Französisch-Kenntnisse
Ehrenamt	Mitarbeit bei der Telefonseelsorge
Interessen	Klassische Musik / Ich spiele Klavier
Sonstiges	Führerschein Klasse 3

Mannheim, den 12.6.2000 Petra Müller

Gliederung des sogenannten tabellarischen Lebenslaufes

Grundsätzlich sind zwei Möglichkeiten zu unterscheiden, wie Sie Ihren Lebenslauf gliedern können. Am meisten verbreitet ist die Variante, die sich an der Chronologie orientiert. Sie schreiben die Eckdaten der Zeitfolge nach auf, von der Schulbildung bis zur derzeitigen Tätigkeit. Dabei haben Sie wiederum die Auswahl, ob Sie mit der Gegenwart beginnen und auf der Zeitachse zurückgehen (sogenannte französische bzw. amerikanische Form) oder ob Sie die Ereignisse nacheinander bis zum heutigen Zeitpunkt berichten (sogenannte deutsche Form).

Die andere Variante arbeitet mit Oberbegriffen. Sie gliedern Ihre Karriere nach Themenschwerpunkten und nicht nach zeitlicher Abfolge.

Ein Beispiel zur Verdeutlichung:

Name:	Lena Wieser
Geburtsdatum:	30.08.1957
Familienstand:	verheiratet, ein Kind
Schulbildung:	1975 Abitur am Bonhoeffer-Gymnasium Hamburg
Berufsausbildung:	1980–1990 Studium der Philosophie und Germanistik …
Arbeitspraxis:	1976–1980 Sachbearbeiterin in der Uni-Verwaltung
	1984–1987 Familienphase
	1985–1986 Auslandsjahr in Wien

usw.

Abfolge In unserem Beispiel war Frau Wieser zehn Jahre lang als Studentin eingeschrieben. Während dieser Zeit bekam sie ein

Kind, zog für einige Zeit nach Österreich. Da sie ihren Lebenslauf nicht in allen Details erzählen will und auch gar nicht Monat für Monat ein »Stückchen Karriere« vorweisen kann, bietet sich diese Art der Darstellung an. Längere Pausen, wie Sie zum Beispiel durch eine Mutterschaft entstehen, können so geschickt umgangen werden – bei aller nötigen Vorsicht!

Auch wenn Sie kaum Berufspraxis haben, können Sie Ihren Lebenslauf so darstellen (z.B. als frischgebackener Hochschulabsolvent).

Nochmals zum Inhalt: Dem Lebenslauf will man entnehmen, ob Sie sowohl aufgrund Ihrer fachlichen Kompetenz wie auch aufgrund Ihrer Persönlichkeit für den offerierten Arbeitsplatz geeignet sind.

Viele Angaben im Lebenslauf sind »Kann-Bestimmungen«. Die Angabe des Familienstandes ist beispielsweise nicht zwingend notwendig. Abzuraten ist von Selbstbeschreibungen wie »geschieden« oder »wiederverheiratet« – gegebenenfalls schreiben Sie »verheiratet« oder »unverheiratet«. Besonders Frauen sollten sich davor hüten, die Zahl und das Alter der Kinder, womöglich gar deren Namen zu nennen. Andererseits kann es von Vorteil sein, das Alter der Kinder für den Fall anzugeben, daß Ihre Kinder aus den betreuungsintensivsten Jahren (0-12 Jahre) heraus sind. Auf diese Weise können Sie eventuelle Arbeitgeberängste entkräften, wegen Ihrer Kinder nicht voll einsatzfähig zu sein.

Nicht zu bescheiden

Nicht selten sind die beruflichen Wege bei Frauen recht verschlungen. Hüten Sie sich aber vor allzu großer Bescheidenheit. Wenn Sie eine Kinder- und Familienphase hinter sich haben, so gibt es da überhaupt nichts zu verstecken. Sie waren nicht »Nur-Hausfrau«, sondern Chefin eines kleinen Familien-Unternehmens. Sie haben zu Hause gelernt, einen »Betrieb« am Laufen zu halten und dessen Mitglieder fortwährend zu motivieren. Auf den Gebieten soziale Kompetenz, Organisationsvermögen, Flexibilität, Belastbarkeit und Zeitmanagement macht Ihnen so leicht niemand etwas vor.

Abfolge der einzelnen Abschnitte

Der übliche tabellarische Lebenslauf umfaßt, wie erwähnt, in der Regel die folgenden größeren Themenblöcke:

- Persönliche Daten
- Schulausbildung
- gegebenenfalls Wehr- bzw. Zivildienst
- Berufs- bzw. Hochschulausbildung
- Berufstätigkeit
- Berufliche bzw. außerberufliche Weiterbildung
- Besondere Kenntnisse
- Hobbys/Interessen/Sonstiges

Kein Zwang

Wichtig zu wissen: Es besteht kein Zwang, die Abfolge dieser Abschnitte in einer bestimmten Reihenfolge zu gestalten (s. S. 126 f). Wenn Sie die persönlichen Daten bereits an anderer Stelle in aller Ausführlichkeit abgehandelt haben, können Sie durchaus mit der Berufstätigkeit beginnen, gefolgt von der beruflichen Weiterbildung und besonderen Kenntnissen. Die Schulausbildung und sonstige erwähnenswerte Interessen bilden dann den Abschluß. Ansatzweise finden Sie dies in dem oben aufgeführten Beispiel realisiert.

Unter der Berücksichtigung, daß der Leser schnell einen guten Überblick über die von Ihnen als wichtig erachteten Informationen bekommt, haben Sie völlige Freiheit in der Gestaltung der Reihenfolge. So ist z.B. nach den üblichen persönlichen Daten durchaus die Präsentation der besonderen Hobbys, Kenntnisse, Ehrenämter vorstellbar.

Als Grundregel allerdings gilt immer: Sie müssen sich sehr genau darüber im klaren sein, welche Botschaft Sie durch die von Ihnen gewählte Informationsabfolge vermitteln wollen und wie erfolgreich Sie wohl damit sind.

Persönliche Daten

Irgendwo müssen sie stehen, die persönlichen Daten, d.h. Vor- und Zuname, die Berufsbezeichnung, das Geburtsdatum und der -Ort, der Familienstand, gegebenenfalls Zahl und (wenn opportun) Alter der Kinder, die komplette Anschrift mit Telefon- und eventuell Fax-Nummer (Vorwahl nicht vergessen), gegebenenfalls Name und Beruf des Ehepartners (muß nicht unbedingt sein) und eventuell die Religionszugehörigkeit (insbesondere für Bewerbungen bei Tendenzbetrieben) und gegebenenfalls die Staatsangehörigkeit.

Bisweilen wird schon an dieser Stelle auf besondere Interessen oder Hobbys hingewiesen. Wenn diese bewerbungsbezogen etwas zum gesamten Persönlichkeitsbild beitragen können, erscheint die Erwähnung bereits hier auch gerechtfertigt. Das gleiche gilt für Mitgliedschaften in Parteien bzw. Gewerkschaften oder anderen Einrichtungen und Institutionen.

Auch für die persönlichen Daten gilt: Nach der Namensangabe kann die Abfolge modifiziert werden.

Namen und Berufe der Eltern sowie gegebenenfalls der Geschwister sollten bei dem von uns hier angesprochenen Leserkreis auf keinen Fall angeführt werden.

In den ab S. 217 angeführten Beispielen sind vielfältige Varianten der Gestaltung demonstriert.

All diese persönlichen Daten haben aber auch Platz auf dem Deckblatt bzw. der ersten Seite (s.S. 142 f) und können da wie dort durch das Foto sinnvoll flankiert werden (s.S. 145).

Sollten Sie sich entschließen, den Schwerpunkt dieser Daten an anderer Stelle abzuhandeln, reicht die Namensnennung und das Geburtsdatum, um zur nächsten Rubrik überzugehen.

Schulausbildung

An welcher Stelle Sie auch immer über Ihre Schulbildung Auskunft geben, die ausführliche Benennung z.B. zweier Grundschulen wegen eines Umzugs der Eltern (15.4.1958 – 30.3.1961 Klasse 1 bis 3 an der 4. Grundschule Droste-Hülshoff in Hafenwerder bei Eckernförde, vom 16.4.1961 – ... usw.) ist absolut überflüssig, weil langweilig und doch wohl ohne jegliche Relevanz für Ihr Bewerbungsvorhaben. An dieser Stelle können Sie getrost sparsam mit Detailinformationen umgehen, wenngleich die Angabe des Wechsels von der Realschule auf das Aufbaugymnasium bzw. die Nennung der gymnasialen Fachrichtung (z.B. humanistisch, naturwissenschaftlich usw.) natürlich eine gewisse Bedeutung haben kann.

Weniger ist mehr

Dennoch: Glatte Jahreszahlen reichen aus, und wann Sie das Abitur mit welcher Durchschnittsnote absolviert haben, ist auch nicht unbedingt erforderlich. Es sei denn, Sie wollen einen absolut leistungsorientierten Eindruck erwecken, wobei Sie allerdings auch die Gefahr einkalkulieren müssen, für ausgesprochen zwanghaft gehalten zu werden.

Zweiter Bildungsweg und Abendgymnasium sind natürlich Kennzeichen Ihrer besonderen Leistungs- und Lernmotivation und sollten deshalb angemessen Erwähnung finden.

Je länger Ihre Schulzeit zurückliegt, desto komprimierter können Ihre Informationen sein. Falls Ihre Schulzeit aufgrund einiger »Ehrenrunden« etwas länger gedauert haben sollte: Bloß keine Erklärungen!

Wehr- bzw. Zivildienst

... der Vollständigkeit halber hier und gegebenenfalls in Ihrem Lebenslauf erwähnt. Wir gehen davon aus, daß die Leser dieses Buches substantiellere Informationen weiterzugeben haben. Dennoch: Diese Zeitspanne können Sie nicht unter den Tisch fallen lassen, und ob Sie bei der Marine als Funker tätig waren oder in einem Kinderheim für Schwerstbehinderte Ihren Zivildienst absolviert haben, stellt auch eine gewisse Information dar, die je nach Arbeitgeber anders interpretiert werden kann.

Zur Zeitangabe: gegebenenfalls Monat und Jahr, wenn länger zurückliegend, reicht die Jahresangabe.

Berufs- bzw. Hochschulausbildung

Bei Fach- und Hochschulabsolventen sind die Fachhochschule bzw. Universität mit Ortsangabe, die Studienfächer (gegebenenfalls Haupt- und Nebenfächer) und die Abschlüsse differenzierter darzustellen, eventuell ergänzt durch den Hinweis auf Studienschwerpunkte, bekannte Professoren und nicht selten das Thema der Abschlußarbeit und gegebenenfalls die Dissertation. Die Noten für diese Arbeiten können ebenso aufgeführt werden wie die Gesamtabschlußnote.

Liegt kein Hochschulabschluß vor, nennen Sie lediglich alle relevanten Daten bis auf den fehlenden Abschluß. Irgendwelche Ehrenerklärungen brauchen Sie hier nicht abzugeben.

Als Zeitangabe Monat und Jahr aufführen, wenn länger zurückliegend, reicht die Jahresangabe.

Die Berufsausbildung erfordert wenig an Information; Angaben zum Ausbildungsfach und -betrieb mit entsprechender Zeitangabe (s.o.).

Berufstätigkeit

Von zentraler Bedeutung

Diese Rubrik ist von zentraler Bedeutung für das Bild, das sich der Leser Ihrer Bewerbungsunterlagen von Ihnen und Ihrer beruflichen Kompetenz machen will und ja auch in Ihrem Interesse machen soll. Um so unverständlicher, wenn ein gestandener Berufsvertreter, der z.B. fünf Jahre eine erfolgreiche technische Geschäftsführung einer Maschinenfabrik vorzuweisen hat, bei dieser Rubrik mit der Erstinformation beginnt, vom 1.1.1960 – 31. 12. 1963 als Feinblechner bei der Firma XY gearbeitet zu haben.

Die zahlreichen Beispiele, die wir im Anhang dokumentieren, zeigen, mit welchem Einfallsreichtum, mit welcher Akribie speziell dieser Abschnitt gestaltet werden kann und sollte.

Einfallsreiche Gestaltung

Nach unserer Einschätzung hat es sich als besonders vorteilhaft erwiesen, hier die amerikanische Vorgehensweise zu übernehmen, d.h. mit der aktuell ausgeübten Tätigkeit und Position anzufangen und erst dann weiter in die Vergangenheit zu gehen.

Die aufgeführten Arbeitgeber können unterschiedlich ausführlich beschrieben werden, ebenso wie die Skizzierung der ausgeübten Position, inklusive der besonderen Aufgabenstellung und Verantwortlichkeit. Orts- und Zeitangaben zumindest für die letzten fünf bis zehn Jahre verstehen sich von selbst.

Gegebenenfalls ist auch unter dieser Rubrik die Berufsausbildung aufzuführen.

Die zahlreichen Beispiele im Anhang (s.S. 217) vermitteln den Gestaltungsspielraum, der Ihnen hier zur Verfügung steht.

Berufliche bzw. außerberufliche Weiterbildung

Alle beruflichen und ergänzenden Maßnahmen, die Ihre Kenntnisse und Fähigkeiten unter beruflichem Aspekt vorangebracht haben, sind hier anzuführen. Von klassischen Weiterbildungsmaßnahmen des Arbeitgebers bis hin zu privat initiierten Fortbildungsaktivitäten wie z.B. dem Erlernen der japanischen Sprache oder dem privat besuchten Persönlichkeitsentwicklungsseminar à la Dale Carnegie (»Wie man Freunde gewinnt«) ist alles erlaubt, wenn es gefällt. Manche Kandidaten führen an dieser Stelle (mangels Masse?) auch die Besuche von Fachtagungen und Messen auf. Hier sind Orts- und Zeitangaben nicht bis ins letzte Detail notwendig, sondern die einfache Jahreszahl ist häufig ausreichend.

Besondere Kenntnisse

Zusatz-Qualifikationen

Diese Rubrik ist nicht zwingend notwendig, da vieles bereits auch unter der vorangehenden Rubrik abzuhandeln ist. Sie bietet aber gute Möglichkeiten, auf bestimmte, für die aktuelle Bewerbung relevante Qualifikationen aufmerksam zu machen. Sprach- oder EDV-Kenntnisse, spezielle Zertifikate, vom Führerschein bis zur Ausbilderlizenz, haben hier – wie immer nach sorgfältiger Abwägung – ihren Platz.

Hobbys/Interessen/Sonstiges

Immer wieder reagieren beruflich kompetente Bewerber erstaunt, wenn sie darauf hingewiesen werden, daß diese Rubrik in der Darstellung ihrer Vita fehlt, jedoch alles andere als überflüssig ist.

Absolut wichtig, oft unterschätzt

Dieser durch einen großen Spielraum charakterisierte Abschnitt ist dazu geeignet, Sympathie zu mobilisieren und wichtige Anknüpfungspunkte für das Vorstellungsgespräch vorzubereiten.

Ob die Mitgliedschaft im Deutschen Schäferhunde-Verein dazu beiträgt, Sie von der menschlichen Seite als sympathisch vorstellbar zu machen (Motto: Wer die Menschen kennt, liebt die Tiere ...), wissen wir nicht, aber Ihre ehrenamtliche Tätigkeit als Schatzmeister im Golfclub kann bei einer Bewerbung um eine Führungsposition eines Lebensversicherers durchaus Pluspunkte einbringen ...

Zum Mitschwingen bringen

Also: Ob ehrenamtlicher Schöffe oder Mitarbeiter der Telefonseelsorge, Sie werden mit derlei Auskünften über sich dazu beitragen, daß man sich ein Bild von Ihnen macht. Und das semiprofessionelle Programmieren wird anders aufgenommen werden als leidenschaftliches Windsurfen. Wenn es Ihnen (mehr oder weniger zufällig) durch die Auswahl Ihrer Hobbys gelingt, Ihr Gegenüber zum Mitschwingen zu bringen, kann das Tür und Tor öffnen. Auch das eine oder andere Auslandssemester bzw. der längere Auslandsaufenthalt kann hier vermerkt werden.

Aktives Musizieren, besondere Sportarten, leidenschaftliches Kochen, Spezialreisen, Reptilienzucht sind thematische Anknüpfungspunkte, die nicht ohne Wirkung bleiben. Aus unserer täglichen Beratungspraxis im Büro für Berufsstrategie wissen wir um die damit erzielten positiven Effekte. Für Zweifler empfehlen wir nochmal die Seiten 111 – 115, aber es steht Ihnen selbstverständlich frei, sich abstinent zu verhalten und keine persönlich-emotionalen Informationen einzusetzen.

Ort, Datum, Unterschrift

Ob Sie an dieser Stelle durch Ihre Unterschrift der ganzen Sache eine Art Beglaubigung zuteil werden lassen oder erst ein paar Seiten später z.B. unter der Rubrik »Was Sie noch über mich wissen sollten« (s.S. 138 ff), können Sie relativ frei entscheiden. In der Regel jedoch empfiehlt es sich hier, weil es erwartet wird. Hinzu kommt, daß durch das Datum die Aktualität des »Dokuments« betont wird. Es steht Ihnen übrigens weitgehend frei, ob Sie Ort und Datum hand- oder lieber computerschriftlich gestalten wollen.

Die »Dritte Seite«

Ein innovativer Baustein

Statt nach der Unterschrift unter dem sogenannten Lebenslauf/beruflichen Werdegang gleich die Ausbildungs- und Arbeitszeugnisse folgen zu lassen, schlagen wir Ihnen eine extra Seite für Ihre Botschaft in eigener Sache vor. Sie hat von uns die Arbeitsbezeichnung »Dritte Seite« bekommen und vielen von uns beratenen Bewerbern eine Einladung zum Vorstellungsgespräch eingebracht.

Warum eine Dritte Seite als Ergänzung und Erweiterung zum sogenannten Lebenslauf/beruflichen Werdegang?

Die im Bewerbungsanschreiben vorgetragenen Informationen und Verkaufsargumente werden in der Regel vom auswählenden Leser wegen der Vielzahl der eingehenden Bewerbungsunterlagen und des Zeitdrucks viel zu wenig beachtet.

So wird häufig, wie berichtet, lediglich der Anschreiben-

Eyecatcher – persönliche Botschaft

text überflogen, bisweilen sogar überhaupt nicht gelesen, um sich dann der beigefügten Bewerbungsmappe – insbesondere dem Bild des Bewerbers –, seinen Interessen, Hobbys oder sonstigen Kenntnissen, den formalen Ausbildungs- und Arbeitsdaten genauer zuzuwenden.

Erst wenn dies geschehen ist, und ein positives Zwischenresultat im Kopf des Lesers Platz gegriffen hat, werden die weiteren Anlagen – meist Arbeits- und Ausbidungszeugnisse – gelesen.

Bevor er sich jedoch dafür entscheidet, stößt der Personalchef auf die Dritte Seite in Ihren Bewerbungsunterlagen, z.B. mit der Überschrift:

Was Sie sonst noch von mir wissen sollten ...

Wer könnte da widerstehen? Dieser Text wird bestimmt sehr aufmerksam gelesen und zur Kenntnis genommen. Wem es an dieser Stelle gelingt, in wenigen kurzen Sätzen das richtige Bild zu vermitteln, kann – wenn auch die anderen Eckdaten stimmen – mit einer Einladung zum Vorstellungsgespräch rechnen.

Diese Dritte Seite hebt Sie positiv von der Menge der eingesandten Bewerbungsunterlagen ab. Eine wirklich gute Chance für Sie als Bewerber, als Drehbuchautor und »Regisseur« Ihrer Verkaufs- (d.h. Bewerbungs-) Unterlagen.

Etwas bekannter und bereits Bewerbungsstandard ist an dieser Stelle vielleicht eine extra Seite mit der Auflistung von Publikationen (so Sie welche verfaßt haben, gegebenenfalls Diplom-Arbeit o.ä.: Kurzzusammenfassung, Ergebnisse), der Skizzierung von besuchten Fortbildungsveranstaltungen, besonderen Arbeitsschwerpunkten oder Projekten, die für Sie als den richtigen Bewerber/Kandidaten sprechen.

Bisweilen wird immer noch eine Handschriftenprobe abverlangt (s.S. 150) und manche Kandidaten schreiben dann offensichtlich in Ermangelung einer kreativen Idee skurrile Texte aus der Zeitung ab, was auch eine Art Dritte Seite darstellt, aber eher im negativen Sinne.

Zusätzliche persönliche Informationen

Unsere Dritte Seite kann zusätzlich oder alternativ verwendet werden und transportiert, richtig konzipiert, die entscheidenden Argumente, warum *Sie* als Bewerber unbedingt in die engere Auswahl gehören, zum Vorstellungsgespräch eingeladen werden, den vakanten Arbeitsplatz einnehmen sollten.

Ob handschriftlich mit blauer Tinte oder wie die anderen Seiten per Laser oder Tintenstrahl erstellt – mit dem richtigen Konzept, einer guten Formulierung und der trotz allem notwendigen Kürze, erreichen Sie die optimale Aufmerksamkeit des auswählenden Lesers.

Zu den Einzelheiten:

Papier
Es empfiehlt sich, das gleiche Papier zu verwenden wie für die vorangegangenen Seiten (etwas schwereres, festes Papier mit Wasserzeichen). In jedem Fall muß es sich gegenüber den übrigen dann folgenden Anlagen (Zeugniskopien etc.) in der Papierqualität deutlich positiv abheben.

Überschrift
Sie hat die Funktion zu überraschen, Interesse und Neugierde zu wecken und inhaltlich kurz auszusagen, worum es geht. Hier einige Beispiele:
Zu meiner Bewerbung
Meine Motivation
Warum ich mich bewerbe
Zu meiner Person
Was Sie noch über mich wissen sollten … Ich über mich
Was mich qualifiziert
Warum ich?

Der Kreativität sind fast keine Grenzen gesetzt. Überschrift und Text sollten aber passen! Eventuell erstellen Sie die Headline handschriftlich. Am besten erst mal die zu vermittelnde Botschaft zu Papier bringen und dann die geeignete Titelzeile formulieren.

Aufbau

Was wollen Sie kommunizieren, was »rüberbringen«? Was sind die Argumente, Aussagen, was Ihre Botschaft, die bei dem auswählenden Leser Ihr Ziel erreicht, eine Einladung zum persönlichen Gespräch bewirkt?

Da Sie etwa 7 bis maximal 15 Zeilen zur Verfügung haben ... (Breite bitte nicht mehr als etwa 60 Anschläge, übliche Schriftgröße, bloß nicht zu klein, da fürs Auge sonst zu beschwerlich, graphisch unappetitlich)

... ist hier der entscheidende Platz, Ihre Person entsprechend vorzustellen.

Inhalt

Was wollen Sie vermitteln?

Thematisch kommen Aussagen zu Ihrer Person, Motivation und Kompetenz in Frage. Versuchen Sie aber bloß nicht, zu viele Informationen auf diese eine Seite zu pressen. Das würde eher einen nachteiligen Eindruck erzeugen. Inhaltlich darf die von Ihnen gewählte Botschaft in Zusammenhang stehen mit Aussagen im Anschreiben, Lebenslauf- und Arbeitsplatzstationen und darüber hinaus noch etwas persönlicher, pointierter formuliert sein.

Wie gesagt: darf, muß aber nicht. Allein Aufzählungen wie: Ich bin der Größte, Schnellste, Schönste etc. überzeugen wenig, bewirken eher das Gegenteil. Nicht die pure Aneinanderreihung bringt's, sondern die für den Leser nachvollziehbare – weil auch im Lebenslauf erkennbare – (logische) Argumentation.

Abschluß
Ob Sie zum Abschluß mit königsblauer Tinte unterschreiben oder nicht (Ort, Datum?), steht Ihnen frei. Wir jedenfalls empfehlen es.

Das Wichtigste zusammengefaßt:

Unsere Dritte Seite unterscheidet sich wesentlich von sogenannten Handschriftenproben, Tätigkeitsprofilen, Publikationslisten, einer Kurzfassung der Abschlußarbeit (Promotion, Diplom-, Magisterarbeit usw.). Inhaltlich geht es um zwei zentrale Aspekte: Ihre Persönlichkeit und/oder Ihre Kompetenz. Ideal ist immer eine Kombination, wobei der deutliche Schwerpunkt bei Ihren Sie qualifizierenden Persönlichkeitsmerkmalen liegen sollte.

So gesehen formieren sich Anschreiben, Lebenslauf und Dritte Seite zu einer Art Dreiklang. Was für ein Unternehmen die Corporate Identity ist, ist für Sie die in Variationen erfolgende Wiederholung Ihrer Hauptbotschaft, gut aufgeteilt auf Anschreiben, Lebenslauf und Dritte Seite.

In der Gestaltung und Abfolge der verschiedenen Themenblöcke des sogenannten tabellarischen Lebenslaufes sind Sie sehr frei, wie unsere Beispiele zeigen (s.S. 219 ff). Viel wichtiger sind eine deutliche konzeptionelle »Handschrift« und eine zentrale Aussage, die den Leser und Auswähler auf Sie neugierig macht.

Überblick

Nach der Grob- und Feingliederung der einzelnen Abschnitte bei der Darstellung Ihres persönlichen Werdeganges und der innovativen Ergänzung durch eine Dritte Seite folgt eine Gesamtübersicht der verschiedenen Komponenten Ihrer Bewerbungsmappe und ihrer inhaltlichen Funktionen.

Das Deckblatt

Auch das Deckblatt hat eine Funktion

Für welche Präsentationsform Sie sich auch immer entscheiden, es macht Sinn, den Leser Ihrer Unterlagen nicht direkt in den sogenannten Lebenslauf oder beruflichen Werdegang »fallen zu lassen«. Ähnlich wie ein Buch nicht sofort mit dem Inhaltsverzeichnis oder gar mit dem Hauptkapitel beginnt, hat das Deckblatt die Funktion eines Titelblatts, wie auch immer Sie es »dramaturgisch« gestalten.

Am häufigsten titelt man in der Richtung »Bewerbungsunterlagen für die Firma XY von XYZ, Diplomingenieur« und fügt die Adresse inklusive Telefonnummer hinzu. Nicht selten erscheint auf dem Titelblatt auch lediglich der Name des Bewerbers ohne weitere Angaben (oder alternativ der Adressat). Häufig wird auch dieser Platz bevorzugt für die Bewerberfotopräsentation ausgewählt. Selbst ein literarisches Zitat in Form eines Mottos ist denkbar.

Einfaches weißes oder gar farbiges Papier als zusätzliches »Abdeckblatt« versperrt die Sicht auf die nun folgenden Seiten und fördert die Neugierde oder gegebenenfalls auch die Ungeduld. Die Möglichkeiten sind vielfältig, wie unsere Beispiele belegen (s.S. 219 ff), und Sie sind in Ihrer Gestaltung recht frei.

Die Inhaltsübersicht

Aufmerksamkeit

Eine weitere Variante der Aufmerksamkeitserzielung ist die Inhaltsübersicht, die wir aus jedem Buch gut kennen und die die Funktion hat, den Leser zu informieren, was ihn inhaltlich auf den nächsten Seiten erwartet, und somit eine schnelle Orientierung ermöglicht, wo was zu finden ist. Dies lohnt sich aber kaum für Mappen, die lediglich etwa 10 Seiten stark sind. Eine Variation stellt das Anlagenverzeichnis dar, das erst später als Eröffnungsseite für den Anlagenteil plaziert wird (s.S. 156).

Die Einleitungsseite

Möglicher Überblick

Statt gleich mit dem beruflichen Werdegang oder dem komplexen Ausbildungsweg (Realschule, Lehre, zweiter Bildungsweg, Studium etc.) zu beginnen, kann die Einleitungsseite mit und ohne Bewerberfoto und den persönlichen Daten eine Art Resümee bieten, das den Leser kurz mit den wissenswerten Essentials über den Bewerber bekannt macht.

Nach kurzer Vorstellung der Person können an dieser Stelle Angaben über den aktuellen Arbeitsplatz bzw. die Arbeitsaufgaben folgen, die Motivation für den Wechsel skizziert werden oder sonstige Erklärungen, z.B. zum Erfahrungshintergrund, den besonderen Befähigungen, abgegeben werden.

Die Seite mit den persönlichen Daten

Nochmals auf den Punkt gebracht

... hat die Funktion, den Bewerber persönlich vorzustellen. Neben Name, Beruf, Alter, Geburtsort, Familienstand, gegebenenfalls Kinder etc. bis hin zu der persönlichen Unterschrift unter dem dann auf dieser Seite plazierten Foto, geht es darum, die Bewerberpersönlichkeit optimal textlich zu präsentieren und zu visualisieren. Häufig werden auch Elemente aus den vorangegangenen Bausteinen hier auf dieser Seite thematisch ausgeführt.

Beruflicher Werdegang/sogenannter Lebenslauf

Je nach Vorlauf verändert sich der Aufbau dieses zentralen Elementes Ihrer Bewerbungsmappe, das wir bereits an anderer Stelle (s.S. 128 ff) ausführlich vorgestellt haben und das ja in sich selbst noch einmal eine etwa sieben bis zehn Punkte umfassende Gliederung enthält. Bevor es jedoch zu diesem sicher nach wie vor wichtigen Baustein kommt, sind die anderen Komponenten (z.B. Deckblatt und Persönliche Daten) als eine Art Ouvertüre vorgeschaltet.

Arbeitsplatz- und/oder Aufgabenbeschreibung

Auf einer extra Seite kann es sinnvoll sein, die im beruflichen Werdegang nur kurz skizzierten Positionen und Aufgaben ausführlicher darzustellen, um Eignung und Kompetenz für den angestrebten neuen Arbeitsplatz hervorzuheben und auf diese Weise zu dokumentieren, über welches Erfahrungsspektrum man als Kandidat verfügt.

Die Dritte Seite

... bereits ausführlich vorgestellt nach dem sogenannten Lebenslauf, bietet zahlreiche Möglichkeiten, der persönlichen Botschaft des Bewerbers besonderen Ausdruck zu verleihen. Sie ist eine von uns Anfang der 90er Jahre angeregte neue Komponente der Bewerbungsmappe, die auf Bewerber- und Arbeitgeberseite auf ausgesprochen positive Resonanz gestoßen ist. (Ausführliche Beschreibung s.S. 157 ff.)

Ein »Hingucker«

Über die jetzt noch fehlenden Komponenten, die sehr wichtigen Beilagen, wie das Foto, gegebenenfalls Handschriften- und Arbeitsproben, Referenzen, Anlagenverzeichnis und Zeugnisse, berichten wir auf den folgenden Seiten.

Das Foto

Beruflicher Werdegang, der sogenannte Lebenslauf, war Ihnen als traditionelle Komponente Ihrer Bewerbungsmappe bekannt. Vielleicht waren Sie über die verschiedenen Formen der Präsentation wie auch über die Bedeutung einiger Teilaspekte, wie z.B. Hobbys, erstaunt.

Neu für Sie dürfte die sich daran anschließende Dritte Seite gewesen sein. In seiner Wichtigkeit häufig völlig unterschätzt ist die nächste Komponente, das Foto.

Oft unterschätzt

Wer mit seinem Foto schon zu Beginn des Auswahlverfahrens Sympathie mobilisieren kann, hat einfach die besseren Chancen, ganz besonders dann, wenn die papierenen Qualifikationsnachweise doch nicht so ganz eindeutig sind (und wann sind sie das schon). Die Macht der Bilder (hier Ihres Fotos) sollten Sie nicht unterschätzen, und so ist auch an dieser Stelle wieder einmal höchste Sorgfalt und noch etwas

Die Macht der Fotos

mehr (Engagement, Einfühlungsvermögen und und und ...) angezeigt.

Eines jedenfalls ist sicher: Ihr Lichtbild – um es einmal etwas anders zu formulieren, und damit auch zu seiner Klärung und Funktion beizutragen (Licht ins Dunkel bringen, sich ein Bild machen ...) – findet Aufmerksamkeit, wird betrachtet, ja oft sogar einer sorgfältigen Analyse unterzogen.

Ihr Gesicht wird interpretiert

Wenn auch in wissenschaftlichen Untersuchungen festgestellt wurde, daß von der Physiognomie abgeleitete Beurteilungen aufgrund eines Porträtfotos zu Fehlschlüssen führen, ja vollkommen spekulativ sind, wird es doch immer wieder Personalchefs geben, die aufgrund ihrer langjährigen Erfahrung Ihr Lichtbild intuitiv richtig zu interpretieren glauben.

Obwohl eine Reihe von Experimenten (nicht mit Bewerbern!) gezeigt hat, daß beispielsweise Brutalitäts- wie auch Intelligenzmerkmale auf Porträtfotos nicht zu erkennen sind und häufig den falschen Testpersonen zugeschrieben werden, findet man in der einschlägigen Personalberatungs- und Personalauswahlliteratur die Ansicht vertreten, daß eine Bewerber-Charakteranalyse durch den Gesichtsausdruck allein aufgrund eines Fotos sehr wohl möglich sei.

Da können wir in Raschkes weitverbreitetem »Taschenbuch für Bewerberauslese« lesen, daß bei älteren Bewerbern das Gesicht als Ausdruck der Lebensgeschichte gewertet werden kann und z.B. Verbitterung oder Depression eindeutig abzulesen sind.

Ohne darauf weiter einzugehen, wollen wir Ihnen jedoch die drei wichtigen Kriterien bei der Lichtbild-Analyse nicht vorenthalten, die auch ohne den Anspruch einer Charakteranalyse generell zum Tragen kommen: Da geht es 1. um die fotografische Qualität Ihres Fotos, 2. um die Wahl von Bildausschnitt und Format sowie 3. um die Kleidung, mit der Sie sich beim Fototermin präsentierten.

Fazit: Der Weg zum Fotografen lohnt sich *immer*. Automaten-Paßfotos sind zwar wesentlich billiger, sehen aber entsprechend aus und führen möglicherweise zu falschen Rückschlüssen (mangelndes Selbstwertgefühl, fehlende Bemühung und Motivation für den Arbeitsplatz, Geiz etc.).

Also keine alten Fotos, Urlaubsbilder oder Schnappschüsse bei der feuchtfröhlichen Familienfeier (letztes Jahr bei unserer Oma ihrem siebzigsten Geburtstag), oder Fotos, auf denen Sie erklären müssen: »Das da hinten links bin ich, und das vorn ist …« – das kommt übrigens in der Bewerbungsrealität häufiger vor, als Sie glauben –, sondern ein ansprechendes professionelles Porträt-Foto (Format ca. 6 x 4,5 cm oder etwas größer, aber bitte keine Postkartengröße – Stichworte Narzißmus und Bescheidenheit, s.u.).

Innovation

Auch beim Thema Foto gibt es bedenkenswerte Innovationen: Statt der ganz typischen »Kopf und Kragen«-Fotos (à la Paßfoto) bietet sich die Möglichkeit an, Arme, Hände und Oberkörper mit aufs Bild zu bringen, unter Umständen auch in einer Arbeitssituation. Interessante Gestaltungsideen finden sich dazu im *manager magazin*, in *Capital* etc. Schauen Sie sich mal an, wie dort »Wirtschaftsköpfe« porträtiert werden.

Nach Meinung führender Personalberater ergibt sich aus der Qualität des Fotos ein Hinweis auf die Zielstrebigkeit des Bewerbers. Ein fotografisch schlechtes Foto und/oder ein falsch gewähltes Format sprechen eher für eine generell nicht besonders ausgeprägte Leistungsmotivation, für ein niedriges Anspruchsniveau sowie für eine mangelnde Motivation in bezug auf die ausgeschriebene Position.

Bei der Vorlage eines professionellen, nicht zu kleinen, aber auch nicht zu großen Atelierfotos attribuiert man dem Bewerber immerhin besondere Bemühungen um den neuen Job.

Interessantes Format

Vom Format Ihres Fotos versucht man Rückschlüsse auf die Ausprägung Ihres Selbstbewußtseins abzuleiten. Hier bewegt sich die Beurteilung eines größeren Atelierfotos zwischen den folgenden Aspekten: einerseits der Unterstellung von »Eitelkeit« (und damit der Kompensation von Minderwertigkeitsgefühlen) und andererseits der Zuschreibung eines perfektionistischen Dranges, einer besonderen Bemühtheit, spezielle Aufmerksamkeit als Bewerber zu erzielen.

Sie sehen: Es ist nicht leicht, hier die sogenannte »goldene Mitte« zu treffen, die ein vernünftiges Maß an Selbstbewußtsein und Narzißmus signalisiert.

Besser schwarzweiß

Wir empfehlen Schwarzweiß, aber es darf auch ein Farbfoto sein. Nur eben gut gemacht – also nicht grellbunt mit unnatürlich roten Lippen oder Augen, die nach »ich weiß nicht was« aussehen, oder wo Sie den Eindruck eines Laiendarstellers aus der Gruselkomödie »Wenn Dracula kommt« machen. Schwarzweißfotos wirken in der Regel dezenter, seriöser – aber das sollten Sie mit sich und Ihren »Lieben« besprechen. Ausnahme: Bewerbung bei der Regenbogenpresse und anderen bunten Branchen.

In einer Untersuchung hat man übrigens herausgefunden, daß auf Schwarzweißfotos präsentierte Personen von Betrachtern als sympathischer eingeschätzt wurden als die gleichen Personen in Farbe. Offenbar veranlassen Schwarzweißfotos eher, eine positive gedanklich-emotionale Attribution vorzunehmen, sich die Person als sympathisch auszumalen, sich sozusagen die fehlende Farbe (im doppelten Wortsinn) positiv, angenehm vorzustellen.

Natürlich müssen Sie sich zum Fototermin richtig (ver-)kleiden. Dennoch bitte nicht vergessen: Sie bewerben sich weder beim Theater noch beim Film, oder? Der Eindruck, den Sie auf dem Foto machen, wird gewertet und interpretiert. Vom offenen Hemdkragen ist ebenso abzuraten wie vom allzu offenherzigen Dekolleté. Ist Ihr Foto, auf dem Sie sich mit kurzen Ärmeln ohne Jackett, und Sie, gnädige Frau, mit schlichtem schwarzen Rollkragenpullover präsentieren, wirklich als Ersteindruck geeignet?

Ausstrahlung

Überhaupt: Es sollte Ihr Tag (lucky day) sein, wenn Sie sich zu dem Besuch eines guten Fotografen entschließen. Dezent geschminkt (die Damen), die berufsangemessene (Ver)Kleidung (Ärzte und Schlachter bitte nicht im weißen Kittel), Haare, Frisur, rasiert (die Herren), Bart und überhaupt alles gepflegt, gutgelaunt und dies auch noch ausstrahlend – also nicht, daß man Ihnen ansehen kann, Sie haben soeben ein Strafmandat für Falschparken bekommen.

Und noch etwas zur Kleidung: Hier setzen Personalbeurteiler mit ihren Vermutungen über Ihr Repräsentationsvermögen an. Dabei wird auf die farbliche Harmonie und den modischen Geschmack geachtet, bis hin zur Art Ihrer Krawattenbindung. Ein Zugeknöpftsein bis oben hin kann vom Personalfachmann als Zeichen für Verschlossenheit gedeutet werden. Das Tragen einer Fliege statt einer Krawatte erscheint als Drang, sich abzuheben. Auch Bartträger können diesem (Vor-)Urteil unterliegen.

Der Leser fragt sich zu Recht: Wie wirkt man der Mutmaßung auf Personalentscheidungsseite entgegen, zugeknöpft zu sein, wenn man sich mit Krawatte fotografieren läßt? Und die Krawatte ist ja nun mal ein Standard-Muß. Nicht leicht, den vielfältigen Interpretationsmöglichkeiten ungeschoren zu entkommen.

Kritisch auswählen

Zurück zum empfehlenswerten Procedere: Lassen Sie sich gleich (das ist eigentlich auch üblich) mehrmals fotografieren, und legen Sie die Bilder einigen Freunden und Bekannten vor. Sie werden feststellen: Es kristallisiert sich im Laufe der Befragung doch ein Foto heraus (da machen Sie eben so ein Gesicht, so einen Ein- und Ausdruck, als ob ...), das bevorzugen die Leute, also diesem Bewerber würden sie eher den Arbeitsplatz geben, die Aufgabe zutrauen ... Na, und das ist es, was Sie ja wollen. Mit diesem Foto werden Sie die Herzen der Personalausleser öffnen und zum Vorstellungsgespräch eingeladen.

Nun noch das beste Foto (mit Ihrem Namen auf der Rückseite versehen) auf der von Ihnen ausgewählten Seite (Deckblatt; Lebenslauf etc.) positioniert, festgeklebt – nicht etwa mit dem Klammeraffen geheftet oder mit einer Büroklammer befestigt (Stichwort: Wie gehen Sie mit sich um?).

Die Handschriftenprobe

Sollte in der Stellenanzeige ein handgeschriebener Lebenslauf oder eine Handschriftenprobe verlangt werden, können Sie damit rechnen, daß sich ein Graphologe mit Ihrer Persönlichkeitsstruktur auseinandersetzt. Ob Sie dabei etwas zu gewinnen oder zu befürchten haben, vermögen wir hier von dieser Stelle aus nicht vorherzusagen.

Erneute Chance für Werbebotschaft

Wir empfehlen Ihnen aber für den Fall, daß etwas Handschriftliches von Ihnen gewünscht wird, die Gelegenheit zu nutzen und auf einer Extraseite (nach dem sog. Lebenslauf bzw. der Dritten Seite oder sogar auf der Dritten Seite selbst) mit einigen gut plazierten Sätzen den Motiven Ihrer Bewerbung und Ihren Qualitäten noch einmal Ausdruck zu verleihen. Schreiben Sie also bloß nicht irgend etwas aus der Zeitung ab, oder versuchen Sie sich nicht als Lebenslauf-Romanschriftsteller, sondern nützen Sie die zusätzlichen Zeilen für eine erneute Werbebotschaft in eigener Sache.

Den Lebenslauf in handschriftlicher Form anzufertigen ist selbstquälerisch und wird – ob tabellarisch oder ausformuliert – den inhaltlichen Anforderungen schlecht gerecht. Außerdem kann es leicht Platzprobleme (Überlänge) geben.

Obwohl die wissenschaftliche Anerkennung der Graphologie nach wie vor aussteht, hat sie in Mitteleuropa, insbesondere jedoch in unserem Land, als Hilfsmittel zur Auslese von Bewerbern immer noch eine starke Bedeutung. In etwa 20 Prozent der Inserate für Führungspositionen wird entweder der Lebenslauf bzw. das Bewerbungsschreiben handschriftlich gewünscht oder zumindest eine zusätzliche Handschriftenprobe verlangt. Bei Top-Führungspositionen ist dieser Prozentsatz sogar etwas höher.

Fragwürdigkeit

Ohne an dieser Stelle näher auf das Wie eingehen zu können, ist es doch erstaunlich, was für ein Spektrum an Aus- und Vorhersagen die Graphologie anbietet. Da geht es um Aussagen über die Lösung von Routineaufgaben, die Kreativität, die Planungs- und Organisationsfähigkeit, die Problemlösungsfähigkeit und die künstlerische Begabung. Weiterhin erhält der Schriftgelehrte angeblich Hinweise auf Informationsbereitschaft, Kooperations- und Kontaktfähigkeit, Verhandlungsgeschick, Personalbetreuungs-, -auslese- und -motivationsfähigkeit, Durchsetzungsvermögen, Zielstrebigkeit, Selbst- und Verantwortungsbewußtsein, Verantwortungsbereitschaft, Kritikfähigkeit, Verläßlichkeit, Risikoeinstellung, Entscheidungsfreudigkeit, Delegationsbereitschaft und -verhalten, Streßresistenz, Flexibilität und Repräsentationsvermögen.

Daß die Handschrift eines Bewerbers Ausdruck seiner Individualität ist und Züge seiner Persönlichkeit widerspiegelt, ist sicher richtig. Es bleibt aber die Frage, was man der Handschrift wirklich entnehmen kann. Nicht wenige Personalmenschen spielen sich dabei gerne als kompetente Graphologen auf. Nach dem Motto »Schlechte Schrift – schlechter Charakter« lassen sie die Bewerberschriftzüge auf sich wirken und versuchen, das Formniveau zu erfassen.

Alles Interpretationssache

Dabei geht es um die Verteilung des Geschriebenen auf dem Blatt, den Rhythmus der Schriftzüge, das Auf und Ab, den Pulsschlag der Schreibbewegungen, Schriftzüge und Zwischenräume. Man unterscheidet zwischen hohem, mittlerem und niedrigem Formniveau und glaubt an den Grundsatz: je höher das Formniveau, desto harmonischer der Charakter des Schreibers.

Schön ordentlich schreiben

Andere glauben, aus dem Grad der Leserlichkeit das Verhältnis des Schreibers zu seiner sozialen Umwelt herausinterpretieren zu können (jetzt wissen wir, warum Ärzte eine so furchtbare Handschrift haben!). Da gibt es auf der einen Seite Weltoffenheit und -gewandtheit, Sinn für die Realität des Lebens, Anpassungsbereitschaft und Fähigkeit zur Teamarbeit, auf der anderen Seite besteht die Gefahr des Schematismus, der Schablonenhaftigkeit, der konventionellen Oberflächlichkeit, des Formalismus und der Pedanterie. So hat eben das Schöne und Klare wieder zwei Seiten, und es obliegt der subjektiven Interpretation (dehnbar wie Kaugummi).

Ordentliche Schrift gleich ordentlicher Charakter und somit Eignung für ordnende Berufe. Wo etwas anderes und mehr erwartet wird, darf's dann auch eine Idee origineller bzw. egozentrischer sein (= schwerer lesbar) – so das kleine Einmaleins der Bewerberauslese-Graphologie. Alles ist eben relativ, und dies gilt für die Interpretation der Handschrift um so mehr.

Und noch ein Hinweis der Schriftgelehrten zum Verhältnis von Unterschrift zur Normalschrift: Die Unterschrift, eine Art Schutzmarke unseres Selbst, entwickelt sich mit der übrigen Textschrift und nimmt nach Erreichen der Reife (welche?) ihre Sonderform an. Sie ist gleichsam ein Werbeplakat der eigenen Persönlichkeit und läuft Gefahr, zum Spielball aller Geltungs-, Eitelkeits- und Selbstdarstellungsbedürfnisse zu werden. Klar, daß die Graphologen hieraus Rückschlüsse auf das Selbstwertgefühl ziehen.

Ist also die Unterschrift größer als der Normaltext (Normaltext = Normalschrift als Ausdruck des Normalcharakters), so ist das Selbstwertgefühl stärker, als normalerweise zugegeben wird. Im umgekehrten Falle (kleinere Unterschrift) gibt sich der Schreiber bescheidener, als er möglicherweise ist. Je deutlicher man seinen Namen ausschreibt, desto klarer – glauben die Interpreten – sei Wesen und Ausdruck des Schreibers. So einfach ist das also.

Und weil zehn Graphologen von ein und derselben Handschrift zehn verschiedene Gutachten über dieselbe Person liefern, kann man schon mit Recht an den Schriftdiagnosen und der Aussagekraft der Graphologie verzweifeln.

Graphologie einfach kompliziert

Nachfolgend eine Kurzübersicht über die Standardinterpretation der Grundformen der Handschrift:

Winkel (eckig): willens- und verstandesausgerichtet

Girlande (kurvig): gefühlsbetont, verbindlich

Arkade (bogenartig): zurückhaltend bis verschlossen, förmlich

Fadenduktus (unbestimmte Schreibform): anpassungs- und wandlungsfähig.

Seine Handschrift zu verstellen ginge nun wirklich zu weit. (Die Frage ist auch, ob das konsequent möglich ist.) Jemand anderen zu bitten, etwas für das eigene Bewerbungsschreiben zu Papier zu bringen, weil man sich seiner Handschrift und deren Interpretation nicht sicher ist, wäre ebenso abwegig (ist aber bereits vorgekommen!).

Vielleicht ist dies ein Trost: In Raschkes schon zitiertem *Taschenbuch für Bewerberauslese* findet sich der Hinweis, daß die Graphologie eine Auswahlmethode nur für die Bewerber sein sollte, die sich bereits in der engeren Vorauswahl befinden, da die hierfür entstehenden Gutachterkosten nicht unerheblich sind …

Viel Glück

Es fällt uns nicht so ganz leicht, Ihnen als Bewerber zu wünschen, bei dieser Form der Personalauslese in die engere Wahl zu kommen.

Die Referenzen

sind auch nicht jedermanns Sache. Im Grunde geht es darum, daß Sie jemanden benennen, der als Fürsprecher auftritt und bestätigt, Sie seien so und so, also überhaupt ganz toll und für diesen Job genau der/die Richtige. Das darf aber natürlich nicht Ihre Großmutter sein, weil die ja vielleicht nicht so ganz objektiv ist, und so wünschen sich Profis, hier Personen benannt zu bekommen, die mit Ihnen zusammengearbeitet bzw. für die Sie mal (längere Zeit und erfolgreich) tätig gewesen sind.

Das können in der Regel nur Chefs oder andere Vorgesetzte sein, vielleicht in (seltenen) Ausnahmefällen eine andere Person, die öffentliche Autorität und/oder Kompetenz genießt (der Bürgermeister, Vorsitzende eines wichtigen Vereins oder einer Institution, der Pfarrer etc.).

Vorabsprache wichtig

Kennen Sie solche, von Personalfachleuten akzeptierte Personen? Sind Sie sich sicher, daß diese gern und in Ihrem Sinne bei eventuellen Anfragen positive Auskünfte über Sie erteilen würden? Wenn ja, toll – aber sprechen Sie sicherheitshalber die Referenz, insbesondere die wichtigsten Fähigkeiten, mit denen Sie in diesem Schriftstück beeindrukken wollen, vorher ab.

Haben Sie Zweifel, ob Sie jemanden um diesen Gefallen bitten können? Dann hilft nur eins: potentielle Referenzgeber ansprechen und es herausfinden. Fällt Ihnen niemand ein, den Sie als akzeptablen Fürsprecher benennen können – plagen Sie sich nicht, allzu häufig wird auf dieses auch Züge von Imponiergehabe aufweisende Bewerberverhalten sowieso nicht zurückgegriffen, und viele Personalausleser sind nicht leicht mit Referenzadressen zu beeindrucken.

Personalchefs, die etwas über einen Bewerber in Erfahrung bringen wollen, bevorzugen in der Regel eigene Informationswege. Da verläßt man sich nicht gerne nur auf die Aussage eines vom Kandidaten benannten Fürsprechers.

Interessante, aufschlußreiche Ergebnisse (Erlebnisse) erzielen Sie übrigens, wenn Sie selbst oder eine Person Ihres Vertrauens bei Ihrem letzten bzw. vorletzten Chef anrufen lassen und sich nach der Einschätzung von Herrn/Frau XYZ (Sie selbst) höflich (kollegial – wie Arbeitgeber es zu tun pflegen) erkundigen.

Wir kennen die Geschichte eines aus seiner Firma nicht ganz harmonisch ausgeschiedenen hochbezahlten Managers (trotzdem sehr gutes Zeugnis), der allen Bemühungen zum Trotz, auch nach gut verlaufenen Vorstellungsgesprächen, immer wieder eine Absage bekam und sich mehr und mehr wunderte.

Irgendwann wurde dieser kluge Mensch mißtrauisch und ließ einen mit ihm befreundeten Unternehmer bei seinem früheren Arbeitgeber anrufen und in dem Sinne nachfragen: »Wir haben hier einen interessanten Bewerber, den Herrn XYZ. Der war doch vorher bei Ihnen. Mal im Vertrauen, was können Sie mir sagen ...?« Nach anfänglichem Zögern (schon das setzt Signale) wurde doch telefonisch deutlich vor diesem Bewerber, also unserem Herrn XYZ, gewarnt.

Des Rätsel Lösung

Das war also des Rätsels Lösung, die Erklärung, warum es immer wieder nicht klappen wollte. Der Bewerber konnte nun mit diesem Wissen dem Negativ-Auskunftgeber bei seiner ehemaligen Firma gegenübertreten und in wenigen, aber bedeutsamen Worten weitere Sabotageauskünfte abstellen. Der »Saboteur« war übrigens pikanterweise sein Nachfolger in der alten Firma, der damals erfolgreich den Stuhl von XYZ angesägt hatte, um nun selbst drauf zu sitzen.

Nochmals: Ein ehemaliger Arbeitgeber darf (laut Gesetz) nichts Nachteiliges über einen ausgeschiedenen Mitarbeiter sagen und muß, falls er durch seine Negativauskünfte eine

Beschäftigung des Bewerbers bei einer anderen Firma verhindert, für den Schaden (Verdienstausfall etc.) des so Abgelehnten aufkommen. In der Arbeitsrealität ist dies natürlich sehr schwer nachweisbar.

Die Arbeitsproben

sind zu diesem Zeitpunkt eigentlich kein Thema. Aber halt! Ihre gesamten Bewerbungsunterlagen, Ihr Vorgehen sind natürlich doch auch schon so etwas wie eine Art Arbeitsprobe. Ansonsten ist es klar: Ebensowenig wie ein Bäcker ein von ihm gebackenes Brötchen in die Bewerbungsunterlagen mit ein(b)packen kann, wird ein Architekt schlecht die Zeichnungen für ein von ihm entworfenes Haus mitsenden können. Auch Fotos eventuell produzierter Dinge sind keine angemessene Lösung.

Hinweise genügen

Es ist aber durchaus empfehlenswert, auf bestimmte Dinge, die Sie geschaffen haben, hinzuweisen. Beispiel: die Anzeigenkampagne, die Sie entworfen haben, Bücher oder Fachartikel, bzw. auch die Abschluß- und/oder Promotionsarbeit, die Sie geschrieben haben, eines Ihrer Produkte, Arbeiten, Sachen, die einen Fachpreis erhalten haben etc.

Das Anlagenverzeichnis

An dieser Stelle angekommen, folgen nun endlich die typischen im Anhang mitgelieferten Fotokopien von Ausbildungsabschlüssen, Fortbildungszertifikaten und – besonders wichtig – die Arbeitszeugnisse. Wenn Sie – was wohl eher seltener der Fall sein dürfte – nur drei Papiere dieser Art Ihren Unterlagen beizulegen haben, ist ein großartiges Übersichtsverzeichnis der nun eben folgenden drei Dokumente nicht so sinnvoll. Da es aber häufig um zehn bis zwanzig unterschiedliche Dokumente (immer nur Fotokopien!) geht, ist es sehr lesefreundlich, wenn Sie einen Überblick in Form eines Anlagenverzeichnisses geben und darin schon die entsprechenden großen Rubriken aufführen, z.B.: Arbeitszeugnisse (das neueste vorn, das älteste hinten), gefolgt von Weiterbildungsnachweisen (ebenso sortiert) und dann gegebenenfalls Ausbildungs- und Schulabschlußzeugnisse.

Kundenorientiert und service-freundlich

Zum anderen dient es der besseren Orientierung, und der Leser stößt vielleicht in der Übersicht darauf, daß Sie an einer bestimmten Uni Ihren Abschluß gemacht haben, eine spezielle Weiterbildung absolvierten, bei einem dem Leser bekannten Arbeitgeber beschäftigt waren, und kann nun schneller das ihn interessierende Dokument aufschlagen.

Die unterschiedlichen Rubriken können Sie frei definieren, und die Abfolge bleibt Ihnen überlassen. Gleichwohl bietet es sich immer an, in einer Rubrik mit dem aktuellsten Dokument anzufangen.

Farbige Zwischenblätter können die einzelnen Rubriken nochmal optisch deutlich voneinander abgrenzen. Jedes Zwischenblatt kann (muß aber nicht) erneut mit einer Inhaltsübersicht der nun folgenden Blätter versehen sein.

Die Anlagen: Zeugnisse

In den Unterlagen fehlen dürfen sie auf keinen Fall; zwar glauben viele Personalchefs nicht mehr so richtig daran (und recht haben sie), aber Arbeitszeugnisse gehören, wenn es um die Bewerbung für eine gehobene Position geht, zur Vervollständigung der Bewerbungsunterlagen dazu. Dabei verschicken Sie als Bewerber natürlich nur Kopien (ja, wir wiederholen uns, aber ...), die man Ihnen auch unbeglaubigt abnimmt.

Qualität und Quantität

Aber bitte: Seien Sie zurückhaltend mit Schulabschlußzeugnissen bzw. Zeugnissen der berufsorientierten Basisausbildung (Lehre), es sei denn, Sie sind sehr jung und haben noch nicht viel anderes vorzuweisen. Es wirkt einfach lächerlich, wenn ein 50jähriger Bewerber den Bewerbungsunterlagen sein Abiturzeugnis beilegt. Und doch sagt es wieder etwas über ihn aus, hören wir schon den Personalchef sagen (hat er ja auch nicht ganz unrecht).

Gestandenen und sogar promovierten Bewerbern wird jedoch hin und wieder, konkret z.B. von einem potenten schwäbischen Arbeitgeber (mit dem Namen eines berühmten mittelalterlichen holländischen Malers, nicht Rembrandt, Vorname mit 10 Buchstaben, fängt mit H an), das Abiturzeugnis abverlangt. Regelmäßig wird deshalb sogar der Beweber, die Bewerberin antelefoniert, wenn es in der Bewerbungsunterlagen zunächst fehlt. Was sich personalchefpsychologisch dahinter verbirgt, können wir an dieser Stelle nicht mit Sicherheit sagen. Daß der Personalchef jener Firma mit dem berühmten Namensvetter kein Abitur haben soll, halten wir für ein Gerücht, empfehlen aber, über den Firmengründer (Vorname mit 6 Buchstaben, fängt mit R an) Näheres nachzulesen in unserem Buch *Die Neurosen der Chefs*.

Diplom- oder andere Abschlußzeugnisse könnten, wenn sie nicht gerade älter sind als 10 Jahre, vielleicht schon etwas sinnvoller sein. Zeugnisse von ehemaligen Arbeitgebern dagegen sind für den Personalchef immer interessant. So stürzen sie sich gern auch auf 20 Jahre alte Beurteilungen und versuchen diese zu interpretieren. Manchmal ist es nur die berufliche Neugier, der »historische Reiz«, zu sehen, wie damals die Kollegen formuliert haben. Eigentlich sind die beiden letzten Arbeitszeugnisse ausreichend bzw. Zeugnisse über einen Zeitraum von ca. zehn Jahren.

Nun hat es sich herumgesprochen, daß Arbeitszeugnisse

die Leistung des Arbeitnehmers in einer Art Geheimsprache zu beurteilen versuchen – was übrigens für vielfältige Verwirrung sorgt.

Interpretationskunst

Jedoch es kennt nicht jeder Chef (z.B. eines kleineren Unternehmens) die entsprechenden Formulierungen dieser Geheimsprache und kann deshalb Zeugnistexte auch nicht richtig interpretieren. Natürlich weiß dieser unbedarfte Chef, wenn er selbst ein Zeugnis ausstellen muß, nicht, was er damit dem nächsten Arbeitgeber – vielleicht völlig unbeabsichtigt – über den Bewerber mitteilt.

Arbeitszeugnisse sind ein Kapitel für sich (siehe dazu ausführlich unser Buch *Arbeitszeugnisse* und den Exkurs auf S. 265 ff).

Sinn und Zweck eines qualifizierten Zeugnisses ist es, zu bescheinigen, in welcher Qualität der Arbeitnehmer die ihm gestellten Aufgaben bewältigt hat und wie sein Verhalten insgesamt aus Arbeitgebersicht beurteilt wird. Zu den gängigen Zeugnisinhalten für diese Leserzielgruppe im einzelnen:

- Angaben zu Person, Dauer der Beschäftigung, Ein- und Austrittsdatum
- ausführliche Darstellung des Arbeitsplatzes und des Aufgabengebietes (gegebenenfalls verschiedener Arbeitsplätze und Aufgaben im Laufe der Zeit) inklusive eventueller Sonderaufgaben
- Erfahrungen, Kenntnisse und Kompetenz
- Beurteilung der Arbeitsleistung und Würdigung positiver Eigenschaften (z.B. Fähigkeiten, Stärken, Erfolge)
- Bewertung der Fortbildungsbereitschaft
- Beurteilung des Verhaltens gegenüber Vorgesetzten, Kollegen, Mitarbeitern, gegebenenfalls Kunden bzw. anderen Kooperationspartnern

- Beurteilung von Führungsverhalten und -qualitäten inklusive einer Information über die ausgeübte Personalverantwortung
- Angaben über Gründe der Auflösung des Arbeitsvertrages
- abschließende Dankes- und Glückwunschformeln (z.B. Bedauern über Ausscheiden, gute Wünsche für die Zukunft ...).

Wichtige formale Standards sind:

- Zeugnis auf Firmenpapier, fehlerlos getippt
- Datum des Zeugnisses sollte möglichst identisch sein mit dem bzw. sehr dicht am Austrittsdatum liegen
- Mindestumfang eine Seite, besser 1 1/2 bis 2
- Unterschrift von einem deutlich ranghöheren Mitarbeiter bzw. der Firmenleitung selbst (Funktion des Unterzeichnenden muß erwähnt sein).

Wie Sie sicherlich wissen, ist der Arbeitgeber arbeitsrechtlich gehalten, seinem Arbeitnehmer kein negatives Zeugnis auszustellen. Dies hat zur Folge, daß alle Formulierungen zwar positiv klingen, sich aber eine Art Geheimsprache entwickelt hat, die chiffriert signalisiert, was wirklich gut und was schlecht war. Dazu zwei Beispiele:

1. Herr/Frau XY hat die ihm/ihr übertragenen Arbeiten stets und ganz zu unserer vollsten Zufriedenheit erledigt.

2. Herr/Frau Z zeigte für seine/ihre Arbeit Verständnis und war mit Interesse bei der Sache. Dabei bemühte er/sie sich immer, allen Anforderungen gerecht zu werden.

Zur Interpretation: Während die erste Formulierung für XY ein wirklich dickes Lob beinhaltet (sehr gute Leistungen), ist die zweite Beurteilung für Z eine Art Bankrottbescheinigung. Der Text sagt eigentlich: Hier handelt es sich um einen faulen, nichts leistenden Versager.

Die folgende Übersicht entschlüsselt die gängigsten Formulierungen in ihrem Benotungsgehalt:

Sehr gute Leistungen werden mit folgenden Formulierungen beschrieben:

... hat die ihm/ihr übertragenen Arbeiten stets zu unserer vollsten Zufriedenheit erledigt.

... waren wir mit seinen/ihren Leistungen in jeder Hinsicht außerordentlich zufrieden.

... haben seine/ihre Leistungen in jeder Hinsicht unsere volle/vollste Anerkennung gefunden.

Gute Leistungen werden mit folgenden Formulierungen beschrieben:

... hat die ihm/ihr übertragenen Arbeiten stets zu unserer vollen Zufriedenheit erledigt.

... haben ihre/seine Leistungen unsere volle Anerkennung gefunden.

... waren wir mit seinen/ihren Leistungen voll und ganz zufrieden.

Befriedigende Leistungen werden formuliert mit:

... hat die ihm übertragenen Arbeiten zu unserer vollen Zufriedenheit erledigt.

... waren wir mit seinen/ihren Leistungen voll/jederzeit zufrieden.

... hat unseren Erwartungen in jeder Hinsicht entsprochen.

Ausreichende Leistungen werden umschrieben mit:

... hat die ihm/ihr übertragenen Arbeiten zu unserer Zufriedenheit erledigt.

... waren wir mit seinen/ihren Leistungen zufrieden.

Mangelhafte Leistungen werden umschrieben mit:

... hat die ihm/ihr übertragen Arbeiten im großen und ganzen zu unserer Zufriedenheit erledigt.

... haben seine/ihre Leistungen weitestgehend unseren Erwartungen entsprochen.

Unzureichende Leistungen werden umschrieben mit:

... hat sich bemüht, die ihm/ihr übertragenen Aufgaben zu unserer Zufriedenheit zu erledigen.

... hat er/sie sich bemüht, unseren Erwartungen/Anforderungen zu entsprechen.

Die kleinen Wörtchen

Auf die kleinen Worte kommt es an: Die Beschreibung von Zufriedenheit im Arbeitszeugnis ohne weitere Zusätze attestiert lediglich ausreichende Leistungen. Im Zusammenhang mit dem Adjektiv »voll« oder besser noch »vollst« – einer sprachlichen Steigerung, die grammatikalisch bedenklich ist – werden qualifizierte, also bessere Leistungen attestiert. Wichtig: Damit es wirklich »gut« bzw. »sehr gut« bedeutet, bedarf es der Zusätze »stets«, »jederzeit« bzw. der Kombination »jederzeit und in jeder Hinsicht«.

Die Formulierung »... bescheinigen wir Herrn/Frau XYZ, daß wir mit seinen/ihren Leistungen zufrieden waren ...« oder »... hat Herr/Frau XYZ zufriedenstellend gearbeitet ...«, sind Urteile, die in ihrer Schlichtheit knapp die Untergrenze des Akzeptablen beschreiben, also vielleicht gerade noch ein »ausreichend« darstellen.

Heißt es aber: Herr/Frau XY »... erledigte die ihm/ihr übertragenen Arbeiten im großen und ganzen zu unserer Zufriedenheit ...« oder »... wurde Herr/Frau XY den ihm/ihr übertragenen vielseitigen Aufgaben im wesentlichen gerecht ...« oder »... entsprachen die Leistungen von Herrn/Frau XY weitestgehend unseren Erwartungen ...«, werden damit mangelhafte bis unzureichende Arbeitsleistungen attestiert.

Die entsprechenden Negativ-Formulierungen stecken in den Zusätzen »im großen und ganzen«, »im wesentlichen«, »teilweise«, »in etwa«.

Text und Klartext

Noch Schlimmeres wird bescheinigt, wenn man zu Umschreibungen greift wie »bemüht«, »bestrebt« oder »willens«. Auch die Formulierungen »... hatte Gelegenheit, die gestellten Aufgaben zu unserer Zufriedenheit zu erledigen ...« oder »... zeigte für seine/ihre Arbeit Verständnis ...« enthalten im Klartext eine krasse Abwertung der Arbeitsleistung, herbe Rügen.

Aussagen über Ihre Führung, wie z.B. vorbildliches Verhalten, aufgeschlossenes Wesen, Hilfsbereitschaft, sind mit entsprechendem zeitlichen Zusatz wie »jederzeit« oder »in jeder Hinsicht« positiv.

Wird aber formuliert: »... können wir Herrn/Frau XY bestätigen, daß ihr/sein Verhalten gegenüber Kollegen und Kunden einwandfrei war ...« oder »bestätigen wir, daß das persönliche Verhalten von Herrn/Frau XY einwandfrei war...« (alternativ: »... gab es zu Beanstandungen keinen Anlaß ...«), steckt hier der bös-kritische Hinweis auf Fehlverhalten in der Tatsache, daß im ersten Beispiel nichts über das Verhalten gegenüber dem Vorgesetzten gesagt wurde. Gemeint ist: Achtung – hier gab/gibt es Probleme. Auch sind die beiden letzten Formulierungen so knapp (insbesondere der ausdrückliche Hinweis »müssen wir bestätigen«), daß diese die denkbar schlechteste Benotung bedeuten.

Selbst dabei kann es noch Steigerungsformen geben, z.B. durch den Hinweis »... war im wesentlichen ...« bzw. »... gab selten zu Beanstandungen Anlaß ...«

Arbeitgeber können ihre Unzufriedenheit auch in einer Art beredtem Schweigen und durch die Kunst der Weglassung zum Ausdruck bringen:

»... Herr/Frau XY war fleißig und ehrlich ... Darüber hinaus verfügt Herr/Frau XY über ein bemerkenswertes Bildungsniveau, das ihn (sie) stets zu einem interessanten Gesprächspartner machte. Seine Kolleginnen und Kollegen schätzten ihn/sie insbesondere wegen seiner/ihrer mannigfachen Fähigkeiten und seines humorvollen Wesens. Auch in schwierigen Situationen kam Herrn/Frau XY seine/ihre freundliche Gelassenheit zugute ...«

Dieses vermeintlich wohlwollend-lobend klingende Traktat eines Arbeitszeugnisses ist in Wahrheit ein Faustschlag ins Gesicht. Es fängt damit an, daß die – falls überhaupt aufgeführt – eigentlich nur als Trias zu verwendende Beschreibung Ehrlichkeit, Pünktlichkeit und Fleiß hier eine böse Lücke aufweist und damit grobe Unpünktlichkeit, Unzuverlässigkeit signalisiert. In einer übergeordneten Position dürften diese Beschreibungskriterien übrigens überhaupt nicht auftauchen, weil sie schlicht beschreibungsunwürdig sind, es sei denn, man möchte jemandem schaden.

Der »interessante Gesprächspartner« bedeutet in der Interpretation Geschwätzigkeit, das humvorvolle Wesen unangenehmer Witzbold, und die bescheinigte »freundliche Gelassenheit in schwierigen Situationen« heißt soviel wie: Der Beurteilte leistete passiven Widerstand.

Zeugnisanalyse

Was wird auf Arbeitgeber- und Auswählerseite an Ihrem Arbeitszeugnis analysiert: Da geht es zunächst um den formalen Rahmen, um Angaben über Art und Inhalt Ihrer Tätigkeit, Leistung und Führung, Einschätzung Ihres Arbeitserfolges, eine Bewertung Ihres interpersonellen betrieblichen Verhaltens, Kündigungs- bzw. Ausscheidungsgrund sowie einen globalen Gesamteindruck, der sich aus verschiedenen Aspekten zusammensetzt.

Für die Interpretation Ihres Arbeitszeugnisses wird herangezogen, wie was gesagt bzw. nicht gesagt, d.h. weggelassen wird. Da, wie schon betont, nach dem Gesetz Arbeitszeugnisse einerseits vom Arbeitgeber für den Arbeitnehmer wohlwollend zu formulieren sind, um sein weiteres berufliches Fortkommen nicht unnötig zu erschweren, andererseits aber auch die Aussagen der Wahrheit entsprechen müssen, hat sich eine bestimmte Zeugnis-Codesprache entwickelt, deren Inhalte nun wirklich ganz anders klingen, als sie gemeint sind.

Zu guter Letzt sind Abschlußformulierungen und sogar das Datum von Bedeutung. Ein Zeugnisdatum, das z.B. sechs Monate nach dem realen Austrittsdatum liegt, könnte als Zeichen dafür gewertet werden, daß es zwischen Arbeitnehmer und Arbeitgeber juristische Auseinandersetzungen, zumindest aber Schwierigkeiten gegeben hat, die zu einer Verzögerung, zu diesem späten Ausstellungsdatum geführt haben.

Die Decodierung

Wir können hier jetzt nicht detaillierter auf diese Geheimsprache eingehen. Es muß abermals betont werden, daß nicht jeder Chef diese Codierungs- und Dechiffrierungskunst beherrscht. Damit gibt es einen gewissen Spielraum für Mißverständnisse. Darüber hinaus kann der Arbeitnehmer in Absprache mit dem Arbeitgeber deutlichen Einfluß auf die Formulierungen des Zeugnisses nehmen. Manche Chefs versuchen aber auch, ihre »überflüssigen« oder ungeliebten Mitarbeiter durch ein besonders gutes Zeugnis loszuwerden (wegzuloben). Papier ist geduldig.

Das Wichtigste zusammengefaßt:

Sicherlich nicht ohne Erstaunen über innovative Ergänzungen und kreative Gestaltungsmöglichkeiten haben Sie sich mit den verschiedenen Komponenten Ihrer Bewerbungsmappe vertraut gemacht und mit deren Funktion auseinandergesetzt (vom Deckblatt über die Dritte Seite bis hin zum Anlagenverzeichnis mit allen Zeugnissen). Quintessenz: Erlaubt ist, was gefällt. In jedem Fall geht das von uns vorgestellte Konzept weit über die landläufige Vorstellung von (tabellarischem) »Lebenslauf« hinaus.

Dazu muß man aber zunächst einmal die Möglichkeiten kennen, den Spielraum richtig einschätzen, der einem als Bewerber, als Anbieter der Dienstleistung Arbeitskraft, zur Verfügung steht.

Was Sie aus unseren Anregungen machen, liegt ganz alleine bei Ihnen. Es kann nicht darum gehen, jedem potentiellen »Kunden« (Personal-Chef) zu gefallen. Falsch wäre es sicherlich, unsere im Anhang dokumentierten Beispiele für erfolgreiche Bewerbungsmappen einfach nur zu übernehmen.

Wie wichtig der erste Gesamteindruck Ihrer Bewerbungsmappe ist (Deckel, Papier, Bindungssystem, aber auch Layout und Schrifttype), haben wir versucht klarzumachen. Das gilt ebenfalls für Ihr Foto und die mögliche Konzeption einer Dritten Seite.

Anhand der Beispiele im Anhang finden Sie diverse Anregungen, welcher Gestaltungsspielraum denkbar ist – nur Mut! Gehen Sie Ihren eigenen Weg.

Es lohnt sich, darüber nachzudenken, wie Sie Ihren Bewerbungs-Lebenslauf ganz speziell arbeitsplatz- und »kundenorientiert« gestalten. Ein nicht zu unterschätzender wichtiger Apekt sind dabei die Arbeitszeugnisse, deren wirkliche Bedeutung und Aussagekraft Schreiber, Empfänger und Leser oft nicht klar zu sein scheint.

DAS BEWERBUNGSANSCHREIBEN

Vielleicht haben Sie schon ungeduldig auf dieses Kapitel gewartet – in der durch traditionelle Bewerbungsratgeber geprägten Annahme, das Bewerbungsanschreiben sei der eigentliche »Türöffner« für eine Einladung zum Vorstellungsgespräch. Dem Anschreiben jedoch kommt heutzutage keinesfalls mehr diese zentrale Bedeutung zu, denn: Von wirklicher Relevanz ist Gestaltung und Inhalt Ihrer Bewerbungsmappe, das, was Sie als Lebenslauf bisher mehr oder weniger in dieser Form kannten und nach der Lektüre dieses Buches jetzt ergänzt wissen um diverse wichtige Komponenten, vom Deckblatt bis zum Anlagenverzeichnis. Trotz dieser in unserem Buch präsentierten Akzentverschiebung sollten Sie natürlich auch im Bewerbungsanschreiben mit der entsprechenden Präzision zu Werke gehen. Hinweise zum Thema Gehaltsvorstellungen und Eintrittsdatum sowie Umgang mit Chiffreanzeigen und einiges über die Initiativbewerbung runden dieses Kapitel ab.

Werbung

Erschreckend: Häufig genug werden die Bewerbungsanschreiben ungelesen zur Seite gepackt, nicht zuletzt aufgrund ihres oftmals starr-schematischen Aufbaus und weitschweifig-uninteressanten Inhalts. Das Leserinteresse zentriert sich primär auf die präsentierten Unterlagen in der Mappe mit den Schwerpunkten Foto, persönliche Daten, aktuelle Arbeitsplatzsituation, Ausbildung, beruflicher Werdegang. Dabei kann der Arbeitsplatzanbieter und Auswähler sich schon festlesen, wenn eine dramaturgisch geschickt präsentierte Bewerbermappe in der Lage ist, Spannung und den Wunsch nach mehr Information zu erwecken. Unsere zahlreichen Beispiele im Anhangteil belegen dies.

Visitenkarte – nicht mehr, nicht weniger

Gleichwohl ist auch das Anschreiben eine Art Visitenkarte und Arbeitsprobe und damit ein weiterer Beweis Ihrer beruflichen und persönlichen Qualifikation und Kompetenz. Denn wenn der Auswähler die »Spreu vom Weizen« getrennt, vielleicht 80 von 100 Bewerbungsmappen aussortiert und beiseite gelegt hat, um nun nach dieser Grobdurchsicht die »Feinsortierung« voranzubringen, spielt auch Ihr Anschreiben wieder eine (gewisse) Rolle.

Wichtig für Sie zu wissen also: Das Anschreiben wird nicht unbedingt als erste Information, als Auftakt zu Ihren sonstigen Bewerbungsunterlagen gelesen.

In der Konzeption und Ausführung ist es dementsprechend erst dann zu erstellen, wenn die Bewerbungsmappe komplett vorliegt und Sie diese konkret und zielorientiert (für einen speziellen Arbeitsplatz) zum Einsatz bringen wollen. Dieses Vorgehen entspricht dem eines Opernkomponisten, der die Ouvertüre zum Schluß schreibt. Sie greift das Hauptthema vorbereitend auf, sorgt für die richtige Einstimmung, genauso wie Ihr Anschreiben, unter der Berücksichtigung jedoch, daß es in der Abfolge auch als zweiter Baustein (nach der Mappe) gelesen werden kann und gleichermaßen noch gut informiert. Dies hat dann zur Konsequenz, daß Ihr Anschreiben vor allem aus den Essentials Ihrer Bewerbungsbotschaft zusammengesetzt sein sollte.

Auch wieder eine Arbeitsprobe

Ihr Bewerbungsanschreiben kann dem potentiellen neuen Arbeitgeber zeigen, wie Sie später sehr wahrscheinlich arbeiten: ob sorgfältig oder schludrig, organisiert oder chaotisch, verschnörkelt oder klar. Ihre Chancen, den gewünschten Arbeitsplatz zu bekommen, steigen in dem Maße, wie Sie schriftlich brillieren und beweisen, daß Sie klar formulieren und überzeugend darstellen können, und zwar auch in einer gebotenen Kürze (in der ja bekanntermaßen die Würze liegt, mit einem alten deutschen Sprichwort: Kurze Briefe, viel Glaubens – lange Briefe, wenig Glaubens).

Ein Punkt, der oft unterschätzt wird: Eigenwerbung benötigt viel Zeit. An solch einem (ersten) Anschreiben drei bis vier Stunden zu »sitzen« ist durchaus nicht ungewöhnlich. Bewerbungserfahrene schaffen es vielleicht in der Hälfte der Zeit.

Alternativ-Anschreiben entwickeln

»Profis« entwickeln übrigens drei alternative Anschreiben, um diese einer selbst gewählten »Personalkommission« vorzulegen. Durch Tips und kritische Anregungen von anderen läßt sich das Bewerbungsanschreiben oftmals wesentlich verbessern und von Mal zu Mal überzeugender gestalten. Es kommt auf jedes Wort, auf jedes Komma an.

In der Werbepsychologie gibt es wie schon beschrieben die AIDA-Formel (s. S. 107):

A = attention (Aufmerksamkeit erzeugen)
I = interest (Interesse wecken)
D = desire (Wunsch zur Vorstellungsgespräch-Einladung auslösen)
A = action (die Handlungsaktivität »einladen« provozieren).

Das AIDA-Modell kann Ihnen ganz besonders an dieser Stelle als Leitlinie für Ihre Bewerbungsschritte dienen. Es kommt darauf an, daß Sie Aufmerksamkeit und Interesse wecken, um das wichtige nächste Ziel »Einladung zu einem Vorstellungsgespräch« zu erreichen. Tragen Sie alle wichtigen Argumente, die Sie vorzubringen haben, in kurzer, komprimierter Form vor. Der Leser, Ihr zukünftiger Arbeitgeber, soll gegebenenfalls (wenn er kein Personalfachmann ist) neugierig gemacht werden auf Ihre weiteren Unterlagen bzw. noch einmal eine prägnante Zusammenfassung Ihrer zentralen Botschaft erhalten, nachdem er sich ja Ihrer Bewerbungsmappe schon gewidmet hat. Letztlich geht es natürlich darum, auf Sie als Person – und zwar in vivo – neugierig zu machen.

Kürzer ist besser

Am besten ist ein Anschreiben von weniger als einer Seite (optimal: nicht mehr als fünf, sechs Sätze). Maximal vertretbar ist eine ganze Seite, wenn Sie an dieser Stelle wirklich etwas absolut Wichtiges zu kommunizieren haben.

Natürlich mögen Sie Gründe haben, warum Sie nicht mit weniger als zwei Seiten auszukommen glauben. Aber damit erzeugen Sie beim eiligen Leser schon mehr als nur Ungeduld. Mit drei oder mehr Seiten sind Sie mit absoluter Sicherheit aus dem Rennen. (Jedoch auch hier gilt: Ausnahmen ...)

Zur inhaltlichen Gestaltung

Haben Sie auch noch gelernt, daß Geschäftsbriefe mit der Floskel »Sehr geehrte Damen und Herren« zu beginnen haben? In einem Bewerbungsanschreiben kann diese Formel einen groben Fehler darstellen. Nämlich ganz sicher dann, wenn sich beim aufmerksamen Lesen der Anzeige eigentlich herausstellt, daß eine bestimmte Person diese Bewerbung entgegennehmen wird. An ihn oder sie müssen Sie das Bewerbungsanschreiben namentlich adressieren. Ein allgemeines »Damen und Herren« könnte von Ihrem potentiellen neuen Arbeitgeber zu Recht als Schludrigkeit oder sogar als Mißachtung gedeutet werden.

Personalisieren

Es empfiehlt sich ganz generell, das Bewerbungsanschreiben persönlich zu adressieren, am besten bezugnehmend auf das freundlich-informative Telefongespräch, das Sie »gewählt« haben, um bereits im Vorfeld auf sich aufmerksam zu machen (s.S. 202 ff). Entscheidend ist, daß Sie Ihren

Brief zusammen mit den anderen Unterlagen so präzise wie möglich an den Auswähler adressieren. Er stellt die für Sie wichtige Weiche in Richtung Vorstellungsgespräch.

Dies ist nur ein Beispiel dafür, wie aufmerksam und sorgfältig Sie mit dem Ihnen vorliegenden Stellenangebot umgehen sollten. Sie kommen nicht darum herum, in irgendeiner Weise auf den Anzeigentext Bezug zu nehmen. Auch bei einer Initiativbewerbung ist es natürlich notwendig, sich vorher telefonisch zu informieren, an wen Sie Ihr Anschreiben richten sollen.

Versuchen Sie, in diesem weitestgehend auf eine Person bezogenen Anschreiben zu erklären, warum Sie der richtige Bewerber für die zu besetzende Stelle sind. Was sind Ihre Qualifikationen und Qualitäten, die z.B. den im Anzeigentext genannten Anforderungen entsprechen? Garantiert falsch: 08/15-Anschreiben, die verschickt werden wie eine Massensendung.

Um einen optimalen Eindruck zu machen, sollte Ihr Bewerbungsanschreiben folgende Aspekte beinhalten:

- Warum bewerben Sie sich?
- Wo stehen Sie jetzt?
- Was sind Ihre Ziele?

Warum soll man Sie einladen?

Antworten auf diese Fragen müßten aus Ihrem Anschreiben ebenso klar wie knapp hervorgehen. Der Leser muß wissen, warum er sich in einem Vorstellungsgespräch näher mit Ihnen beschäftigen sollte. Beenden Sie also Ihren Brief mit der Bitte um ein persönliches Gespräch, der Grußformel, Ihrer Unterschrift und dem Hinweis auf die Anlagen.

Auftakt

An einem gelungenen Anfang hängt alles. Jeder Journalist muß seine Leser mit dem ersten Satz neugierig machen, fesseln und zum Weiterlesen »verführen«. Denn Leser sind ungeduldig. Das gilt auch für Chefs (siehe oben). Deshalb sollten Sie den Einstieg zu Ihrem Bewerbungsanschreiben so gestalten, daß Ihr Arbeitgeber als Leser »dranblieben« will. »Hiermit bewerbe ich mich um ...« oder »Ich beziehe mich auf Ihre Anzeige ...« sind stereotype und sehr langweilige Einstiegssätze. Als Richtlinie für den Anfang gilt: Spannung erzeugen – Interesse wecken – Freundlichkeit vermitteln.

Neugier wecken

Personalauswähler werden in der Regel mit formelhaft klingenden, standardisierten Anschreiben überhäuft, so daß sie wenig motiviert sind, sich individuell mit Ihrem Brief zu beschäftigen. Diese Barriere gilt es zu überwinden. Ein richtig geführtes Vorab-Telefonat, auf das Sie in Ihrem Schreiben auch Bezug nehmen, ist ein Weg, etwas besonders Persönliches, in gewisser Weise Außergewöhnliches in Ihren Einleitungszeilen zu kommunizieren. Je mehr persönliche Ansprache Sie im Auftaktteil Ihres Anschreibens »rüberbringen«, desto mehr positive Aufmerksamkeit können Sie für Ihr Anliegen erwarten. Auch hier gilt das alte deutsche Sprichwort: Wie es in den Wald hineinruft, so schallt es heraus.

Mittelteil

Motivation und Eignung

Im Hauptteil Ihres Briefes liefern Sie alle Informationen, die wirklich substantiell sind. Wie im Punkt zur inhaltlichen Gestaltung bereits ausgeführt, müssen Sie hier in kurzer und prägnanter Form darstellen, warum Sie sich bewerben und weshalb gerade Sie der richtige, geradezu ideale Bewerber sind. Vermitteln Sie, daß Sie das Anforderungsprofil der zu besetzenden Position erfüllen.

In diesem Abschnitt Ihres Bewerbungsanschreibens muß sich für den Adressaten die Frage beantworten lassen, warum er Sie zu einem persönlichen Gespräch einladen sollte. Erzeugen Sie Interesse an Ihrer Person, an Ihren Fähigkeiten, und machen Sie deutlich, von welchem Wert Sie für die Interessen und Bedürfnisse des Unternehmens und damit speziell auch des Empfängers und Lesers sein können.

Wenn es Ihnen darüber hinaus gelingt, sich mit Ihren Formulierungen im Einklang mit der Sprache und gegebenenfalls Fachterminologie des Empfängers zu bewegen, finden Sie leichter Gehör. Übertreiben Sie's aber auch nicht.

Abschluß

Beim Briefende haben Sie's eigentlich geschafft. Trotzdem auch hier nicht in Plattheiten abgleiten, sondern einen freundlich-verbindlichen Schlußton setzen. Bringen Sie zum Ausdruck, daß Sie sich über die Einladung zu einem Vorstellungsgespräch freuen.

Die Kraft des P.S.

Vielleicht klingt ja Ihr letzter Satz noch ein paar Momente im Gedächtnis nach – so kann man wenigstens hoffen ...

Nutzen Sie eventuell die Gelegenheit, durch ein P.S. nochmals auf sich und Ihr Anliegen aufmerksam zu machen. Führen Sie einen Aspekt an, der Ihnen einen zusätzlichen Pluspunkt bringt. Vielleicht gefällt das freundliche Postscriptum. Aufmerksamkeitsanalysen haben ergeben, daß auf einer Briefseite das Postscriptum nach der Betrifft-Zeile (oder einer anderen Überschrift) die größte Beachtung findet.

Schematisch stellt sich das ganze etwa so dar (s.a. Beispiele im Anhang):

Vorname, Name Ort, Datum
Straße, Hausnummer
Postleitzahl, Ort
Vorwahl-/Telefonnummer (besser: eigenes Briefpapier!)

(4)
Firmen-/Institutionsname
z.Hd. Frau/Herrn ...
Straße, Hausnummer bzw. Postfach
(1)
Postleitzahl, Ort

(3–4)
Bezugszeile (»Betr.:« zu schreiben ist heute unüblich!)

(2–3)
Anrede (wenn nicht namentlich bekannt: »Sehr geehrte Damen und Herren«, besser jedoch: telefonisch herausfinden!)

(1)
Text (wie beschrieben)
(nicht zu lange Sätze, mit Absätzen strukturieren)
(1)
Grußformel (üblich: »Mit freundlichen Grüßen«)

(2–3)
Unterschrift (Vor- und Nachname)
(Warnung vor dem Graphologen – keine Autogramme schmieren; Namen nicht nochmal maschinenschriftlich!)

(2–4)
Anlagen (eventuell, wenn noch Platz, beigefügte Unterlagen aufführen)

Hans Funke · Maiallee 3 · 12345 Berlin · Tel. 030/ 313 60 24

Berlin, 8.5.2000

An die
Personalabteilung der Winter AG
z.H. Herrn Schnee
Brühlweg 2

12301 Winterstadt

Ihre Anzeige in der Berliner Zeitung vom 2.5.2000
Marketingleiter

Sehr geehrter Herr Schnee,

ich bin auf die von Ihnen ausgeschriebene Position des Marketingleiters im Food-Bereich Frischfisch aufmerksam geworden.

Seit sieben Jahren arbeite ich in der Lebensmittelbranche im Bereich Feinfischkonserven, seit drei Jahren in der Position des stellvertretenden Leiters der Marketingabteilung.

Zu meinen Hauptaufgaben gehören

– die Entwicklung von Marketingstrategien
– Absatzplanung und Marktsegmentierung
– die Erstellung von Sales Promotion und Werbekonzepten sowie die
– Handhabung der entsprechenden Marketing Controlling-Instrumente.

Ich strebe die eigenverantwortliche Leitung einer Marketingabteilung an und bin bereit, mich mit meiner ganzen Energie dieser Aufgabe zu widmen. Als meine besonderen persönlichen und beruflichen Stärken empfinde ich

– bewiesene Führungsfähigkeit und Teamgeist
– ein ausgeprägtes konzeptionelles und analytisches Denken
– gutes Verhandlungs- und Organisationsgeschick
– Einsatzbereitschaft und den Willen zum Erfolg

Darf ich Sie um Verständnis bitten, daß ich Ihnen aufgrund meiner Position meinen jetzigen Arbeitgeber noch nicht bekanntgebe. Mein Jahreseinkommen beträgt 120.000 DM, und bei einem regulären Wechsel stehe ich für neue Aufgaben zum Jahresanfang 2001 zur Verfügung.

Über Ihre Einladung zu einem persönlichen Gespräch freue ich mich.

Mit freundlichen Grüßen aus Berlin

Anlagen

Stichworte: Gehaltswünsche/ Eintrittsdatum

Nicht selten wird in der Stellenanzeige dazu aufgefordert, bei der Bewerbung doch bitte die Gehaltsvorstellung und das frühestmögliche Eintrittsdatum zu benennen. Diesen Arbeitgeberwunsch kann man heutzutage nicht einfach ignorieren. Ein adäquater Umgang mit solcherlei Erwartungen ist jedoch nicht ganz unproblematisch und bereitet vielen Bewerbern ernsthafte Probleme.

Wenn nicht, dann nicht

Wenn Sie in der Anzeige nicht dazu aufgefordert werden, zu beiden Punkten Angaben zu machen, bleibt Ihnen vorerst einiges Kopfzerbrechen erspart. Im Vorstellunsgespräch wird dann allerdings dieses Kapitel mit Sicherheit thematisiert werden.

Ansonsten: Der richtige Platz für dieses Thema ist wohl eher im Anschreiben als in der Bewerbungsmappe. Aber selbst da, auf den Seiten Ihrer Selbstdarstellung, wären solcherart Inhalte vorstellbar: z.B. unter den persönlichen Daten (Jahresbruttoeinkommen) oder gegen Ende der tabellarischen Übersicht (z.B. nach Hobbys) bzw. auf der »Dritten Seite« eine Erklärung: »Bei einem regulären Wechsel stehe ich zum 1. 1. 2002 zur Verfügung ...«

Davon ausgehend, daß Sie wissen, was Sie wert sind und was in Branche und Position (auf die Sie sich bewerben) aktuell bezahlt wird, entwickeln Sie unter der Berücksichtigung dessen, was Sie sich als Gehalt wünschen, und aufgrund Ihres derzeitigen Einkommens Ihren »Gehaltswunsch«. Eine gehaltliche Verbesserung von wenigstens 10 Prozent, in der Regel 15 bis 20 Prozent ist nicht unüblich. Es gibt allerdings auch viele Gründe, die einen Wechsel mit gleichem oder sogar weniger Gehalt rechtfertigen mögen.

Wichtig sind klare, dezidierte und in gewisser Weise

selbstbewußte Vorstellungen, die eine intensive Auseinandersetzung mit dieser Materie voraussetzen.

Spielraum

Die Formulierung des Gehaltswunsches kann dann sehr wohl in einem gewissen Rahmen erfolgen, z.B.: »Meine Gehaltsvorstellungen bewegen sich zwischen 60.000 und 65.000 € p.a.« Der genannte Spielraum darf weder zu groß (z.B. 20 Prozent) noch zu klein (z.B. 5 Prozent) sein.

Beachten Sie die Gefahr, sich »unter Preis« anzubieten, vielleicht vor dem Hintergrund einer aktuellen privaten und/oder beruflichen Krisensituation. Hier gilt das einfache psychologische Gesetz: Qualität hat nun mal ihren Preis, und was billig ist, kann wohl kaum gut sein.

Nicht immer wird der ausweichende Satz »Meine Gehaltsvorstellung würde ich gern in einem persönlichen Gespräch behandelt wissen ...« auf Verständnis und Wertschätzung stoßen, ebenso wie die schlichte Ignoranz der in der Stellenanzeige formulierten Aufforderung.

Während die meisten »Verkäufer« doch intuitiv zu wissen glauben, was die angemessene Entlohnung ihrer Dienstleistung ist, gibt es beim potentiellen Eintrittsdatum bisweilen noch größere Probleme. Eine sofortige Verfügbarkeit – selbst wenn sie z.B. wegen aktuell bestehender Arbeitslosigkeit gegeben wäre – macht in der Regel (milde formuliert) einen eher unglücklichen Eindruck.

Lange Kündigungsfristen dagegen – so fürchten viele Bewerber – und damit eine Verfügbarkeit, die erst sechs Monate oder gar später gegeben ist, läßt sie als Kandidaten eventuell unattraktiv erscheinen.

Loyalität

Dies ist eine ebenso häufige wie krasse Fehleinschätzung. Ein korrekter Hinweis auf die regulären Kündigungszeiten zeigt, daß der loyale Bewerber dem alten Arbeitgeber auch bei ernsthafter Wechselabsicht nicht »Hals über Kopf« davonläuft. Personalfachleute wissen, daß im gegenseitigen Einvernehmen hier immer vorzeitige, aber geordnete Aus-

und Einstiege möglich sind, und schätzen den korrekten Umgang bei diesem »Abwicklungsprozeß«. Hierbei also mit kürzeren Zeiten zu »kokettieren«, im Glauben, so seine Attraktivität als potentieller Kandidat zu steigern, ist geradezu kontraproduktiv.

Sollten Sie das Eintrittsdatum aufgrund Ihrer Situation quasi selbst bestimmen bzw. vorschlagen können, bieten sich für den schriftlichen Erstkontakt idealtypischer Weise in jedem Fall Monats-, insbesondere aber Quartalsanfänge an.

Schriftliche Bewerbungssonderformen

Nachdem wir ausführlich die häufigste Bewerbungsform dargestellt haben, an dieser Stelle noch einige Sonderformen:
- die Bewerbung auf eine Chiffre-Anzeige
- die Kurzbewerbung
- die unaufgeforderte Bewerbung/Initiativbewerbung.

Chiffre-Anzeigen

haben die Funktion, die Identität des Inserenten zunächst nicht preiszugeben, um diesen zu schützen. Folgende Gründe könnten auf Arbeitgeberseite dahinter stehen: Man möchte nicht, daß durch ein frühzeitiges Bekanntwerden der Anzeige unter den Mitarbeitern Unruhe und Spekulationen entstehen. Oder die Konkurrenz soll nicht von der geplanten Veränderung Wind bekommen. Vielleicht hat das Unternehmen gerade ein beschädigtes Image, und man umgeht so eine mögliche Bewerbungshemmschwelle.

Kurzbewerbung

Auf Chiffre-Anzeigen können Sie mit einer Kurzbewerbung antworten. Sie enthält nur das Bewerbungsanschreiben und eventuell einen kurzen Lebenslauf mit Foto. Die weiteren Unterlagen reichen Sie erst dann nach, wenn dies ausdrücklich gewünscht wird. Weisen Sie in Ihrem Anschreiben darauf hin, daß Sie dies jederzeit gern tun.

Bei Chiffre-Anzeigen und bei Kurzbewerbungen ist es durchaus üblich, den derzeitigen Arbeitgeber zu umschreiben, statt den konkreten Namen zu nennen. Z.B. schreiben Sie anstelle von »Ich bin Filialleiter der zweitgrößten Niederlassung in XX bei der XY-Bank«: »Ich leite eine der größten Filialen in (z.B. Bundesland einsetzen), einer der wichtigsten Bankgruppen unseres Landes.«

Die Kunst besteht bei dieser Variante darin, möglichst genau die derzeitige Tätigkeit zu beschreiben, ohne den aktuellen Arbeitgeber wirklich zu benennen.

Denn genauso wie Unternehmer bisweilen für sich in Anspruch nehmen, (zunächst) inkognito zu bleiben, so können auch Sie gleiches geltend machen. Sie sind nicht verpflichtet, sich in dieser ersten Bewerbungsphase zu »outen«.

Jeder Bewerber hat ein berechtigtes Interesse, seine Veränderungsabsichten nicht zu früh publik zu machen. Der künftige Arbeitgeber könnte ja am bisherigen Arbeitsplatz anrufen und Ihren jetzigen Vorgesetzten/Arbeitgeber neugierig fragen: »Wie sind Sie denn mit XY zufrieden?« Sie hätten dann vermutlich an Ihrem Noch-Arbeitsplatz mit Nachteilen zu rechnen.

Das läßt sich übrigens auch auf andere Art und Weise verhindern. Den künftigen Chef können Sie von Nachfragen an Ihren derzeitigen Chef abhalten, indem Sie in Ihrem Schreiben die deutliche Bitte formulieren, alle Angaben strikt vertraulich zu behandeln.

Sperrvermerk

Mancher Bewerber fürchtet, sich bei einer Chiffre-Anzeige unwissentlich bei seinem derzeitigen Arbeitgeber zu bewerben. Um dies zu verhindern, empfiehlt es sich, einen sogenannten »Sperrvermerk« zu verwenden. Das bedeutet:

Die Bewerbungsunterlagen für die Chiffre-Anzeige kommen in einen doppelten Umschlag. Der erste erhält die Chiffre-Nummer, den zweiten adressieren Sie zusammen mit einem Begleitschreiben an die Anzeigen-Abteilung der betreffenden Zeitung. Im Schreiben an die Zeitung bitten Sie darum, die Bewerbungsunterlagen in dem separaten Umschlag nur dann weiterzuleiten, wenn der Anzeigen-Inserent nicht die Firma XY ist. Andernfalls bitten Sie um Rücksendung mit dem Zusatz »Porto zahlt Empfänger«, oder Sie fügen besser gleich einen frankierten Rückumschlag bei.

Die unaufgeforderte Bewerbung oder Initiativbewerbung

Bitte nicht blind

(auch »Blindbewerbung« genannt) wird meist in Kurzform gehalten. Sie hat den Zweck, beiden Seiten eine Kontaktaufnahme zu ermöglichen. Bei diesem Kontakt soll schnell und ohne Aufwand geklärt werden, wie die Chancen für ein ausführliches Bewerbungsverfahren stehen. Die unaufgeforderte Bewerbung ist von allen Formen die schwierigste. Sie muß ganz besonders der Dramaturgie der AIDA-Formel genügen, ist doch die Hauptaufgabe der Initiativbewerbung, einen Bedarf zu wecken. Hier kommt es ganz besonders auf einen aussagekräftigen Verkaufsprospekt in eigener Sache an.

Das Wichtigste zusammengefaßt:

In vielen Fällen wird Ihr Bewerbungsanschreiben erst dann gelesen, wenn Ihre Bewerbungsmappe positiv aufgefallen ist. Diese erste Arbeits- und Briefprobe zeigt, inwieweit Sie präzise und gut formuliert die wichtigsten Fakten eines komplexen Sachverhaltes auf den Punkt bringen können. Besondere Aufmerksamkeit ist auch den Aspekten Gehaltsvorstellung und Eintrittsdatum zu widmen.

DIE AUSSENDUNG

Wer der Versuchung anheimfallen sollte, bei den letzten Aktivitäten vor dem angestrebten Ziel »fünfe gerade sein zu lassen«, kann auch noch im letzten Moment unangenehm scheitern oder mit Mühe und Fleiß etwas für sich herausholen.

Verpackung

Mit viel Mühe, Phantasie, Fleiß und Sorgfalt ist es Ihnen gelungen, Ihr Marketing in eigener Sache zu Papier zu bringen. Ihre gewissenhafte Vorbereitung hat zu einer rundum gelungenen Bewerbungsmappe mit einem wunderbaren Anschreiben geführt. Jetzt bloß schnell weg mit dem Zeug – denkt sich der strapazierte Arbeitsplatzsuchende. Alles in eine »Tüte« und ab geht die Post.

Weit gefehlt. Nach einer sorgfältigen Durchsicht, ob auch alles beieinander, in der richtigen Reihenfolge und unterschrieben ist, muß mit der gleichen Sorgfalt auch der Versand und die »überlebenswichtige« Verpackung organisiert werden.

Sie haben jetzt alle Unterlagen für Ihre Bewerbung zusammengetragen. Der Stapel liegt vor Ihnen: hoffentlich blütenweiß oder in einer dezenten Farbe, ohne Eselsohren, Flecke und vor allen Dingen tipp- und flüchtigkeitsfehlerfrei.

Verpackungskunst

Es geht nun darum, den kostbaren Stapel möglichst ästhetisch zu verpacken, um damit auf den Inhalt neugierig zu machen. Wählen Sie die Ihnen angemessen erscheinende Präsentationsform und informieren Sie sich, welche Art von

Bindungssystemen Ihren Geschmacksvorstellungen am nächsten kommt. Fotokopierläden verfügen in diesem Zusammenhang über diverse Angebote. Darüber hinaus gibt es alleine für dieses Thema, die Präsentation von Unterlagen, Fachgeschäfte, die von Thermo- bis Spiralbindesystemen eine schier unglaubliche Palette von Möglichkeiten bereithalten. Schnellhefter, die Präsentationssysteme der 60er (Klarsichthüllen!) bis 80er Jahre, sind nicht zu empfehlen.

Die Reihenfolge Ihrer Unterlagen ist sinnvoll-logisch aufzubauen: Das wichtigste Dokument kommt nach oben, dann geht es nach der Rangfolge der Wichtigkeit weiter. Das Anschreiben gehört nicht in die Bewerbungsmappe, sondern lose obendrauf.

Sorgfalt und Liebe zum Detail

Sparen Sie nicht an einer anspruchsvollen Präsentation. Wie gesagt: Sehen Sie sich mal in Ihrem Schreibwaren- und Papierfachgeschäft um, was da alles zur Auswahl steht. Etwas edlere Mappen, Klemmappen und Einlegesysteme (z.B. Thermo-Bindesysteme, Vollmappen, Spiral-Bindesysteme usw.) bieten sich je nach Bewerbungsvorhaben gut an.

Wir möchten Sie aber auch vor übertriebenem Perfektionismus warnen: Eine Einlegemappe, in der jedes Dokument einzeln in Klarsichthüllen präsentiert wird, könnte Ihnen leicht als Zwanghaftigkeit ausgelegt werden. Achten Sie auch auf die Farbauswahl: Schwarz und Rosa kommen nicht so gut an, Weiß ist neutral, dazwischen gibt es eine große dezent-bunte Farbpalette. Verzichten Sie auf Muster und alle Arten von Gags.

Der Versand

Überprüfen Sie nochmals, ob Ihre Unterlagen auch vollständig sind. Stecken Sie dann alles in einen ausreichend großen Umschlag mit verstärktem Papprücken. Weiße Umschläge sind selten und besonders »edel«. Eventuell können Sie auch einen wattierten Umschlag wählen, aber bitte nicht mega-groß. Das wirkt wichtigtuerisch. Ebenso erfüllen Buchversandtaschen gute Dienste.

Das Anschriftenfeld und Ihr Absender müssen mit der gleichen Sorgfalt behandelt werden wie Ihre Unterlagen insgesamt. Achten Sie auf Ihre Handschrift. Einer Bewerberin, die ihre Bewerbungsunterlagen bei einer großen Firma an der Pforte abgab, sagte der Pförtner: »Die Handschrift ist ja schon mal gut.« Man beachte: Die Aufmerksamkeit des Unternehmens bezüglich der Form hatte sich herumgesprochen. Sogar der Pförtner wußte: Was vielversprechend aussieht, hat vermutlich auch ein vielversprechendes Innenleben.

Wer sich und seiner Handschrift einen derartigen Effekt nicht zutraut, beschriftet Etiketten per PC (Aufkleber für Adresse und Absender).

Auch die Briefmarken sind sorgfältig zu kleben. Überlassen Sie das besser nicht einem gestreßten Postschalterbeamten, der die Dinger kreuz und quer auf den Umschlag knallt. Bitten Sie um Sonderbriefmarken, und vor allem: Frankieren Sie richtig! Nichts ist ärgerlicher, als wenn Ihr Adressat erst mal (Straf-)Porto nachzahlen muß. Zudem fällt es extrem auf, da die Post Nachzahlungen mit überdimensionalen Kreidezahlen auf dem Umschlag zu markieren pflegt.

Es versteht sich eigentlich von selbst: Auf den Umschlag gehören keine witzigen Bemerkungen, keine Hanuta-Abziehbildchen und keine Politik- oder Öko-Aufkleber.

Wählen Sie keine Post-Sonderzustellungsform wie z.B. Einschreiben (Stichwort zwanghafte Persönlichkeitsstruktur, Mißtrauen). Eilzustellung ist in Fällen von extremem Zeitdruck zulässig (z.B. wenn schon ca. drei Wochen seit Erscheinen der Anzeige verstrichen sind).

Die Übergabe

Wenn Sie am Ort Ihrer Bewerbung bzw. in der Nähe wohnen, haben Sie eine weitere Möglichkeit, Ihre Unterlagen an den Mann oder die Frau zu bringen. Geben Sie doch die Bewerbungsunterlagen persönlich ab! Fragen Sie sich im Unternehmen bis zur richtigen Stelle durch. Nutzen Sie die Gelegenheit für ein Schwätzchen mit der Sekretärin. Das hinterläßt bleibenden Eindruck. Man wird Sie mit Sicherheit nicht so einfach stehenlassen, sondern ein paar freundliche Worte mit Ihnen wechseln. Wenn Sie Glück haben, bringt die Sekretärin dem Chef Ihre Unterlagen mit einer netten Bemerkung über Ihre Person.

Das Wichtigste zusammengefaßt:

Auch in der letzten Phase der schriftlichen Bewerbung ist man vor Nachlässigkeitsfehlern nicht sicher. Nochmal alle Konzentration zusammengenommen und wenn möglich mit ein bißchen Glück und Ihrem Charme das wichtige Päckchen persönlich dem oder der Richtigen überreichen.

DER KONTAKT

Die bekanntesten Methoden und Quellen für die Kontaktaufnahme mit einem potentiellen Arbeitgeber sind:

- *die klassische Stellenanzeige*
- *die Initiativbewerbung*
- *die persönliche Empfehlung*
- *das eigene Stellengesuch*
- *die Personalberatungsgesellschaft*
- *der Headhunter*
- *der Karriereberater*
- *das Arbeitsamt*

Wege

Fragen Sie nicht, wer etwas für Sie tun kann, überlegen Sie zuerst, was speziell gerade Sie für ein Unternehmen tun können. Dabei geht es zunächst um eine Marketinguntersuchung, die eine genaue Analyse der aktuellen Bedürfnisse auf Arbeitgeberseite in Relation zu Ihrem Angebot an Qualifikation und Kompetenz zur Aufgabe hat.

Das bedeutet aber nicht, daß Sie auf jede Unterstützung von anderer Seite verzichten sollen – im Gegenteil. Nur: Am meisten für Sie tun – können Sie selbst. Wer zu Hause auf den Anruf eines Headhunters wartet und dessen Einladung zu einem attraktiven, gut bezahlten Job, erinnert an die tragikomischen Hauptdarsteller in Samuel Becketts absurdem Theaterklassiker »Warten auf Godot«.

Aktion statt Resignation

Der Wert von Hilfe und Unterstützung durch andere Personen ist jedoch keinesfalls zu unterschätzen. Man sollte sich aber möglichst nicht allein darauf verlassen.

Das Gebot der Stunde jedenfalls heißt: recherchieren. Das bedeutet, Informationen zu sammeln und mosaikartig zu einem Bild zusammenzusetzen, um so zu wissen, wie der Arbeitsmarkt aussieht. Die Basis für diese Recherche kennen Sie bereits – es sind Ihre Überlegungen und Antworten zu dem Fragenkomplex: Wer bin ich, was kann ich, was will ich, und was ist möglich?

Recherchieren

Gerade die letzte Frage bedeutet für Sie, aktuelle Informationen über potentielle Arbeitsplatzmöglichkeiten zu sammeln. Dies kann natürlich nur in engem Zusammenhang mit der Klärung der ersten vier Fragen wirklich effektiv geschehen.

Besonders bei der Frage nach den Möglichkeiten sollten Sie auch Experten für sich arbeiten lassen. Nutzen Sie z.B. Kontakte zu Firmen, Personalabteilungen, Interessenvertretungen, Bewerbungs- und Personalberatungsunternehmen bis hin zu Sondierungsgesprächen bei der entsprechenden Fachvermittlungsstelle des Arbeitsamtes.

Aber auch andere Personen könnten sich als sehr hilfreich erweisen: Insider, die bereits in dem angestrebten Beruf, in der Branche oder Position selbst tätig sind, können Ihnen möglicherweise wertvolle Informationen für Ihr Bewerbungsvorhaben geben. Dabei spielt es keine Rolle, ob Sie es mit einem erfolgreichen oder unzufriedenen Informanten zu tun haben – Sie werden in beiden Fällen wissenswerte Anhaltspunkte erhalten und Ihre entsprechenden Schlüsse ziehen.

Ihre Gesprächspartner können Ihnen Wege aufzeigen, über die Sie Kontakt zu potentiellen Arbeitgebern bekommen. Das dürften auch Hinweise auf spezielle Stellenangebote und -gesuche in Fachzeitschriften wie in Tages- und Wochenzeitungen sein.

Neben den Branchenfernsprechbüchern sind besonders in Bibliotheken vorhandene Nachschlagewerke als Wegweiser und Kontaktbereiter nützlich.

Als eine moderne Form der Recruiting strategy sind von Arbeitgeberseite veranstaltete Messen und Tagungen erwähnenswert.

Die klassische Stellenanzeige

In welchen regionalen oder überregionalen Tages- und Wochenzeitungen sowie Fachzeitschriften Sie interessante Stellenanzeigen (Angebote) finden, gilt es in Erfahrung zu bringen. (Hauptquellen sind sicherlich die Wochenendausgaben der großen überregionalen Tageszeitungen *FAZ, FR* und *SZ;* weiterhin: *Handelsblatt, Die Zeit* usw.)

Generell sind zwei Sorten von Anzeigen zu unterscheiden: Jemand sucht eine(n) neue(n) Mitarbeiter(in) (Stellenangebot) oder – schon deutlich weniger häufig – ein Arbeitnehmer bietet seine Arbeitskraft per Inserat an (Stellengesuch).

Stellenangebot

Innerhalb der Stellenangebotsanzeigen gibt es wiederum drei Varianten:

1. Anzeigen, die eine direkte Kontaktaufnahme mit dem potentiellen Arbeitgeber ermöglichen (ein eventueller telefonischer Vorabkontakt muß gut überlegt und geplant sein).
2. Ein direkter Kontakt ist nicht möglich, weil der Adressat der Bewerbung quasi inkognito bleibt und nur unter Chiffre über die Zeitung/Zeitschrift erreicht werden kann.
3. Eine Personalberatungsfirma ist zwischengeschaltet

und nimmt die Aufgabe der Bewerberauslese im Auftrag eines Arbeitgebers wahr, der selbst zunächst nicht in Erscheinung tritt.

Per Stellenangebot werden übrigens immer noch die meisten Arbeitsplätze besetzt. Bei Führungspositionen jedoch schaltet man sehr häufig Personalberatungsunternehmen ein, die eine Vermittlerrolle übernehmen.

Folgende Überlegungen sind bei der Lektüre dieser Anzeigen wichtig: Kommt dieses Angebot für Sie in Frage, d.h. erfüllen Sie (wenigstens zu ca. 70 Prozent) die gestellten Anforderungen, und entspricht der Arbeitsplatzanbieter Ihren eigenen Anforderungen und Erwartungen an einen Arbeitsplatz?

Es gibt gut gegliederte und formulierte Stellenanzeigen ebenso wie ungeschickt und unklar formulierte (übrigens der größte Teil). Bei Ihrer Auswahl sollten Sie sich Zeit lassen und die Zeitung immer ein zweites und drittes Mal sorgfältig durchsehen.

Vom richtigen Zeitpunkt

Schreiben oder telefonieren Sie auf keinen Fall bereits am Montag, wenn Sie am Wochenende eine für Sie wichtige Anzeige entdeckt haben. Aus der Position einer inneren Ruhe und Gelassenheit (Sie stehen nicht unter Druck und laufen niemandem hinterher) haben Sie genügend Zeit, die ganze Sache ordentlich zu überdenken, was dazu führt, daß Sie nicht vor Mittwoch (also nach drei Tagen, besser sogar nach fünf bis sieben Tagen) Kontakt aufnehmen (zunächst telefonisch, dann schriftlich). Eine zu schnelle Kontaktaufnahme könnte Ihrem Gegenüber eine berufliche »Notsituation« signalisieren, aus der heraus Sie sich verändern wollen oder müssen, und das würde – so die Regel – Ihren Wert am Arbeitsmarkt schmälern.

Die Initiativbewerbung

stellt eine besondere Form der Werbung in eigener Sache mit durchaus guten Chancen dar. Sie erfordert außergewöhnliches Marketing und Fingerspitzengefühl und zeigt im Erfolgsfalle Ihre Kompetenz auf verschiedenen berufsrelevanten Gebieten (Leistungsmotivation, Persönlichkeit, Initiative etc.). Am Anfang stehen die Vorauswahl von Branche und potentiellen Arbeitgebern und die möglichst genaue Analyse, was wo gebraucht und gewünscht wird.

Die per Telefon, schriftlich oder persönlich durchgeführte Initiativ-, d.h. unaufgeforderte Bewerbung bzw. Vorabklärung ist um so erfolgversprechender, je mehr Sie von der Branche und den Bedürfnissen des speziellen Unternehmens wissen.

Denken Sie an gute Fernseh-Werbefilme, die Sie neugierig gemacht oder sogar zum Ausprobieren verleitet haben, und werben Sie mit der unaufgeforderten Bewerbung in eigener Sache: Sie sind der Produzent, das Produkt sind Ihre Fähigkeiten, ist Ihre Arbeitskraft.

Qualität vor Quantität

Nur wirklich gut vorbereitet, d.h. besonders gut gezielt, treffen Sie mit diesem Schuß ins Schwarze, der eben gar nicht so zufällig ist, wie man zunächst glauben mag. Sorgfältige Beobachtung des Marktes, fundierte Kenntnisse der Unternehmenssituation sowie möglichst einen konkreten Ansprechpartner im Umfeld, das Sie gut vorher »studiert« haben, lassen Ihr Bewerbungsangebot auf offene und nicht auf taube Ohren stoßen.

100 und mehr Blindbewerbungen, wie sie von mehr oder weniger verzweifelten Arbeitsplatzsuchenden über Unternehmen ausgestreut werden, tragen nicht zu Unrecht die Vorsilbe »blind«. Mag sein, daß auch mal ein blindes Huhn ein Korn findet, die meisten dieser Aktionen aber sind »Blindgänger« und erhöhen nicht nur die Portokosten, son-

dern auch die Frustrationsrate, weil so wenig positive Resonanz erfolgt.

Was ist hauptsächlich zu berücksichtigen, wenn man einmal von dem allerwichtigsten Aspekt des genauen »Zielens« und des damit verbundenen hohen Kenntnisstandes zu Branche und Unternehmen absieht? Sie haben die Möglichkeit, zwischen einer Kurz- und einer Langversion Ihres Angebotes (Bewerbungskurzinformation oder ausführliche Mappe) zu wählen.

Wenn es Ihnen hierbei nicht wirklich gelingt, auf Anhieb das Interesse an Ihrem Angebot, Ihren Fähigkeiten und Ihrer Person zu wecken, stehen Ihre Chancen schlecht. Der »Aufmacher«, »Anreißer«, kurzum die Headline muß in der Lage sein, ein quasi latentes Bedürfnis nach einem neuen Mitarbeiter zu wecken. Hier ist eine optimale Strategie in Richtung dramaturgisch-geschickter Präsentation Ihrer Fähigkeiten absolut gefragt.

Diese Empfehlung mag auch auf alle anderen Bewerbungsvorhaben zutreffen, aber jemand, der zu erkennen gibt, daß er einen neuen Mitarbeiter sucht (per Stellenanzeige), oder ein Interessent, der sich bei Ihnen aufgrund eines von Ihnen geschalteten Stellengesuchs meldet, ist anders disponiert, d.h. interessierter und offener als jemand, der nichtsahnend Ihren Umschlag mit Ihren Bewerbungsunterlagen öffnet. Wenn hier auch zunächst stärkere Überzeugungsarbeit zu leisten ist, so befindet sich jedoch Ihre Bewerbung nicht in der zahlenmäßig großen Konkurrenz wie bei der Antwort auf eine Stellenanzeige.

Kurz oder komplett

Ob Sie dabei nun einer Kurzbewerbung oder einer ausführlichen Bewerbungsmappe den Vorzug geben, ist eigentlich zu vernachlässigen und eher eine Frage der Portokosten und des Aufwandes. Aus diesem Grund wird übrigens die Kurzbewerbung von den meisten Intitiativbewerbern bevorzugt – vor allem natürlich in der Hoffnung, daß sie neugierig auf mehr macht. Dabei kann man sich aber auch leicht verrechnen, und so ist die ausführliche, aber gut strukturierte Bewerbungsmappe (so gestaltet wie ab S. 217 ff beschrieben) vielleicht erfolgreicher.

Die Darstellung des Nutzens für den potentiellen neuen Arbeitgeber sowie das Hauptmotiv des Bewerbers sind in beiden Fällen von größter Bedeutung, wenn die Entscheidung zu einem persönlichen Kennenlernen zugunsten des Absenders ausfallen soll.

Die individuelle, persönliche Empfehlung

setzt voraus, daß Sie Leute kennen, die sich für Sie einsetzen, d.h. daß man Sie mag und Sie fördern möchte. Ohne in einer entsprechenden Position zu sein, ist dies nicht einfach möglich. Trotzdem sollte man die Beziehungen, die andere haben und für einen einsetzen können, auch nicht unterschätzen.

Beziehungen

Vielleicht verfügen Sie ja selbst über besondere Beziehungen (»Vitamin B«) und wenn nicht, sorgen Sie dafür, daß solche entstehen, zum Beispiel durch Verwandte, Bekannte, Freunde, Freunde der Freunde, Ex-Kollegen, Ausbilder, Vorgesetzte usw.; der Phantasie sind keine Grenzen gesetzt, und der Zweck heiligt die Mittel. Und wenn Sie keiner empfiehlt, empfehlen Sie sich selbst. Das (Berufs-) Leben schafft Kontakte, sei es bei Messen, Kongressen, Tagungen, Verkaufskontakten, Forschungsvorhaben etc.

Das kreative eigene Stellengesuch

Sie bieten sich aktiv an. Studieren Sie zur Ihrer Anregung einmal die entsprechenden Rubriken in Tages- und Wochenzeitungen sowie Fachzeitschriften. Auch hier gilt das Prinzip »Werbespot«.

Ausgangspunkt und Basis der Gestaltung eines erfolgreichen Stellengesuches sind kurze, prägnante Antworten auf die Ihnen schon bekannten Fragen:

– Was bin ich? – Was kann ich? – Was will ich?

Neben dem gut formulierten Text kommt es bei Stellengesuchen auf den richtigen Zeitpunkt an – einmal von Ihnen aus betrachtet (also nicht gerade, bevor Sie für sechs Wochen in Urlaub fahren) sowie aus der Sicht des potentiellen Arbeitgebers (salopp formuliert: Weihnachtsmänner sind zu Ostern noch nicht gefragt, aber im November käme ihr Stellengesuch schon fast zu spät).

Weiterhin ist die Auswahl des richtigen Mediums für Ihr Stellengesuch von großer Bedeutung – Stichwort (über-)regional. Ein Theologe beispielsweise, der sein Stellengesuch in der *taz* oder auch nur in der *Frankfurter Rundschau* plaziert, »liegt voll daneben«.

Kosten

Der richtige Rahmen, die Größe Ihrer Anzeige ist ebenfalls wichtig. Eine Sachbearbeiterin, die mit einer viertel Seite für sich wirbt, investiert nicht nur viel Geld (ab 5.000 DM bzw. 2.500 € aufwärts), sondern würde auch Befremden auslösen. Dagegen dürfte ein Manager, der ein Jahresgehalt von 100.000 DM/50.000 € und mehr anstrebt, mit einer einspaltigen 20-mm-Kleinanzeige allenfalls einen Heiterkeitserfolg ernten.

Zusammengefaßt: Nicht nur der Inhalt, sondern auch Zeitpunkt, Auswahl, Plazierung und Größe Ihres Stellengesuches sind wichtige Faktoren, die es zu bedenken gilt.

Zu den Anzeigenkosten: Gehen Sie von etwa 1 Prozent Ihres angestrebten Jahresgehalts aus.

Die Personalberatungsgesellschaft

Viele Firmen beauftragen eine Personalberatungsgesellschaft, wenn es um die Besetzung von wichtigen Positionen in ihrer Firma geht. Vorteile: Zeitersparnis und Kompetenzausnutzung sind den auftraggebenden Firmen 15 bis über 50 Prozent eines Jahreseinkommens der zu besetzenden Stelle wert.

Anonymität

Dabei bleibt die auftraggebende Firma sowohl nach innen wie nach außen hin durch Anonymität geschützt, denn für sie inseriert die Personalberatungsfirma. Diese »sortiert« und wählt vorab aus. So läßt man aus unterschiedlichen Gründen Mitarbeiter und Mitbewerber lange Zeit darüber im unklaren, was eigentlich in der Firma vor sich geht. Ob Abteilungen auf- oder zugemacht werden, sich die Führungsmannschaft erweitert (oder verjüngt), bleibt für die Belegschaft im dunkeln – bis zu dem Moment, an dem der Personalberater zwei, drei bis maximal fünf Idealkandidaten seinem Auftraggeber präsentieren kann und dieser sich nach weiteren Vorstellungsgesprächen für einen Kandidaten entscheidet.

Dem ist bereits ein intensiver Auswahlprozeß vorausgegangen, und da Personalberatungsfirmen dieses tagtäglich tun, umgibt sie (jedenfalls in der Regel) das Flair einer besonderen Kompetenz: »Der richtige Mann/die richtige Frau auf den richtigen Platz«. Die letzte Entscheidung fällt jedoch immer das einstellende Unternehmen selbst und – wie Personalberater unter der Hand zugeben – letztlich nach dem »Nasenfaktor«, der »persönlichen Chemie«, die stimmen muß.

Wer sich auf ein Inserat einer Personalberatungsgesellschaft bewirbt, ist sozusagen »in der Vorhölle«. Das heißt: Das Bewerbungsverfahren läuft ab wie bei einem realen Arbeitgeber (hier werden möglicherweise Tests abverlangt, intensive Gespräche geführt, ab 200.000 DM (100.000 €) p.a. wird auch schon essen gegangen) – alles wie beim Theater in der Generalprobe. Irgendwann kommt der entscheidende Moment, daß man dann den »wahren Eltern«, den »Hintermännern« und Auftraggebern vorgestellt wird.

Elefanten-Gedächtnis

Dieses Verfahren hat Vor- und Nachteile. Auch wenn man letztendlich nicht ausgewählt werden sollte – es lohnt sich allemal, bei Personalberatungs-Profis einen bleibenden, positiven Eindruck zu hinterlassen. Zwar dürfen Personalberater nur mit einer besonderen Lizenz Arbeitsplätze vermitteln, da sie aber ein gutes Gedächtnis haben, wissen sie natürlich, wer zu wem passen könnte, wenn jemand gesucht wird.

Der Umgang und die intensiven Gespräche mit diesen Profis, die gut wissen, was läuft, schafft schnell eine gewisse Intimität. Der Grund dafür ist sicherlich die wechselseitige Verpflichtung sowohl dem Auftraggeber als auch dem Bewerber gegenüber. Wenn Sie bei der auftraggebenden Firma durch die Hilfe dieses Profis landen, klingeln seine Kassen. Vergessen Sie aber als Bewerber in keiner Minute, daß Ihnen hier der Personalberater als Agent des letztlich alles bezahlenden Auftraggebers gegenübersteht.

Denken Sie daran: Jede von Ihnen preisgegebene Information kann auch wieder gegen Sie verwendet werden. Denn wenn es bereits beim Arbeitsstart Ärger mit Ihnen gibt, ist das gezahlte Vermittlungshonorar im ungünstigsten Fall rückzuüberweisen. Da das kein Profi gerne möchte und auch an Anschlußaufträgen interessiert ist, wird er in keiner Minute Ihr wirklicher, freundschaftlich verbundener Partner sein.

Also bewahren Sie auch dann die Kontenance, wenn Sie in Versuchung gebracht werden, fünfe gerade sein zu lassen …

Ob Sie es letztendlich schaffen oder nicht – der intensive

Kontakt zu einem Personalberatungsbüro, das gute Image, das Sie sich dort geschaffen haben, kann sich auch in Zukunft für Sie bezahlt machen.

Denn eines Tages oder auch schon sehr bald klingelt Ihr Telefon, und jemand fragt, ob Sie Interesse an einem bestimmten Job hätten. Gedächtnis oder Zufall?

Wenn der Headhunter zweimal klingelt

Ihr Telefon am Arbeitsplatz klingelt. Sie melden sich wie gewohnt mit »Schmidt«. Die Stimme am anderen Ende fragt höflich nach: »Spreche ich mit Herrn Hans-Peter Schmidt?« Sie brauchen nicht lange zu überlegen und bejahen.

Die Stimme stellt sich vor: »Guten Tag, Herr Schmidt, mein Name ist Hett Hanter. Ich bitte um Entschuldigung, wenn ich störe, haben Sie einen Moment Zeit, man hat mir gesagt, Sie könnten mir weiterhelfen, Sie würden sicher jemanden kennen, der für eine Aufgabe in Frage kommt, die so und so ist, bla bla bla usw. Vielleicht wollen Sie noch ein bißchen mehr wissen oder darüber nachdenken, vielleicht paßt es Ihnen auch besser, wenn ich Sie zu Hause anrufe, sagen wir heute abend ...«

Sie machen sich jetzt Gedanken. Wer von Ihren Bekannten oder Kollegen wäre der geeignete Kandidat für die so und so geschilderte Aufgabe? Der Meyer, der Müller, der Schulze? Sie gehen schon im Geiste das Adressenverzeichnis Ihres Timesystems durch.

Vorbereitet sein

Am Abend ruft die Stimme wie angekündigt bei Ihnen zu Hause an. Leider wissen Sie nicht, wie Sie dem netten Hett Hanter helfen sollen ... Sie Schlafmütze. Ihre Lottozahlen sind gezogen worden und Sie haben vergessen, den Schein abzugeben.

Ob Einzelkämpfer, Executive Searcher oder im Rahmen

einer Personalberatungsfirma – jemand weiß, wo Ihr Wissen gewinnbringend an den Mann gebracht werden kann.

Dabei geht es nicht um das normale Such- und Findespiel per Anzeige (ähnlich den Kontakt- und Heiratsannoncen), sondern um die Direktansprache, die persönliche »Anmache« und auch »Verführung« zum »Fremdgehen«, d.h. die mehr oder weniger verblümt vorgetragene Aufforderung, seine Brötchen woanders zu verdienen.

Immer häufiger werden potentielle Kandidaten, vor allem für Führungspositionen, von Headhuntern gezielt angesprochen und auf ihre Wechselbereitschaft »abgeklopft«.

Hier ein paar generelle Tips für den Umgang mit Headhuntern:

Vermeiden Sie beim ersten Anruf die Frage: »Warum sind Sie gerade auf mich gekommen?« Das würde sehr unprofessionell wirken.

Bleiben Sie bei der ersten Kontaktaufnahme sehr zurückhaltend. Informieren Sie sich zunächst über den Headhunter oder die Personalberatungsfirma. Es soll doch immer mal wieder Firmen geben, die ihr eigenes Führungspersonal durch Headhunter auf Loyalität hin überprüfen lassen.

Bleiben Sie auch im weiteren Verlauf der Verhandlungen mit dem Headhunter »cool«. Lassen Sie es sich bloß nicht anmerken, daß Sie dringend einen neuen Job brauchen. Wer zu starke Freude bzw. Narzißmus zeigt oder gar von seiner »großen Chance« spricht, gilt als schwacher Kandidat. Understatement ist gefragt.

Wenn Sie momentan nicht wechseln wollen, zeigen Sie sich dennoch interessiert-kooperativ, um in der Headhunter-»Kartei« zu bleiben – wer weiß, ob nicht in drei bis sechs Monaten bei einem neuen Angebot Ihr Standpunkt ganz anders aussieht.

Vorsicht beim Pokern

Jedoch: Mit einem Headhunterangebot den eigenen Chef unter Druck setzen zu wollen, z.B. in Gehaltsfragen, kann leicht schiefgehen. Letzten Endes sind alle enttäuscht: der Headhunter, weil Sie doch nicht wirklich wechseln wollen, Ihr Chef, weil Sie ihn quasi erpreßt haben, und Sie, weil sich das ganze zukünftig rächt.

Also: Sicherlich ist es zunächst einmal schmeichelhaft, wenn Sie den Vorschlag unterbreitet bekommen, woanders eine angeblich bessere Position einzunehmen. Aber: darum prüfe, wer sich auch befristet bindet, ob sich wirklich hier was Besseres findet – will sagen: Eine gesunde Vorsicht, eine Portion Mißtrauen ist immer angebracht, und ein dreimaliges Nachdenken, Überschlafen und vor allem saubere Recherchen Ihrerseits sind angezeigt, wenn sich in dieser Form Ihr angeblich »goldenes Schicksal« ankündigt.

Der Karriereberater

Während alles bis auf Ihre Stellengesuchsanzeige nicht Ihr Geld kostet, sind die Informationen des sogenannten Karriereberaters für Sie natürlich nicht umsonst. Für 200–300 DM bzw. 100–150 € pro Beratungsstunde hat er wie ein Rechtsanwalt die Interessen seines Mandanten, also die Ihrigen, zu vertreten. Seine Hauptaufgabe ist es, Sie in allen beruflichen Fragen im Zusammenhang mit dem Vorankommen bestens zu beraten (quasi so wie unser Buch, nur eben persönlich, individuell und ein bißchen teurer.

Er ist Ihnen behilflich, sollte Ihnen aber nichts abnehmen, denn 95 Prozent aller Arbeitgeber reagieren allergisch (gekränkt), wenn sie mit Ihrem »Anwalt« (Karriereberater) aufkreuzen.

Investieren Sie

Dabei kann guter Rat teuer sein, aber sich auch wirklich lohnen: Wer 150.000 DM/75.000 € p.a. verdienen will, sollte schon bereit sein, ein paar Mark zu investieren. Wichtig: Vorher wissen, was man will, und klären, was es kostet.

Und nun zum Abschluß noch ein Wort zum Thema Outplacement. Soll ein besetzter Arbeitsplatz freigemacht werden – Experten sprechen unschön von »Entsorgung« – und stehen die Aktien so, daß der Arbeitgeber nicht ohne weiteres seinen Wünschen Ausdruck verleihen kann, wird der Outplacer bemüht, quasi der »Scheidungsanwalt« der Arbeitswelt.

Gegen Bezahlung durch den Auftrag- und Arbeitgeber findet er Mittel und Wege (Geld spielt eine tragende Rolle), den zu »entsorgenden« Arbeitnehmer aus dem Unternehmen angemessen herauszubringen und ihm bei seinem weiteren beruflichen Lebensweg (unterstützend) behilflich zu sein.

Hier fließen die Konturen von Personalberatung, Headhunting und Karriereberatung ein bißchen ineinander. Der Hintergrund ist jedoch ein anderer, in der Regel für alle Beteiligten ein recht unangenehmer, besonders aber für den betroffenen Arbeitnehmer.

Ihm kann nur empfohlen werden, sich zusätzlich durch einen Fachmann seines eigenen Vertrauens (z.B. Rechtsanwalt, Karriereberater) beraten zu lassen, bevor endgültige Entscheidungen getroffen werden.

Last but not least: der Weg übers Arbeitsamt

Auch ein Gespräch mit Ihrem zuständigen Arbeitsamt-Fachberater kann weiterhelfen.

Leider gilt es vielerorts für Führungskräfte als ein Fauxpas, sich durch das Arbeitsamt vermitteln zu lassen. Das Image dieser Behörde ist bei Gehaltszahlern wie -empfängern von über 80.000 DM/40.000 € p.a. nicht gut. Eine Sondereinrichtung der Bundesanstalt für Arbeit trägt dem

Rechnung. Die Zentralstelle für die Vermittlung von Führungskräften (ZAV) in Frankfurt ist ins Leben gerufen worden, um dieses behördliche Negativimage zu verbessern. Die Frankfurter Behörde (Spezialabteilung: Büro für Führungskräfte der Wirtschaft) ist durch das Vermittlungsmonopol für Top-Leute offiziellerseits im Vorteil gegenüber den großen privaten Personalberatungs-Gesellschaften à la Kienbaum, Baumgarten et al., und wie sie alle heißen.

De facto aber ist es den Frankfurter Beamten noch nicht gelungen, gegenüber den Personalberatungsgesellschaften deutlich Terrain gutzumachen. Und so empfiehlt Hans-Joachim von Plüskow in einem *Capital*-Ratgeber, sich nur im Notfall mit der ZAV in Verbindung zu setzen: »Bei der Suche nach einem karriereträchtigen Job in einem anerkannten Unternehmen kann Ihnen die Nebenstelle der Bundesanstalt für Arbeit kaum helfen. Eingehende Bewerbungsunterlagen mit dem Vermerk der Behörde betrachten besonders angesprochene größere Firmen mit einem Naserümpfen. Obendrein laufen Sie auch noch Gefahr, daß Ihre Bewerbungsunterlagen im Büro eines Personalchefs landen, der Sie bereits durch einen Executive Searcher kennengelernt hat. Bei einem so Überraschten brauchen Sie sich in Zukunft nicht mehr sehen zu lassen.«

In letzter Zeit wird das Frankfurter Spezialbüro etwas häufiger eher von kleineren Firmen konkret mit der Suche nach geeigneten Führungskräften beauftragt. Diese Stellenangebote können Sie unter der deutlichen Ausweisung von Sperrvermerken jedoch für sich durchaus in Betracht ziehen. Hier liegen direkte Aufträge zugrunde, und Ihre Unterlagen werden nicht gestreut.

Das Wichtigste zusammengefaßt:

Die fein ausgetüftelte Werbemappe in eigener Sache kann erst dann erfolgreich sein, wenn Sie Ihren potentiellen »Kunden« kennen und richtig kontakten. Der Wege, die nach Rom führen, gibt es viele. Spielen Sie in angemessener Weise auf der gesamten Klaviatur der Möglichkeiten.

Telefon

Auch wenn es hier um schriftliche Bewerbungsstrategien geht, das Medium Telefon ist hervorragend geeignet, Ihr Vorhaben aktiv zu unterstützen. Aber aufgepaßt – es funktioniert auch in der anderen Richtung: Nicht nur Sie geben als Anrufender etwas preis, versuchen, etwas in Erfahrung zu bringen, auch der Adressat Ihrer Bewerbungsunterlagen greift immer häufiger zum Telefon, um vorab mit der in Frage kommenden Auswahl an geeignet erscheinenden Bewerbern ein kurzes Telefoninterview zu führen, bevor endgültig eine Entscheidung für oder gegen eine Einladung zum Vorstellungsgespräch getroffen wird. Beide Male – ob von Bewerber- oder Auswählerseite – hilft das Telefongespräch, Zeit und Kosten zu sparen, und ist in der Lage, den Auswahlprozeß voranzubringen – für oder gegen Sie.

Let your fingers do the walking

Wenden wir uns zunächst den Situationen zu, in denen Sie das Medium Telefon initiativ einsetzen, um Ihr Bewerbungsvorhaben zu fördern:

Drei Ausgangssituationen können ein guter Anlaß sein, das Telefon in der Bewerbungsphase aktiv und gezielt einzusetzen:

1. *Informationsnachfrage:* Sie haben ein interessantes Stellenangebot gelesen, wollen mehr Informationen, und man signalisiert in der Anzeige telefonische Auskunftsbereitschaft.
2. *Bedarfsklärung:* Sie versuchen telefonisch vorab zu klären, ob bei einem bestimmten Arbeitgeber Personalbedarf besteht und Ihre schriftliche (Kurz-) Bewerbung auf Interesse stoßen könnte.
3. *Nachfaßaktion:* Sie haben sich bereits schriftlich beworben, aber nach etwa zwei bis drei Wochen noch keine Rückmeldung (z.B. Eingangsbestätigung Ihrer Unterlagen) und fragen nun telefonisch nach dem Stand der Dinge.

Generell gilt hier: Sich unvorbereitet in eine telefonische Bewerbungssituation zu begeben ist sehr leichtsinnig. Das bedeutet, Sie müssen vor dem Telefongespräch wissen, was Sie wollen, was Ziel Ihres Anrufes ist, und sich vorab genau überlegen, wie Sie Ihr Vorhaben am besten realisieren.

Unbedingt vorbereiten

Zur Vorbereitung gehören u.a.:

- der richtige Ort zum Telefonieren (Ungestörtheit! – nicht am Arbeitsplatz, nicht aus der Zelle!)
- der günstige Zeitpunkt (z.B. nicht Freitagnachmittag oder zur Mittagszeit)
- die (Vor-) Auswahl des richtigen, weil kompetenten Gesprächspartners

- die angemessene Vorbereitung schriftlicher Unterlagen
- die Möglichkeit, sich Notizen zu machen, aber auch
- die Vorbereitung auf einen eventuellen Rückruf.

Berücksichtigen Sie, daß Sie sich bei Ihrem Telefonanruf immer bereits in einer Vorstellungs- und Prüfungssituation befinden: Man gewinnt einen ersten Eindruck von Ihnen, macht sich ein Bild und hält dies gar nicht selten sogar schriftlich fest. Dies alles trägt dazu bei, daß man sich Ihre Unterlagen interessierter und vielleicht auch genauer anschaut, eventuell sogar wohlwollender prüft.

Informationsnachfrage

Sollten Sie ohne diese auskommen, ist das kein Minuspunkt. Achten Sie darauf, keine Inhalte abzufragen, die eigentlich aus der Anzeige klar hervorgehen.

Geschickt eingesetzt kann die telefonische Informationsnachfrage den Aufmerksamkeitswert, den man Ihren Unterlagen entgegenbringt, erheblich steigern. Sie wirkt dann im günstigsten Fall wie ein gut gemachter Trailer in der Film- oder Fernsehbranche, der quasi als »Appetithappen« fungiert und Werbung macht für den eigentlichen Hauptfilm.

Die emotionale Brücke

Entscheidend ist, daß es Ihnen gelingt, zwischen der auskunftgebenden Person und Ihnen eine »Brücke« entstehen zu lassen, Sympathie zu mobilisieren.

Oftmals sind ein oder zwei Vorabtelefonate sinnvoll, die der Klärung der Zuständigkeiten dienen, verbunden mit der an das Chefsekretariat gerichteten Frage: »Wann würden Sie mir empfehlen, mich telefonisch an Herrn Dr. XY zu wenden?« Nicht zu vergessen: Die Unterstützung der Sekretärin kann von entscheidender Bedeutung sein, so daß sich ein freundliches Telefonat an dieser Stelle ganz besonders lohnt.

Bedarfsklärung

Dieser Anruf ist besonders schwer und muß deshalb außerordentlich gut vorbereitet sein. Auch hier gilt die AIDA-Formel (s.S. 107). Wichtig: Sie müssen einen kompetenten Gesprächspartner ans Telefon bekommen und versuchen, einen ersten persönlichen Kontakt aufzubauen, d.h. eine gute Gesprächsbeziehung herzustellen.

Mit »Guten Tag, mein Name ist Schmidt, ich möchte mich bei Ihnen als Entwicklungsingenieur für Verfahrenstechnik bewerben« ist kaum ein Blumentopf zu gewinnen. Sollten Sie dagegen versuchen, zunächst über das aktuelle Wetter und die bevorstehenden Urlaubspläne zu sprechen, um sich dann dem Thema Ihrer Bewerbungschancen zu nähern, erscheint uns das als genausowenig erfolgversprechend.

Vielleicht hilft der folgende Gesprächsanfang weiter (nachdem Sie mit dem Personalchef oder wenigstens einem der führenden Personalreferenten richtig verbunden wurden):

Personalchef: »Weber ...«

Schmidt: »Guten Tag Herr Weber, mein Name ist Wolfgang Schmidt. Ich rufe Sie aus Berlin an, ich bin Diplom-Ingenieur für ... und wende mich direkt an Sie. Haben Sie gerade einen kurzen Augenblick Zeit, oder paßt es Ihnen besser, wenn ich Sie, sagen wir morgen nachmittag, noch einmal anrufe?«

Weber: *(etwas ungeduldig)* »Worum geht es denn?«

Schmidt: »Herr Weber, es geht darum, daß ich mich

bei Ihnen gern als ... bewerben möchte. Sehen Sie da eine Chance? Ich habe ... / ich bin ... / ich komme auf Empfehlung von ... / mir ist gesagt worden, Sie haben in der XY-Abteilung ein Problem, bei dessen Lösung ich vielleicht mithelfen könnte ... / (Werbeargumente in eigener Sache).

Nachfaßaktion

Sie haben drei Wochen nach Versand Ihrer Bewerbungsunterlagen noch immer keine Reaktion ... Jetzt wird es Zeit, angemessen höflich, keinesfalls jedoch vorwurfsvoll nachzufragen. Manche Unternehmen/Institutionen legen sogar auf eine derartige Nachfrage Wert und interpretieren das Ausbleiben eines solchen Anrufes als mangelndes Interesse an der zu besetzenden Position.

Auch bei diesem Anrufanlaß können Sie nach Abklärung der Sachlage den weiteren Gesprächsverlauf zur Informationsnachfrage und Bedarfsklärung nutzen. Parallel dazu ergibt sich für Sie die Chance, sich selbst vorteilhaft zu präsentieren und besonderes Interesse an Ihrer Bewerbung, an Ihren Unterlagen auszulösen.

Don't call us, we call you

Durch die (unbedingt empfehlenswerte!) Angabe Ihrer Telefonnummer im Briefkopf Ihres Bewerbungsanschreibens, aber auch durch die wundersame Weitergabe Ihrer Privatnummer im Zusammenhang mit Headhunting müssen Sie – insbesondere bei einer/Ihrer Arbeitsplatzwechselbereitschaft – auch zu Hause immer auf die Möglichkeit eines Anrufes von Arbeitgeber(vertreter)seite vorbereitet sein.

Wer geht bei Ihnen ran?

Wenn dann Ihre mit Ihnen im Haushalt lebende 93jährige schwerhörige Mutter abnimmt und nur immer in den Hörer brüllend fragt, wer denn da sei, ob man denn nicht etwa lauter spechen könnte, woher man denn ihren Sohn Peterchen (51!) kennen würde und daß dieser mal gerade eben mit dem Enkel – »Wissen Sie, ein ganz intelligentes Kind ...« – zu Aldi einkaufen gefahren sei, na dann ...

Oder: Ihre dreijährige, technisch sehr interessierte Tochter hebt den Telefonhörer ab und ...

Oder: Der Lebenspartner einer Bewerberin meldet sich und fragt aufgrund seiner paranoid-eifersüchtigen Persönlichkeitsstruktur spitz, worum es denn bitteschön gehe ...

Aber auch die Hintergrundgeräuschkulisse kann unvorteilhaft wirken (schreiende, zankende Kinder, keifende Lebenspartner: »Wer ruft denn da schon wieder an ...?«, überlaute Fernseher und andere Tonquellen nebst Haustieren usw.).

Von der Macht des Telefons, jederzeit sofort Zutritt und Gehör zu bekommen, können Sie – wie beschrieben – aktiv Gebrauch machen oder selbst davon als Angerufener passiv betroffen sein. Bereiten Sie sich also auch auf die letztere Möglichkeit vor.

Überraschungsanrufe

Überraschungsanrufe bei Bewerbern geben dem Interviewer nicht uninteressante akustische Einblicke in die häusliche Privatsphäre. Von Vorteil kann es da sein, alle erforderlichen Unterlagen (Bewerbungsschreiben, Lebenslauf etc.) schnell zur Hand zu haben. Situationen, in denen Sie stotternd nach Erklärungen suchen, Fragen nicht sicher beantworten können, Daten durcheinander werfen (»Meine Unterlagen müssen doch hier irgendwo sein, verdammt noch mal ...«), sind in höchstem Maße peinlich, aber zum Glück jetzt für Sie vermeidbar.

Immer häufiger hören wir von unseren Klienten in unserem Beratungsbüro in Berlin: Gestern abend, gegen 21.30 Uhr klingelt doch bei uns das Telefon, ich gehe ran, da stellt sich mir ein Herr Müller vor und sagt, er hätte meine Bewerbungsunterlagen und nur noch ganz kurz ein, zwei Fragen. Ich war so perplex ...

Ob spät am Abend oder früh am Wochenende, der Anruf bei einem Bewerber, dessen Unterlagen die erste Auswahlrunde überstanden haben, vermittelt dem geschulten Interviewer akustisch ein recht substantielles Bild. Hier kann man auf Arbeitgeberseite noch einmal schnell Entscheidungen treffen, für wen es sich sicherlich nicht lohnt, die Reisekosten zum Vorstellungsgespräch zu investieren.

In Ihrem eigenen Bewerbungsinteresse sollten Sie sicherstellen, daß in Ihrer Abwesenheit nur ein bestimmter, ausgewählter und gut informierter Personenkreis Ihres Haushalts Telefongespräche entgegennimmt, besser vielleicht nur der Anrufbeantworter. Eine kleine »Schulung« Ihrer Lieben im freundlich-adäquaten Umgang mit Gesprächspartnern am Telefon, insbesondere im richtigen Dokumentieren von Anrufername, Rückruftelefonnummer, gegebenenfalls Rückrufzeit usw. ist zu empfehlen.

Was sagt Ihr Anrufbeantworter

Und noch etwas: Auch der Begrüßungstext (-musik und andere Geräusche) Ihres Anrufbeantworters ist eine Art persönlicher Visitenkarte, die unweigerlich interpretiert wird. Was da einem so manchmal zugemutet und ins Ohr gepustet wird, ist für die Bewerbungssituation-Kontaktaufnahme eher unglücklich (»Hallo, hallo, hallo – hier spricht Kurt, leider nicht persönlich, sondern nur vom Gurt, äh, Band ...« / oder die Stimme des Papstes: »Das erste Gebot lautet: Du sollst nicht auflegen ...«).

Übrigens: Auch wenn es jetzt bereits Spezialliteratur gibt, die sich gezielt mit der telefonischen Bewerbung beschäftigt – das Telefon ist leider keinesfalls ein neues Wundermittel und kann eben nicht Berge versetzen. Trotzdem hat es für die Bedarfsabklärung und als Präsentationsmedium eine nicht zu unterschätzende Bedeutung.

Sollten Sie nun auf die Idee kommen, ein Telefax zu schicken, erzielen Sie bestimmt Aufmerksamkeit – ob diese aber zum gewünschten Ziel führt, zum Wunsch des Arbeitgebers, Sie wirklich persönlich kennenzulernen oder wenigstens Ihre ausführlichen Bewerbungsunterlagen anzufordern, ist eher skeptisch zu beurteilen. Sicherlich ist hier auch die Branche mit entscheidend, in der Sie Fuß fassen wollen. Außerdem besteht eine gewisse Unsicherheit, ob das Fax überhaupt ankommt, und wenn, ob dann auf dem richtigen Tisch …

Das Wichtigste zusammengefaßt:

Anrufe gut vorbereiten (eventuell mittels Rollenspiel) und mit freundlicher, klarer, deutlicher Stimme und Absicht mutig in ungestörter Umgebung zum Hörer greifen. Mit Geduld, Ausdauer und Gelassenheit werden Sie diese Situation meistern, und jedes Telefonat übt. Seien Sie aber auch darauf vorbereitet, zu jeder möglichen oder unmöglichen Zeit selbst angerufen zu werden.

ABSAGEN

Ihr Bewerbungsvorhaben darf auch bei einer Absage noch nicht als komplett gescheitert betrachtet werden. Ursachenforschung und gegebenenfalls ein Antwortbrief und/ oder Telefonat nach einer Absage sind die Mühe wert, weil immer noch die Möglichkeit für Sie als »Verkäufer« besteht, Ihren »Kunden« zu überzeugen.

Ursachenforschung

Sie haben alle erdenklichen Mühen auf sich genommen, nach bestem Wissen und Gewissen Ihre Unterlagen optimal gestaltet und versandt – nicht ohne jedoch vorher telefonisch mit den richtigen Entscheidungsträgern einen freundlich-netten, aber gleichwohl informativen Small talk geführt zu haben. Auf fünf so zustande gekommene und abgesandte Bewerbungsunterlagen werden Sie nicht ein einziges Mal eingeladen. Nach einer weiteren Fünferrunde das gleiche Ergebnis. Zehnmal haben Sie sich entsprechend beworben, ohne die gewünschte Resonanz. Klar, daß Sie nun mit Recht frustriert sind.

Rechtzeitig beginnen

Aber erst jetzt mit der Ursachenforschung zu beginnen ist schon reichlich spät. Sicherlich ist es nicht realistisch, bei jeder schriftlichen Bewerbungsaktion zu erwarten, auch prompt zum Vorstellungsgespräch eingeladen zu werden. Jedoch sollte wenigstens auf fünf bis zehn schriftliche Bewerbungsbemühungen eine Einladung zum persönlichen Kennenlerngespräch folgen. Natürlich ist dies auch mit von der Arbeitsmarktsituation und vielen weiteren Faktoren wie z.B. Branche, Qualifikation, Alter, Gehaltserwartungen etc. abhängig.

Nicht selten kommen in Berlin Klienten zu uns, die 20, 30 manche sogar über 50 Bewerbungen versandt und keine oder nur eine Einladung zu einem Vorstellungsgespräch erhalten haben. Hier zeigt die Erfahrung, daß eine intensive Beratung und entsprechende Überarbeitung der Bewerbungsunterlagen die persönliche Quote schon nach recht kurzer Zeit auf 1:5 (eine Einladung auf fünf Bewerbungen) ansteigen läßt, im Idealfall sogar auf 1:3.

Hauptfehler

In der Regel sind bei einer mangelhaften Erfolgsquote zwei Kardinalfehler zu beobachten: Die Bewerbungsunterlagen sind nicht ausreichend klar strukturiert bzw. im positiven Sinne informativ (häufig lediglich »08/15«) und erwecken damit beim (flüchtigen) Lesen nicht den Wunsch, den Bewerber kennenzulernen. Oder die Auswahl der potentiellen Arbeitgeber ist aufgrund unklarer beruflicher Vorstellungen oder persönlicher Unsicherheiten zu unspezifisch und dadurch einfach wenig erfolgversprechend.

Nicht selten spielt – neben der aktuellen wirtschaftlichen Lage – eine Kombination beider Faktoren eine ursächliche Rolle und eine Verbesserung der persönlichen Erfolgsquote ist nach Überarbeitung der Unterlagen und verbesserter Auswahl der angesprochenen potentiellen neuen Arbeitgeber durchaus möglich, wie unsere tägliche Praxis zeigt.

Das Absageschreiben – Ihr Antwortbrief

Kreative und innovative Bewerbungsstrategien zeigen sich auch im Umgang mit einem Absageschreiben, das Sie aufgrund Ihrer schriftlichen Bewerbung erhalten haben.

Nicht kränken lassen

Ziehen Sie sich auf keinen Fall bei einer Absage schmollend in einen Winkel zurück – ob der narzißtischen Kränkung (die allemal da ist). Verfallen Sie nicht in Selbstmitleid, sondern versuchen Sie, weiter selbstbewußt und aktiv vorzugehen.

Überlegen Sie, ob sich nicht ein freundlicher Antwortbrief auf ein Absageschreiben lohnt. Das hängt natürlich damit zusammen, wie wichtig, wie interessant die angebotene Position für Sie war bzw. ist und ob Sie überzeugt sind, in einer besonderen Weise für diesen Aufgabenbereich geeignet zu sein.

Geben Sie in diesem Antwortbrief Ihrem Bedauern Ausdruck und deuten Sie an, daß das Unternehmen sicher im besten Interesse entschieden hat. Fassen Sie noch einmal kurz zusammen, warum Sie gerade an dieser Aufgabe besonders interessiert sind/waren und was Sie Ihrer Meinung nach zum Erfolg der Firma/der Institution hätten beitragen können.

Ein solcher Brief – der übrigens auch nach einem von einer Absage gefolgten Vorstellungsgespräch geschrieben werden kann – ist unter mehreren Aspekten sinnvoll:

- Sie waren vielleicht ein »Grenzfall« bezüglich einer Einladung zum Vorstellungsgespräch und geben jetzt durch Ihren »Nachfaß-Brief« nachträglich noch den positiven Ausschlag für eine Kontaktaufnahme.
- Von den eigentlichen Wunschkandidaten ziehen einige kurzfristig ihre Bewerbung zurück, erscheinen nicht zum Vorstellungsgespräch etc., man möchte aber mehr Bewerber sehen und vergleichen. Sie bieten sich durch Ihren Brief erneut an.
- Später: Während der Probezeit erweist sich die Einstellung Ihres Mitbewerbers als Fehlentscheidung, Sie sind aber durch Ihr besonderes Engagement in positiver Erinnerung ...

- Der Personalchef empfiehlt Sie weiter, es gibt (eventuell im Haus) noch andere Positionen, die zu besetzen sind.

Sie werden Ihre Mühe früher oder später belohnt finden, denn sich in der Situation einer Absage nicht zurückzuziehen qualifiziert einen Kandidaten für eine Führungsposition auf eine besondere Art und Weise.

Der direkte Draht

Der eine schreibt, der andere telefoniert lieber, wenn es um die Klärung einer schwierigen, weil heiklen Situation geht.

Ihr Griff zum Telefonhörer kann nach einem Absageschreiben durchaus einen Versuch wert sein. Über dieses Medium bekommen Sie relativ leicht heraus, wie sich die Bewerber-Auswahl-Lage beim Arbeitsplatzanbieter darstellt. Sind wirklich 500 und mehr schriftliche Bewerbungsunterlagen eingegangen, relativiert sich unter bestimmten Aspekten Ihr Unglück, nicht unter den Eingeladenen zu sein.

Zusätzlich bekommen Sie vielleicht Informationen über die Auswahlkriterien und können diese für spätere Bewerbungsaktivitäten nutzen. Ein gut verlaufendes Telefonat kann auch »andere Türen« öffnen und plötzlich Interesse an Ihrer Person wecken.

Bloß nicht jammern oder klagen

Wichtig für Ihr Telefongespräch ist, daß Sie nicht in ein Sich-Beklagen oder gar Jammern verfallen. Vielleicht versuchen Sie es mit der direkten Frage: »Welche Voraussetzungsbedingungen müßte ich erfüllen, um zu einem persönlichen Gespräch eingeladen zu werden?«

Das Wichtigste zusammengefaßt:

Der Absage-Antwortbrief oder das entsprechende Telefonat sind bisher zu selten eingesetzte Instrumente im Rahmen eines Bewerbungsvorhabens. Wenn auch kein Wundermittel, beinhaltet diese Vorgehensweise doch Chancen, die man nicht leichtfertig ungenutzt lassen sollte.

BEISPIELE

Kommentierte Bewerbungsmappen

Die nun folgenden Auszüge aus Bewerbungsmappen sollen praktisch und beispielhaft verdeutlichen, was wir Ihnen in diesem Buch bisher theoretisch an neuen Trends in der optimalen Gestaltung Ihrer Bewerbungsunterlagen präsentiert haben.

Der Gesamteindruck

Der Gesamteindruck einer Bewerbungsmappe kann hier auf den schlichten Buchseiten natürlich nur fragmentarisch wiedergegeben werden. Bindungssystem, Deckel, Rücken, Papiersorte und -farbe sowie die Zeugnisunterlagen fehlen. Vorder- und Rückseite sind lediglich aus Platzgründen belegt, in der Realität wird die Rückseite immer frei bleiben (Ausnahmen bestätigen die Regel). Nicht alle Beispiele sind mit einem Anschreiben versehen.

Auch wenn die Beispiele weitgehend für sich alleine sprechen, fügen wir einen kurzen Kommentar bei, um besonders gelungene Passagen zu würdigen.

Selbstverständlich sind die gezeigten Beispiele erfolgreich in der realen Bewerbungspraxis eingesetzt worden. Gleichwohl mußten wir Personen, Daten, Orte, Arbeitgeber, Ausbildungsgänge, Berufstätigkeiten, Zeiten etc. chiffrieren. Ähnlichkeiten mit realen Personen wären also rein zufällig. Sollten Sie detektivisch auf gewisse »Ungereimtheiten« stoßen, bitten wir um Verständnis. Diese erklären sich aus den eben genannten Gründen. Die Fotos sind natürlich nicht mit den genannten Personen identisch. Verlag und Autoren möchten sich an dieser Stelle bei den »Models« und den Fotografen bedanken (Regine Peter, Tel. 0 30/8 55 34 25 und ANTONIUS, Tel. 0 30/7 85 50 78).

Die Gehaltsvorstellungen sind in unseren Beispielen noch in DM angegeben. Zur Umrechnung in Euro müssen diese durch zwei geteilt werden.

Im wesentlichen geht es uns bei den folgenden Beispielen darum, Ihnen zu zeigen, welche breite Palette an kreativen Darstellungsmöglichkeiten Sie bei der Gestaltung Ihrer Bewerbungsmappe haben.

Warnen möchten wir Sie allerdings eindringlich davor, der Versuchung »anheimzufallen«, einfach nur die verwendeten Formulierungen abzuschreiben. Sie sollten sich in jedem Fall der sicherlich zeitaufwendigen Aufgabe stellen, eine eigene (Werbe-)Botschaft zu formulieren und dabei Ihren ganz persönlichen Stil zu entwickeln. Die für die Entwicklung einer solchen Bewerbungsmappe durchschnittlich benötigte Zeit liegt bei etwa 40 Stunden. In unserem *Büro für Berufsstrategie* (Tel. 0 30 / 8 51 92 06) haben wir die Bewerber in der Entwicklung und Realisation etwa drei bis vier Stunden beraten. Meistens waren drei größere Korrekturgänge notwendig.

Hans Habermas
Diplom-Betriebswirt
Mommsenstr. 73
10629 Berlin
Tel.: 030 / 881 49 03
e-mail: habermas@t-online.de

Manpower Personaldienstleistungen
Personaldirektion
Herrn Dr. Franke
Wiesbadener Str. 40

12181 Berlin

Berlin, 31. Dezember 1999

Bewerbung Leiter Profitcenter

Sehr geehrter Herr Dr. Franke,

nach dem freundlich-informativen Telefonat mit Herrn Müller-Berger erhalten Sie hier meine Bewerbungsunterlagen. Im folgenden eine kurze Darstellung meiner Person:

- Diplom-Betriebswirt, Kommunikationstechniker, 38 Jahre alt
- 6 Jahre IBN-Berufserfahrung, Gebietsleiter (Teamleiter)
- hochmotiviert, leistungsstark und zielorientiert
- Erfahrung in Personaldienstleistungen

Meine Gehaltsvorstellung liegt im Bereich DM 120.000,– p.a.

Optimaler Eintrittstermin wäre für mich der 1. April 2000. Über eine Einladung zu einem persönlichen Gespräch freue ich mich.

Mit freundlichen Grüßen und allen guten Wünschen für das neue Jahr

Hans Habermas

Anlagen

BEWERBUNGSUNTERLAGEN
KENNZIFFER 229

MANPOWER PERSONALDIENSTLEISTUNGEN

Hans Habermas

Diplom-Betriebswirt
Mommsenstr. 73
10629 Berlin

Hans Habermas Diplom-Betriebswirt Mommsenstr. 73 10629 Berlin Tel.: 030 / 881 49 03

Hans Habermas

Mommsenstr. 73
10629 Berlin

Tel.: 030 / 881 49 03

e-mail: habermas@t-online.de

geboren am 13. August 1961 in Berlin

ledig, keine Kinder

Resümee
berufliche und persönliche Kenntnisse, Erfahrungen und Fähigkeiten

IBN

Vom Trainee bis zum Gebietsleiter (Umsatz DM 16 Mio.) habe ich mir, aufbauend auf dem Betriebswirtschafts-Studium, wichtige Kenntnisse und Fähigkeiten in der freien Wirtschaft angeeignet.

USA

Auslandserfahrung, mit Abschluß eines „High School Diploma", hat meinen Horizont wesentlich erweitert.

ZIEL

Zu meinen wichtigen persönlichen Eigenschaften gehört das Vermögen, mir Ziele zu setzen und diese dann gemeinsam mit meinen Partnern zu erreichen.

Hans Habermas Diplom-Betriebswirt Mommsenstr. 73 10629 Berlin Tel.: 030 / 881 49 03

LEBENSLAUF

BERUFSPRAXIS

Juni 1994 Dez. 1999	IBN Komm Berlin AG Gebietsleiter für die NBL Vertriebsbeauftragter

- Gebietsleiter (Teamleiter für eine 4er-Gruppe)
  Umsatzverantwortung von DM 16 Mio.
  Betreuung der autorisierten Händler
- Portefeuille-Analysen und Erarbeitung von Marketingstrategien
  Vertriebsbeauftragter für Multimedia
- Projektleiter für Industriemessen
- Projektleitung für die Neuentwicklung von CD-ROMs auf dem Telefonmarketingsektor

Febr. 1991 Juni 1994	IBN Komm Deutschland AG, Frankfurt am Main Bereich Feinmarketing

- Leitung eines Projektes für den europäischen Markt im Bereich der Bankautomation
- Planung der Logistik und Materialbestellung

Jan. 1987 Dez. 1988	Job-Zeitarbeit GmbH Bereichsstellenleiter

Hans Habermas Diplom-Betriebswirt Mommsenstr. 73 10629 Berlin Tel.: 030 / 881 49 03

STUDIUM UND BERUFSAUSBILDUNG

Sept. 1989	Schule für Kommunikation und EDV, Nixdorf AG
Febr. 1991	Abschluß: Kommunikationstechniker
Jan. 1989	Auslandsaufenthalt in Canberra, Australien
Aug. 1989	Sprachintensivkurs
Okt. 1982	Fachhochschule für Wirtschaft, Hamburg
Sept. 1985	Abschluß: Diplom-Betriebswirt

SCHULAUSBILDUNG

Aug. 1979	Oberstufenzentrum für Wirtschaft, Hamburg
Dez. 1980	Abschluß: Abitur
Aug. 1978	Austauschschüler in den USA
Juli 1979	High School in Baltimore/USA
	Abschluß: High School Diplom
April 1968	Carl-von-Ossietzky-Grundschule, Hamburg
Juni 1978	Heinrich-Heine-Gymnasium, Hamburg

WEITERE TÄTIGKEITEN

Jan. 1981	zur Finanzierung des Studiums Tätigkeiten im
Dez. 1986	Gastronomiebereich sowie Wissenschaftlicher Mitarbeiter
	bei Steuerberater Wilske, Hamburg

ENGAGEMENT UND HOBBYS

Leitung einer Jungengruppe im Paritätischen Wohlfahrtsverband Berlin (Ausbildung zum Jugendleiter)
Golf und Tauchen
Mitglied im Golfclub Hohenkremmen

Berlin, 31.12.1999 Hans Habermas

Hans Habermas Diplom-Betriebswirt Mommsenstr. 73 10629 Berlin Tel.: 030 / 881 49 03

WIE ICH WURDE, WAS ICH BIN

Meine privaten und beruflichen Aufenthalte in angloamerikanischen Ländern, wie den USA und Australien, prägten nachhaltig meinen Wunsch, in einem amerikanisch geführten Unternehmen zu arbeiten.

In acht Jahren vielseitiger IBN-Erfahrung, zunächst als Trainee und später als Gebietsleiter im Vertrieb, konnte ich mir einen sehr guten Überblick über das Zusammenspiel der verschiedenen Bereiche in einem Unternehmen erarbeiten. Mit Kundenkontakten auf jeder Ebene, Verkauf und Logistik bin ich bestens vertraut. Umsatz- und Marketingziele sind für mich persönliche Herausforderungen, denen ich mich gern und mit hohem Engagement stelle.

Teamgeist, Durchsetzungsvermögen und Lernbereitschaft kennzeichnen mich ebenso wie meine Fähigkeit, guten Kontakt zu Mitmenschen aufzubauen, um gemeinsam mit ihnen etwas zu bewegen, zu erreichen.

Hans Habermas   Diplom-Betriebswirt   Mommsenstr. 73   10629 Berlin   Tel.: 030 / 881 49 03

ANLAGEN

- Zeugnis IBN Komm Berlin AG
- Zwischenzeugnis IBN Komm Deutschland AG, Frankfurt a.M.
- Kurzbeschreibung der Firma Job-Zeitarbeit GmbH
- Zeugnis Nixdorf AG, Schule für Kommunikation und EDV
- Urkunde Diplom-Betriebswirt
- Sprachschul-Zertifikat, Canberra, Australien
- Diploma Baltimore High School, USA

Zu den Unterlagen von Hans Habermas:

Ein kurzes, aber um so übersichtlicheres Anschreiben eröffnet den Reigen. Angaben zur Gehaltsvorstellung und zum frühesten Eintrittstermin waren in der Anzeige erbeten. Die Neujahrswünsche sind aufgrund des Datums angemessen. Das Layout ist sehr angenehm und mit modernem PC überhaupt kein Problem.

Das Deckblatt ist klar und übersichtlich. Die sich anschließende Seite (persönliche Daten und Resümee) überrascht in ihrer klaren, informativen und präzisen Gestaltung. Mit kurzem Blick läßt sich das Wesentliche schnell erfassen und macht neugierig auf die folgenden Seiten.

Beim Lebenslauf wird mit der Berufspraxis und den neuesten Daten begonnen. Die dritte Seite endet mit Informationen zu Engagement und Hobbys. Die Kopfzeile (Name, Beruf, Anschrift) vermittelt das Gefühl einer »Corporate Identity«.

Die »Dritte Seite« (s.S. 224) hat eine provokant gewählte Überschrift, die durch den folgenden Inhalt gerechtfertigt erscheint. Die Gliederung und die relativ kurzen Absätze machen den Text gut lesbar.

Das nun folgende Anlagenverzeichnis ist »kundenfreundlich«.

RAINER UHLAND
Bahnhofstr.1a
55418 Mainz
Telefon: 0 61 31/34 86

Omega Personalberatung
Frau Wagner
Elbestr. 11

23170 Reinbek

Mainz, 14. März 2000

Bewerbung als Assistent des Niederlassungsleiters für die Geschäftsstelle Köln
Ihre Anzeige im Kölner Tagblatt vom 7.3.2000

Sehr geehrte Frau Wagner,

nach dem freundlich-informativen Telefonat mit Herrn Heinrich möchte ich hier meine Bewerbungsunterlagen überreichen und Ihnen meine professionelle Unterstützung Ihres Niederlassungsleiters anbieten.

Kurz zu meiner Person: Ich habe als Assistent eines Vorstandsmitglieds mein Können unter Beweis gestellt, bin flexibel, verfüge über die notwendige Office-Management-Erfahrung und weiß, was kundenorientiertes Arbeiten bedeutet.

Für die Zeit ab Mai 2000 suche ich eine entwicklungsfähige Position, bei der selbständiges Arbeiten, Team- und Kontaktfähigkeit sowie Eigeninitiative und Dynamik gefordert sind.

Gerade die Möglichkeit, von Anfang an den Erfolg Ihres neuen Standorts mitzugestalten, reizt mich an der skizzierten Aufgabe. Den außerordentlichen Anforderungen dieser Phase kann ich durch meinen vielseitigen Erfahrungshintergrund in einem besonderen Maße entsprechen.

Mehr über mich auf den nächsten Seiten.
Ich freue mich auf eine Einladung.

Mit freundlichen Grüßen aus Mainz

Rainer Uhland

Anlagen

Bewerbung als Assistent des Leiters der Geschäftsstelle Köln

Rainer Uhland
Bahnhofstr. 1a
55418 Mainz

Telefon: 0 61 31 / 34 86

Rainer Uhland **LEBENSLAUF**

geboren:	5. Januar 1968 in Wanne-Eickel
Familienstand:	ledig

Schul- und Hochschulbildung

1974 – 1978	Grundschule
1978 – 1980	Hauptschule
1980 – 1984	Aufbaurealschule
1984 – 1987	Gymnasiale Oberstufe der Gesamtschule Wanne-Eickel Abitur
1987 – 1992	Studium der Politischen Wissenschaft, Soziologie und Neueren Deutschen Literatur Magister-Artium-Examen

---

Um Einblicke in die unterschiedlichen Organisations- und Betriebsstrukturen zu gewinnen, setzte ich mir nach Abschluß meines Studiums das Ziel, in den folgenden 5 Jahren vielfältige Berufserfahrungen zu sammeln. Meine Arbeitsfelder waren bisher:

Kommunikations- und Informationsmanagement

Stadt Düsseldorf: Redaktionelle Mitarbeit bei der Erstellung des Ausstellungskatalogs „Hauptstadt: Residenzen und Stadtentwicklung in der deutschen Geschichte“	10/1992 – 12/1992
Kommission der Europäischen Gemeinschaft, Brüssel: Betreuung der Multimediakampagne zum Euromarkt 1994 über die Werbeagentur GfK	01/1993 – 06/1993
Europäisches Parlament, Straßburg: Friedrich-Naumann-Stipendium, Sektion Förderung Postgradualer Studien	10/1993 – 12/1993

Öffentliche Verwaltung

Gesamtdeutsches Institut, Berlin: 07/1993 – 11/1993
Recherche und Dateierstellung zum Thema
„Kulturpolitik in der DDR“

Inter Nationes e.V., Frankfurt: 01/1994 – 03/1994
Führung des Referatssekretariats „Kultur“

Personal- und Bildungsarbeit

Carl-Duisberg-Gesellschaft, Köln: 05/1994 – 02/1995
Mitarbeit in verschiedenen Projekten zur Wissenschaftsförderung

Oberrhein-Verlag GmbH, Wesel: 07/1995 – 10/1995
Assistent im Projekt „Zukunftsorientierung
im Verlagswesen“

Volkswagen, Wolfsburg: 01/1996 – 09/1997
Assistent des Personalmanagers Europäische Union

Verkauf/Vertrieb

BASF Lacke + Farben AG, Heidelberg: 10/1997 – 03/1999
Abteilungsleiter in der Sektion „Refinish“

Fortbildung

Institut für Datenverarbeitung und 04/1999 – 03/2000
Betriebswirtschaft, Hannover:
Grundlagenkurs „Betriebswirtschaft,
Spezialisierung Personalwesen“

London Chamber Of Commerce And Industry: 10/1999
English for Business

Hobbys

Schwimmen
Segeln
Kunststudien über den Maler Marc Chagall

Mainz, 14. März 2000

Ich über mich

Seit einigen Jahren bin ich
begeisterter Segler.

Die Winde der Ostsee
immer wieder neu zu erfahren,
mal im ruhigen Fahrwasser zu gleiten,
mal durch aufbrausendes und
unruhiges Meer,
jedesmal sich auf die aktuellen
Gegebenheiten einstellen,
sei es im Frühjahr, aber auch im Herbst,
wenn die Winde rauher werden,
reizt mich.

Das eigene Können einbringen
in das Zusammenspiel des Teams,
mit dem Vertrauen
in die gemeinsame Kraft
und dem Ziel im Blick,
Ausdauer unter Beweis zu stellen –
das ist es, was ich will.

Segeln, wie Zusammenarbeiten:
sicherlich auch eine Frage des Muts.

Anlagen

Zeugnis der Volkswagen AG, Wolfsburg

Zeugnis der BASF Lacke + Farben AG, Heidelberg

Zeugnis zur Studie „Zukunftsorientierung im Verlagswesen
im Oberrhein-Verlag GmbH, Wesel"

Zeugnisse des Instituts für Datenverarbeitung und Betriebswirtschaft, Hannover

Zeugnis der Carl-Duisberg-Gesellschaft, Köln

Certificate der London Chamber of Commerce and Industry

Kopie des Magister-Artium-Examens

Zu den Unterlagen von Rainer Uhland:

Ein etwas ausführlicheres Anschreiben enthält uns leider die berufliche Qualifikation von Herrn Uhland vor. Gliederung und Inhalt sind eher etwas konservativ, die Formulierungen dennoch recht ansprechend.

Das Deckblatt ist eigenwillig gestaltet. Das Foto ist überzeugend und hebt sich durch den Bildausschnitt von anderen ab. Die Präsentation des Lebenslaufes ist innovativ, vor allem hinsichtlich der Gliederung nach Arbeitsfeldern. Die Aufzählung der Hobbys ist außergewöhnlich und reizt zu Nachfragen (im Vorstellungsgespräch!).

Besonders auffällig: die »Dritte Seite« – sowohl inhaltlich als auch im Layout. Eine wichtige aussagekräftige Botschaft wird mittels einer starken Optik transportiert. Vielleicht eher bei Geistes- als bei Naturwissenschaftlern zu erwarten und zu empfehlen, sicherlich auch nicht jedermanns Geschmack, aber wem's gefällt ... In der Bewerbungsrealität jedenfalls löste dieser Text starkes Interesse am Kandidaten aus – mit dem gewünschten Ergebnis einer hohen Anzahl (um beim Segeln zu bleiben: einer Flut) von Einladungen.

Das Anlagenverzeichnis wirkt vielleicht ein wenig »verspielt« (vgl. S. 225).

Unserer Einschätzung nach ein außergewöhnliches Beispiel, das Wertschätzung findet, z. T. sich aber auch noch verbessern läßt. Insgesamt gut oder besser.

Dr. Emil Schwarzenberg
Hohenzollerndamm 17
10719 Berlin

Telefon 0 30 / 8 71 27 13

Berlin, 1.2.2000

Atochem AG
z. Hd. Herrn Abold
Bergstraße 60

53120 Troisen

Bewerbung als Dipl.-Ing. für Kunststofftechnik

Sehr geehrter Herr Abold,

hier wie telefonisch besprochen meine Bewerbungsunterlagen.

Nach Absolvierung des technischen Projektmanagement-Lehrgangs möchte ich Ihnen gerne bei den skizzierten Problemstellungen mein fachliches Know-how, meine Mitarbeit anbieten.

Ich habe mich bereits mehrere Jahre intensiv mit der Qualitätskontrolle von Elastomeren und Polyester beschäftigt. Auch ein Teilgebiet meiner Promotion befaßt sich mit der Sicherung von Qualitätsstandards von Polyurethan-Formteilen.

Zum 1. März 2000 könnte ich bereits Ihrem Unternehmen zur Verfügung stehen und freue mich, bald von Ihnen zu hören.

Mit freundlichen Grüßen aus Berlin

Schwarzenberg

Anlagen

Dr. Emil Schwarzenberg, Hohenzollerndamm 17, 10719 Berlin
Telefon: 030 / 8 71 27 13

Bewerbung als Diplom-Ingenieur für Kunststofftechnik

bei der Atochem AG in Troisen bei Bonn

Zu meiner Person

Persönliche Daten

Dr. Emil Schwarzenberg
geboren am 03.08.1956
in Wismar
unverheiratet

Kenntnisse, Erfahrungen und Fähigkeiten

- Konstruktion, Verarbeitung und Anwendung von Kunststoffen und Thermomaterial
- Grundlegendes Wissen der Volks- und Betriebswirtschaft
- Verhandlungs- und Gesprächsführung
- Berichterstattung gegenüber Industriepartnern
- Konzeptionelle und organisatorische Arbeit im Vertrieb
- Akquisition und Kundenbetreuung
- Qualitätssicherung
- Mitarbeiterführung
- Arbeiten in einem internationalen Konzern
- Selbständiges und eigenverantwortliches Arbeiten
- Teamarbeit

Lebenslauf

Berufstätigkeit

1991 – 1997	Verkaufsrepräsentant, Freundenberg AG Geschäftsbereiche: Technische Kunststoffe, Elastomere, Polyester
1989 – 1990	Qualitätskontrolle für die kunststoffverarbeitenden Kombinate Friedrich-Engels-Werke in Rudolstadt/Thüringen
1986 – 1989	Abteilungsleiter für Forschung und Entwicklung in der Berliner Zentrale des Kombinates Friedrich Engels, Polyesterwerk Berlin
1980 – 1983	Wissenschaftlicher Mitarbeiter am Institut für Angewandte Polymerforschung (IAP) in Teltow-Seehof unter Professor Heinz Zimmermann

Berufliche Aus- und Weiterbildung

1997 – 1999	Technisches Projektmanagement Schulungszentrum Hamburg (Berlin) mit den Schwerpunkten: • Betriebswirtschaftslehre • Projektmanagement • Buchführung, Controlling • Recht (BGB, HGB), Gesellschaftsrecht • EDV
1990 – 1991	Fortbildung in Verkaufstraining, Wirtschaftsenglisch, Moderne Kunststoffentwicklung
1984 – 1986	Doktorarbeit an der Technischen Universität Dresden zum Thema: Entwicklung und Fertigung von Polyurethan-Formteilen
1985	Sprachausbildung in Französisch
1987	Promotion
1975 – 1980	Studium in der Fachrichtung Kunststofftechnik an der Technischen Universität Dresden Schwerpunkte: • Allgemeiner Maschinenbau • Konstruktion und Anwendung von hochpolymeren Werkstoffen
1974 – 1975	Wehrdienst bei der Luftwaffe der Nationalen Volksarmee Einsatz in der Logistik der Armee-Einheit in der technischen Beschaffung

Bildungsweg

1962 – 1974	Schulausbildung Allgemeine Hochschulreife

Kenntnisse und Interessen

EDV	Programme: MS-Office 2000, DATEV
Fremdsprachen	Englisch in Wort und Schrift, Französisch, Russisch
Führerschein	Klasse 3
Interessen	Segeln, Reiten, Wandern Börsenbetrieb

Berlin, den 1. Februar 2000

Schwarzenberg

Dr. Emil Schwarzenberg, Bewerbung als Diplom-Ingenieur für Kunststofftechnik

Was Sie noch über mich wissen sollten ...

Mit dem Ziel, meine Arbeitswelt verantwortungsbewußt und aktiv mitzugestalten, habe ich mein Wissen kontinuierlich erweitert und dieses dann in der Praxis erprobt und umgesetzt. Dabei erwarb ich nicht nur praktische Erfahrungen in den Bereichen der Konstruktion, Fertigung und Qualitätssicherung sowie des Vertriebs, sondern es entwickelten sich neben meiner Fähigkeit zum selbständigen und eigenverantwortlichen Arbeiten auch soziale Kompetenz und Führungsvermögen. Der Umgang und die zielorientierte Zusammenarbeit mit anderen Menschen sind für mich persönlich von großer Bedeutung.

Mein berufliches Engagement auf verschiedenen Fachgebieten zeigt meine Flexiblität und den Mut, Bewährtes zu verlassen, um Neues zu entdecken.

In der Ergänzung meines bisherigen beruflichen Profils durch eine wirtschaftlich-kaufmännische Ausbildung sehe ich eine solide Grundlage für meinen weiteren Berufsweg.

Dr. Emil Schwarzenberg, Bewerbung als Diplom-Ingenieur für Kunststofftechnik

Anlagen

Zeugnis für Technisches Management
Zeugnis für Öffentlichkeitsarbeit
Zeugnis Freudenberg AG
Promotionsurkunde
Diplomurkunde
Reifezeugnis

Zu den Unterlagen von Dr. Emil Schwarzenberg:

Nach dem Deckblatt erfolgt eine neue Form der persönlichen Datenpräsentation. Das Foto ist sympathisch, der stark angeschnittene Kopf vielleicht etwas sehr eigenwillig. Wichtiges wird prägnant auf den Punkt gebracht.

Der folgende sogenannte Lebenslauf (auf diese Überschrift zu verzichten, fällt schwer) ist nicht uninteressant aufgebaut und gestaltet, vom Umfang her gut lesbar, bei klarer Gliederung der Hauptabschnitte (Berufstätigkeit, berufliche Aus- und Weiterbildung etc.). Der Rand ist, nach der Seite *Zu meiner Person*, neu gesetzt. Ob nicht bereits ab der zweiten Seite des Lebenslaufs die Kopfzeile – Name, Bewerbung als ... – sinnvoll ist, wäre zu diskutieren.

Die angegebenen Interessen lösen sicherlich Neugierde aus. Eine aktuelle Einschätzung des Aktienmarktes wäre als Frage im Vorstellungsgespräch mit Sicherheit zu erwarten.

Die »Dritte Seite« beginnt mit einer Überschrift, die ein »Hingucker« ist.

Zusammengefaßt: sehr gute neue Ideen, einiges ist aber auch verbesserungswürdig.

Bert Lingner
Schwarenbergstr. 150
70184 Herrenalb
Tel.: 07 12 / 34 27 95

Bewerbung als Marketingreferent

Bert Lingner Bewerbung als Marketingreferent

Meine Fachkenntnisse und praktischen Erfahrungen

Marketing / Öffentlichkeitsarbeit

Planung verkaufsfördernder Maßnahmen

Konzeption und Gestaltung von Broschüren und Präsentationen für Messestände, Kundenveranstaltungen etc.

Vorbereitung und Strukturierung von Unterlagen für Vorträge und Kundenbesuche

Organisation von Veranstaltungen

Marktdatenerhebungen und -auswertungen

Wirtschaft und EDV

Betriebswirtschaftliches Studium

Umfangreiche Kenntnisse in der PC-Anwendersoftware unter MS-DOS, Unix, Windows, Apple Macintosh

Konzeption und Durchführung von Anwenderschulungen für neue Mitarbeiter

Verwaltung der online-verfügbaren Dokumentationen

Mitarbeit an der Entwicklung eines Programms für statistische Auswertungen

Projektarbeit

Planung und Organisation eines interinstitutionellen Medienprojekts

Projektüberwachungsaufgaben (Terminüberwachung, Kostenkontrolle)

Koordinierungsaufgaben

Lebenslauf

Persönliche Daten

Name:	Bert Lingner
geboren am:	23.06.1972 in Wiesbaden
Familienstand:	ledig

Schulausbildung

1978 – 1982	Grundschule in Hessen
1982 – 1991	Rheingau-Gymnasium in Wiesbaden
Abschluß:	Abitur

Hochschulausbildung

Okt. 1991 – Mai 1998	Studium der Betriebswirtschaft, Germanistik und Romanistik an der Universität Frankfurt am Main
Abschluß:	Magister Artium

Medienprojekt

April 1994 – August 1994	Initiative und Organisation eines Medienprojektes in Zusammenarbeit mit einem privaten Radiosender

Auslandsaufenthalt

Okt. 1994 – März 1995	Hochschulsemester an der Sorbonne Nouvelle, Paris im Studiengang „Licence d'études franco-allemandes"

Berufliche Tätigkeiten

Nov. 1993 – Juli 1994, *April 1995 – Okt. 1998*	Mitarbeit in der Unternehmensberatung des Fraunhofer-Instituts für Produktionstechnik und Automatisierung in der Öffentlichkeitsarbeit, Berlin
Seit Nov. 1998	Mitarbeiter im Marketing der DeTeWe Deutschland Informationssysteme GmbH, Produkt- und Service-Marketing, Stuttgart

Bert Lingner | Bewerbung als Marketingreferent

EDV-Kenntnisse

PC/Apple Macintosh:	Word, Excel, RagTime, div. Grafikprogramme unter Windows, Unix, Macintosh
IBM-Großrechner:	VM, Office Vision, CMS

Fremdsprachen

Englisch:	sehr gut (Arbeit in amerikanischem Unternehmen)
Französisch:	sehr gut (Auslandsaufenthalt)
Italienisch:	gut (Sprachunterricht an italienischem Kulturinstitut)

Engagement

1993 – 1996	Redakteur in einer Studentenzeitung
1994 – 1998	Mitarbeit in der Fachschaft bei der Organisation von Veranstaltungen, Erstsemesterberatung und Studienplangestaltung

Außerberufliche Interessen

Musik:	Musiktheater, Saxophon
Sport:	Wandern, Jogging, Schwimmen

Stuttgart, 3. März 2000

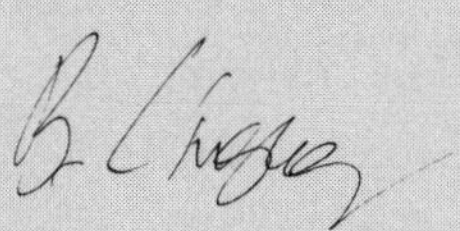

Bert Lingner Bewerbung als Marketingreferent

Was Sie sonst noch über mich wissen sollten.

Über mich als Mensch

Ich werde von meiner Umwelt als sehr kontaktfreudig und kommunikativ eingeschätzt. Tatsächlich macht mir alles Spaß, was mit Menschen zu tun hat: Veranstaltungen organisieren, Verbindungen zwischen verschiedenen Gruppen herstellen, Informationen verständlich und überzeugend weitervermitteln.

Nicht zuletzt war es diese Freude an der Kommunikation, die mich zu einem kombinierten Studium der Betriebswirtschaft und Sprachen geführt hat.

Über meine Einstellung zur Arbeit

Es ist mir sehr wichtig, bei meiner Arbeit ein klares Ziel vor Augen zu haben und eine strukturierte Planung für mein Vorgehen. Sehr wesentliche Aspekte meiner Berufswahl sind vor allem auch Eigenverantwortung, ständige Bereitschaft zum Weiterlernen und die Zusammenarbeit in einem guten Team.

Durch meine Berufstätigkeit neben dem Studium sind mir hohe Leistungsbereitschaft und Belastbarkeit selbstverständlich.

Meine Motivation

Studium und meine bisherigen Tätigkeiten haben mir gezeigt, daß die Arbeit in Marketing und Verkaufsförderung genau das Richtige für mich ist.

Daher möchte ich mich in diesem Bereich weiterentwickeln und meine Fähigkeiten und Ideen in einem modernen Unternehmen einbringen, das eine längerfristige Perspektive bietet.

Eine Mitarbeit bei der LBZ interessiert mich ganz besonders wegen der Zugehörigkeit zur Finanzgruppe der Sparkassen, mit deren Zielen und Geschäftsstil ich mich sehr gut identifizieren kann.

Meine Interessen

In meiner Freizeitgestaltung spielt Musik eine große Rolle: Ich spiele Saxophon, jogge sehr gern, mag ganz besonders Musiktheater.

Mir gefällt das quirlige Leben in der Stadt. Daneben genieße ich aber auch die ausgiebigen Wanderungen auf der Schwäbischen Alb.

ANLAGEN

ZEUGNIS DES FRAUNHOFER-INSTITUTS FÜR AUTOMATISIERUNG, BERLIN

MAGISTERZEUGNIS DER UNIVERSITÄT FRANKFURT AM MAIN

GUTACHTEN EINER STUDIENARBEIT DER UNIVERSITÄT FRANKFURT AM MAIN

PRAKTIKANTENZEUGNIS EINES PRIVATEN RADIOSENDERS

Zu den Unterlagen von Bert Lingner:

Nach einem eher einfach gestalteten Deckblatt, das aber durch das Bewerbungsfoto an Attraktivität gewinnt, vermittelt sich dem Betrachter dieser Unterlagen das ungewohnte Bild einer quasi ersten Seite, die sofort mit einer Auflistung von Fachkenntnissen und praktischen Erfahrungen beginnt. Nach dieser doch recht ausführlichen Übersicht blättert der erstaunte Betrachter zu der klassisch-konservativen Präsentation des sog. Lebenslaufs weiter. Dieser zeichnet sich, wie bereits die Seite davor, durch klare Überschriften aus. Die Unterstreichungen sind Geschmackssache. Warum dann ganz unten auf dieser Seite die beruflichen Tätigkeiten geradezu versteckt werden und der aktuelle Arbeitsplatz so stiefmütterlich behandelt wird, ist vielleicht mit der ersten Seite zu erklären und bleibt dennoch unentschuldbar. Hier würde eine Umstellung der Themenblöcke (Schule, Hochschule, Medien etc.) zugunsten des Aktuell-Beruflichen wirklich eine deutliche Verbesserung darstellen.

Sehr außergewöhnlich ist die mit interessanten Überschriften vierfach untergliederte, nach Art einer Zeitungsseite gestaltete »Dritte Seite«, die dem Leser ein »wahres« Kaleidoskop an persönlichen und beruflichen Informationen vermittelt.

Das Anlagenverzeichnis ist neben der ästhetischen Gestaltung vor allem inhaltlich zu kritisieren. Die hier aufgeführten Anlagen erstaunen in ihrer Schlichtheit.

Dr. Andreas Anders
Diplom-Kaufmann
Brehmer Allee 134b
40472 Düsseldorf
Tel. 0211 352 87 62

Dr. Anders • Brehmer Allee 134b • 40472 Düsseldorf

Rosenberg A.G.
Direktion
Frau Dr. Baseler
Rosenthaler Platz 1

85002 Nürnberg

31.05.1999

Unser Telefonat am heutigen Tage

Sehr geehrte Frau Dr. Baseler,

vielen Dank für das ausführliche Gespräch.
Hier, wie verabredet, meine Unterlagen.

Ich beabsichtige, mich zum Jahresende beruflich neu zu orientieren und würde sehr gerne für Ihr Unternehmen von Deutschland aus neue Vertriebsstrukturen im Bereich Sanitärkeramik entwickeln.

Meine jetzige Position bindet mich voraussichtlich bis zum 30.11.1999, so daß ich Ihren Wünschen gemäß vor dem Jahreswechsel die neugeschaffene Position in Ihrem Export-Headquarter in Nürnberg einnehmen kann.

Von Ihnen bald zu hören, würde mich sehr freuen;
bis dahin verbleibe ich

mit freundlichen Grüßen

Andreas Anders

Anlagen

Dr. Andreas Anders
Diplom-Kaufmann
Brehmer Allee 134b
40472 Düsseldorf
Tel. 0211 352 87 62

BEWERBUNGSUNTERLAGEN FÜR ROSENBERG A.G.

Dr. Andreas Anders
Diplom-Kaufmann
Brehmer Allee 134b
40472 Düsseldorf
Tel. 0211 352 87 62

03.08.1955	**Geburtsdatum**
Zürich	**Geburtsort**
verheiratet zwei Kinder ortsungebunden	**Familienstand**
Schweizer	**Nationalität**
Export Sales Director	**Position**
Sanitärkeramik	**Produkt**
Gres und *Geberit*	**Marken**

Dr. Andreas Anders
Diplom-Kaufmann
Brehmer Allee 134b
40472 Düsseldorf
Tel. 0211 352 87 62

CURRICULUM VITAE **Berufspraxis**

Sinmag S.R.L. Mailand	
Leitung des Gesamtexportes von Sanitärkeramik für die Markenprodukte *Gres* sowie *Geberit* in die Exportländer der Europäischen Union	seit 04.1995
Prokura	seit 01.1991
Exportleitung *Gres* für Ostblockstaaten Polen, GUS-Staaten, Rumänien, Ungarn	05.1990–12.1991
Exportsachbearbeitung *Gres* für Deutschland	04.1987–04.1990
La Turrita Ceramiche S.P.A. Verona	
Assistent der Exportleitung für Deutschland	08.1983–03.1987
Wand und Boden A.G. Wien	
Exportsachbearbeiter	04.1981–07.1983
Villeroy & Boch Frankfurt a.M.	
Trainee	01.1980–03.1981

Dr. Andreas Anders
Diplom-Kaufmann
Brehmer Allee 134b
40472 Düsseldorf
Tel. 0211 352 87 62

CURRICULUM VITAE

Ausbildung

Goethe Universität
Frankfurt a. M.

Promotion 06.08.1980

Studienschwerpunkt Außenhandelswirtschaft
Diplom in Betriebswirtschaft 31.10.1978
Gesamtnote: sehr gut

Eidgenössische Handelsakademie
Zürich

Betriebswirtschaftliches Vordiplom 15.09.1976

Wilhelm Tell Gymnasium
Zürich

Abitur 10.06.1973

Andreas Anders

Dr. Andreas Anders
Diplom-Kaufmann
Brehmer Allee 134b
40472 Düsseldorf
Tel. 0211 352 87 62

ZUSATZQUALIFIKATIONEN

Französisch, Italienisch, Englisch, Russisch	**Fremdsprachen**
MS-Office 2000, KHK PC-Kaufmann, Unix, HTML	**DV-Kenntnisse**
Klasse III	**Führerschein**
	Intl. Marketing Ass. London
International Marketing Program Studies	10.1998
	Management Academy London
Rentabilitätsrechnung und Investitionscontrolling	08.1997
Investitionsgüter und Systemmarketing	10.1995
Arbeitstechnik, Führungsverhalten, Konfliktmanagement	06.1993
Rhetorik und Präsentation	01.1992
	Sprachkurse
Conversation-Business-English I und II Cambridge	05.1996, 07.1997
Russisch für Export-Trading St. Petersburg	03.1995

Dr. Andreas Anders
Diplom-Kaufmann
Brehmer Allee 134b
40472 Düsseldorf
Tel. 0211 352 87 62

ANLAGENVERZEICHNIS

Zwischenzeugnis Sinmag S.R.L.

Arbeitszeugnis/Empfehlungsbrief
La Turrita Ceramiche S.P.A.

Arbeitszeugnis Wand und Boden A.G.

Arbeitszeugnis Villeroy & Boch

Promotionsurkunde

Diplom

Fortbildungsnachweise

Zu den Unterlagen von Dr. Andreas Anders:

Wie wirkt diese Bewerbungsmappe auf Sie?
Hier ist wohl kaum ein Kommentar notwendig, diese schönen Seiten sprechen für sich. Der Kandidat präsentiert sich mit außergewöhnlich ästhetisch gestalteten Bewerbungsunterlagen, wobei allen Bausteinen das gleiche Design zugrunde liegt.

Dies zeigt sich bereits im Anschreiben, ein Beispiel, wie lohnend das Ergebnis sein kann, wenn man es wagt, die konventionelle Form der Briefgestaltung zu verlassen.

Der Anschreibentext knüpft an ein Telefonat an, das im Rahmen einer Initiativbewerbung geführt wurde. Der Text ist absolut knapp gehalten und spiegelt den Stil der gesamten Bewerbungsmappe wider.

Ein fast minimalistisches, aber nicht weniger ästhetisches Deckblatt eröffnet den Reigen der Bewerbungsmappenunterlagen. Auf der ersten Seite präsentiert der Bewerber seine Sozialdaten und fügt Informationen über seine aktuelle Position hinzu. Die von uns sonst eher für überflüssig gehaltene explizite Anführung der Rubriken Geburtsdatum / Geburtsort / Familienstand etc. wirkt hier in der Umkehrung der üblichen Reihenfolge als besonderes Stilmittel, das wie die gesamte Mappe auf einen sehr motivierten Bewerber mit hohen Qualitätsansprüchen rückschließen läßt.

Auf den folgenden zwei Seiten sind Lebenslauf, Berufspraxis und Ausbildung in einer neuen, beeindruckenden Weise präsentiert. Eine Extraseite gibt

Auskunft über die Zusatzqualifikationen und behandelt das Weiterbildungsengagement.

Auch das Anlagenverzeichnis trägt zur ästhetischen Gesamtwirkung bei.

Zum Foto: Ein nicht alltägliches Foto für eine nicht alltägliche Bewerbungsmappe. Die Hand an der Wange ist eine mehrdeutig interpretierbare Pose: die Spannbreite reicht von »Denker« über »Narzißt« bis zum »Macher«, vielleicht aber auch das Gegenteil (müde, unsicher?). Ein nicht zu unterschätzendes Risiko. Sehr modisch mit zugeknöpftem Hemd ohne Krawatte, aber auch nicht jedermanns Geschmack. Die gezeigte Alternative ist zwar etwas langweiliger und klassisch-konservativ, dafür ist der Bewerber »auf der sicheren Seite«.

Einschätzung: Die Bewerbungsmappe ist ein richtiges kleines Kunstwerk. Wirklich exzellent, vielleicht das beste Beispiel in diesem Buch.

DR. MARIE MORAN

LEBENSLAUF

Dr. Marie Moran

Geboren am 21. Januar 1968 in Frankfurt am Main

Deutsche und französische Staatsangehörigkeit

Ledig und kinderlos

1974 – 1987: Grundschule, Realschule, Gymnasium und Abitur in Frankfurt a. M.

1987 – 1992: Studium der Rechtswissenschaften in Göttingen und Tübingen
Abschluß: Erstes Juristisches Staatsexamen

1993 – 1995: Studienreferendariat in Hamburg, unter anderem an folgenden Stationen:

Landesarbeitsamt in Hamburg
Jaques & Lewis, Lawyers, London EC4V 4JL
Handwerkskammer Berlin

April 1996: Zweites Juristisches Staatsexamen

Mai 1996 – Juni 1997: Reisen durch Süd- und Nordamerika.
Beginn einer rechtswissenschaftlichen Dissertation

Juli 1997 – September 1997: Referentin in der Abteilung Recht und Beteiligungen bei den Stadtwerken in Bremen

Oktober – November 1997: Beendigung der Dissertation

Seit Dezember 1997: Referentin bei der Zentrale der Bundespost in Frankfurt am Main:

bis Juli 1998: Abteilung Internationale Firmenkontakte, Frankfurt a. M.

ab August 1998: Referentin der Rechtsabteilung der Bundespost in Berlin

August 1999: Promotion zum Dr. jur. an der Humboldt-Universität Berlin

Fremdsprachen: Französisch und Englisch (fließend)

Hobbys: Skifahren, Gartenbauarchitektur, Fallschirmspringen

Was spricht für mich?

Meine Berufserfahrung

- Markt- und Konzeptionsanalysen für Akquisitionen, Sanierungen und Outsourcing spezieller Dienstleistungen
- Durchführung dieser Vorhaben
- Betreuung von Aufsichtsratsmandaten der assoziierten Unternehmen
- Gesellschaftsrechtliche Betreuung von Beteiligungsunternehmen
- Mitentwicklung und -implementierung eines Controlling-Systems für das Direktorat der Deutschen Bundespost in Frankfurt am Main
- Verantwortung für die Liquiditäts- und Ergebnisplanung aller in der Rechtsabteilung der Deutschen Bundespost, Geschäftsstelle Berlin, zu betreuenden Unternehmen

Meine Arbeitsweise

Meine besondere Stärke ist mein hohes Organisationsvermögen, welches mir ermöglicht, eine Vielzahl von Aufgaben sicher und zeitgerecht zu erfüllen. Zugute kommen mir dabei ein ausgeprägtes Kosten-Nutzen-Bewußtsein und die Fähigkeit, auch ungewohnte Problemlösungen zu finden.

Verzeichnis der Zeugnisse

Deutsche Bundespost, Geschäftsstelle Berlin

Deutsche Bundespost, Geschäftsstelle Frankfurt am Main

Stadtwerke Bremen

Promotion

Zweite Juristische Staatsprüfung

- Handwerkskammer Berlin
- Jaques & Lewis, Lawyers, London EC4V 4JL
- Rechtsanwalt Ulf Liedtke, Hamburg
- Verwaltungsgericht Hamburg
- Landesarbeitsamt Hamburg
- Landgericht Hamburg
- Staatsanwaltschaft Hamburg
- Amtsgericht Altona

Erste Juristische Staatsprüfung

Allgemeine Hochschulreife

Zu den Unterlagen von Dr. Marie Moran:

Ein minimalistisch, aber gekonnt gestaltetes Deckblatt (ausschließlich der Name). Sicherlich nicht für jeden zum Nachmachen geeignet, aber immerhin bisweilen vielleicht doch eine Möglichkeit.

Der interessante Aufbau mit einem gelungenen Layout unter der obligatorischen Überschrift Lebenslauf beeindruckt besonders durch seine Nüchternheit und die damit einhergehende Kürze. Präzise, ausreichend informativ, und alle wichtigen beruflichen Stationen berücksichtigend, setzt er den knappen, minimalistischen Stil des Deckblatts konsequent fort. Die Position des Fotos ist geschickt gewählt. Die Bewerberin kommt sehr sympathisch »rüber«.

Das gilt auch für die Konzeption der »Dritten Seite«, die absolut brillant getitelt ist *(Was spricht für mich? – Berufserfahrung – Arbeitsweise)* Wer könnte da als Leser widerstehen? Die vermittelten Botschaften verdichten den positiven Eindruck, den man bisher von der Bewerberin aufgrund der schriftlichen Unterlagen, allein durch die besondere Darstellungsweise gewonnen hat.

Das ausführliche Verzeichnis der Zeugnisse ist ein besonders leserfreundlicher Akt.

Nach unserer Einschätzung eine außergewöhnlich gut gelungene Präsentation auf knappstem Raum.

Achtung: die Unterschrift fehlt noch, ein Fehler der häufiger auftritt, als Sie jetzt glauben mögen. Wo Sie unterschreiben, bestimmen Sie selbst, nach dem Lebenslauf oder auf der »Dritten Seite«.

MERKSÄTZE

Die häufigsten Fehler und wie Sie diese vermeiden

- Ein wirklicher Kardinalfehler: die unzureichende Vorbereitung auf die Prüfungssituation Bewerbung.
- Die innere Vorbereitung – die richtige Einstellung zur Einstellung – ist ein entscheidender Faktor.
- Es ist von absoluter Wichtigkeit, vorab herauszufinden, wer man ist, was man kann, was man will und was möglich ist.
- Sie müssen wissen, was Sie in Ihren Bewerbungsunterlagen über sich und Ihr Anliegen vermitteln wollen.
- Recherchieren geht vor probieren. Wer mehr über den Adressaten seiner Bewerbung weiß, ist klar im Vorteil.
- Arbeitsplatzsuche und Sich-Bewerben ist Schwerstarbeit.
- Die Essentials lauten: Persönlichkeit – Leistungsmotivation – Kompetenz.
- Der Einsatz des Mediums Telefon kann sehr hilfreich sein für die Informationsnachfrage, die Bedarfsklärung, die Nachfaßaktion.
- Form- und Inhaltsfehler bei den Bewerbungsunterlagen sind meistens der Grund, warum Bewerber nicht zum Vorstellungsgespräch eingeladen werden, nicht etwa deren mangelnde Eignung. Ganz besonders in diesen Zeiten kommt es auf die Verpackung, auf die

gelungene Präsentation an. In der Kürze liegt die Würze.

- Ein gutes Foto sagt mehr als 1000 Worte.
- Auch die sogenannten Anlagen sind mit größter Sorgfalt auszuwählen. Klasse statt Masse.
- Vergessen Sie nie: Es geht um Marketing und Werbung in eigener Sache, um Ihr »Produkt« Arbeitskraft. Zeigen Sie durch die optimale Gestaltung Ihrer Bewerbungsunterlagen zielorientiertes, systematisches, analytisches und unternehmerisches Denken.
- Vergessen Sie trotz aller notwendigen Anpassungsleistungen an das Ritual Bewerbung nie:
  Wir sind nicht auf der Welt, um so zu sein, wie andere uns haben wollen.

ANHANG

Arbeitszeugnisse

Neun wichtige Empfehlungen

Arbeitszeugnisse sind für den beruflichen Werdegang von nicht zu unterschätzender Bedeutung. Auf Arbeitnehmer- wie auf Arbeitgeberseite weiß man das und versucht dem bisweilen mehr, manchmal auch weniger Rechnung zu tragen. Allzuoft jedoch ist festzustellen, daß die einen den Zeugnis-Aussage- und Zeugnis-Bedeutungswert unterschätzen, während die anderen dazu neigen, ihn kraß überzubewerten. Zu dieser Thematik die folgenden zusammenfassenden Hinweise aus unserem Buch *Arbeitszeugnisse*:

Weichensteller

Im Rahmen einer Vorauswahl können Arbeitszeugnisse ein wichtiger Weichensteller sein. Bei einer größeren Anzahl von geeignet erscheinenden Kandidaten – und diese Situation ist bei der heutigen Arbeitsmarktlage die übliche Ausgangsposition – haben Bewerber mit sehr guten bis guten Zeugnisbeurteilungen eher die Chance, eingeladen zu werden. Diesen wird damit die Möglichkeit zuteil, im persönlichen Vorstellungsgespräch durch ihren direkten »Auftritt« für sich, für ihre Person zu werben und in der Sache zu überzeugen.

Wer als Kandidat nicht zu einem persönlichen Kennenlerntermin gebeten wird, hat, oder besser gesagt, bekommt einfach nicht die Chance, sich zu präsentieren und die vakante Position zu erobern. Zeugnisse sind also ganz wesentlich mit entscheidend dafür, ob ein Bewerber überhaupt eine Einladung zum Vorstellungsgespräch erhält.

Liegen gar keine, nur sehr alte (über acht Jahre) oder lediglich zweifelhaft befriedigende Zeugnisse vor, verschlechtern sich die Chancen, eingeladen zu werden, ganz erheblich.

So gesehen sollte es das vitale Interesse eines jeden Arbeitnehmers sein, sich ein gutes Arbeitszeugnis ausstellen zu lassen, bzw. über das Wissen zu verfügen, das eigene Zeugnis richtig interpretieren zu können, um gegebenenfalls in der Lage zu sein, einen eigenen vorteilhaften Zeugnisentwurf anzufertigen.

Spätestens an dieser Stelle werden nun die Zeugnis-Nutzen-Zweifler auf der Arbeitnehmerseite abwiegelnd anführen, daß etwaige, den schriftlichen Bewerbungsunterlagen beigefügte, Arbeitszeugnisse doch nur ein kleines Mosaiksteinchen in der Eindrucksbildung sein können. Zu wessen Beruhigung eigentlich?

Papiergläubigkeit

Dieser nicht selten gehörte Einwand negiert in sträflicher Weise real existierende gesellschaftliche Gegebenheiten. Gerade in unseren papiergläubigen Breitengraden müssen wir dem Umstand, in einer doch eher »zertifikatsorientierten« Gesellschaft zu leben, Rechnung tragen. Ohne schriftlichen Nachweis, ohne papierene Vorzeigbarkeit, möglichst amtlich gestempelt und beglaubigt, darf man in unserem Lande (fast) nichts beruflich bewegen. Ergo sind Arbeitszeugnisse wichtig und haben bei der Bewerberauswahl ihre Funktion. Der Kandidat, bei dem auch diese Nachweise stimmen, bekommt den Vorzug.

Sicher: Schlechte oder auch nur nicht gute Arbeitszeugnisse bedeuten noch lange kein berufliches Aus. Sie sind vielleicht keine wirklichen »Karrierekiller«, aber doch wohl sehr starke Chancenhemmer.

Nicht unerwähnt bleiben darf natürlich auch in diesem Zusammenhang, daß Arbeitszeugnisse je nach Konjunktur- und Arbeitsmarktlage ebenfalls an Bedeutung gewinnen bzw. einbüßen. Wie hier die augenblickliche Situation für den einzelnen Leser ist, beantworte dieser sich am besten selbst.

Einflußkurve Arbeitszeugnis

Der Einfluß und die Bedeutung von Arbeitszeugnissen steigt mit den Anforderungen der Arbeitsaufgaben und der Qualifikation der Bewerber, wenn es um eine bestimmte berufliche Position geht. Kein Bankangestellter, kein Versicherungskaufmann, Vertriebsmitarbeiter oder im öffentlichen Dienst Beschäftigter wird seinen Arbeitsplatz wechseln können, ohne daß dem neuen Arbeitgeber Zeugnisse vorgelegt werden müssen, bzw. dieser Einblick in die Personalakte nimmt.

Wie eine Gaußsche Normalverteilungskurve steigt die Einflußnahme der Zeugnisse auf die Personalentscheidung an und hat ihren Höhepunkt bei der Auswahl von Führungskräften im mittleren Management, um dann wieder bei den Positionen mit Jahresbruttoeinkommen von etwa 180.000 DM bzw. 90.000 € und mehr deutlich zu fallen.

Etwa ab 350.000 DM/175.000 € p.a. spielen aktuelle Zeugnisse kaum noch eine Rolle. Kein Arbeitnehmer jedoch fängt seine berufliche Karriere in diesen Gehaltsgefilden an, und bevor er/sie dieses Niveau erreicht, wurden in der Regel einige Berufsjahre verbracht, in denen man wie andere auch beurteilt worden ist. So ist dann ein kurzer Blick in die Beurteilungsunterlagen, verbunden mit der Frage, wie wurde er/sie denn vor zehn Jahren (und drumherum) eingeschätzt, wie sind die Zeugnisformulierungen gewählt, so selten und unüblich nun auch wieder nicht. Erhofft man sich doch nicht ganz zu Unrecht, Hinweise auf heute noch vorhandene Verhaltensmerkmale und Wesenszüge zu erhalten.

Ein Mosaikbaustein

Nicht selten, das muß an dieser Stelle jedoch gesagt werden, läuft die Besetzung einer so hoch dotierten und verantwortungsvollen Position nach ganz anderen »Spielregeln« ab. Die »üblichen Bewerbungsunterlagen« mit den ehemaligen Zeugnissen liegen daher kaum zu einem für den Vergleich mit den Unterlagen anderer Kandidaten ausreichend frühen Zeitpunkt vor.

Was gilt es also insgesamt an wichtigen Aspekten zu beachten:

1. Ein Arbeitszeugnis ist eine wichtige, wirklich ernstzunehmende Angelegenheit

Die Bedeutung von Arbeitszeugnissen ist vielen Arbeitnehmern in ihrer Tragweite nicht klar. Jedes Zeugnis, auch oder gerade ein Zwischenzeugnis, kann weitreichende Konsequenzen für den Beurteilten haben. Sich hier Wissen über den Hintergrund von Beurteilungs- und Bewertungsaussagen und ihre spezifische Interpretation anzueignen sollte oberstes Gebot eines jeden klug und vorausschauend planenden Arbeitnehmers sein, vergleichbar etwa mit dem Wissen, was die eigene Arbeitskraft am Arbeitsmarkt aktuell wert ist.

Nie verzichten

Deshalb: Nie auf ein Zeugnis verzichten, auch wenn Sie glauben, es kaum je gebrauchen zu können. Und: Bei günstigem Anlaß und passender Gelegenheit um ein Zwischenzeugnis bitten. Wichtig dabei: Immer bereit sein mitzuhelfen, Inhalte positiv zu gestalten, nie aber in kleinkrämerischen Streit mit dem Aussteller verfallen, denn bei späteren Referenzen sind Sie gegebenenfalls auf das Wohlwollen Ihres ehemaligen Vorgesetzten bzw. Chefs angewiesen.

2. Ein gutes Zwischenzeugnis ist mehr als Gold wert

Erbitten Sie sich bei passender Gelegenheit ein Zwischenzeugnis. Einem eventuellen Gegenargument stehen mindestens fünf positive Gründe gegenüber.

- Das Zwischenzeugnis wird meistens sehr wohlwollend formuliert. Schließlich will der Arbeitgeber Sie nicht demotivieren.

- Mit dem Zwischenzeugnis wird für einen längeren Zeitabschnitt Ihr Leistungsstatus und der Zufriedenheitsgrad Ihres Arbeitgebers »festgeklopft«. Bei überraschend auftretenden Unstimmigkeiten kann Ihr Arbeitgeber nicht plötzlich all Ihre Leistungen oder Verhaltensweisen »schon immer« mehr als fragwürdig gefunden haben. Ein positives Zwischenzeugnis stellt somit einen gewissen Kündigungsschutz dar.
- Beim Ausscheiden aus dem Unternehmen kann das Zwischenzeugnis richtungsweisende Funktion für das Endzeugnis haben (juristischer Fachausdruck: Bindungswirkung). Dies dürfte bei einem guten Zwischenzeugnis nur zu Ihrem Vorteil gereichen und einen gekränkten – weil Sie ihn verlassen wollen – Arbeitgeber bremsen, Ihre Gesamtleistungen nun plötzlich wenig bis kaum positiv zu beurteilen.

Immer wieder Zwischenzeugnisse erbitten

- Wenn Sie sich aus Ihrem aktuellen Arbeitsverhältnis heraus bei einem anderen Unternehmen bewerben wollen, macht ein etwa 6–12 Monate altes Zwischenzeugnis mit entsprechend guter Begründung (»... aus Anlaß des Arbeitsbereichswechsels und auf Wunsch ... stellen wir gerne dieses Zwischenzeugnis aus und hoffen auf weitere gute Zusammenarbeit ...«) immer einen positiven Eindruck in Ihrer Bewerbungsmappe.
- Sie erleben, wie Ihr Arbeitgeber mit Ihrem Anliegen umgeht, und können darüber hinaus den Grad der Wertschätzung, die Ihre Leistungen in diesem Unternehmen aktuell erfahren, kennenlernen.

Einziger Negativpunkt könnte sein: Ihr Arbeitgeber gibt sich herzlich wenig Mühe, Sie bei Laune und positiv motiviert zu halten, weil er die besagte Bindungswirkung scheut und Ihnen den eventuellen Abgang nicht auch noch mit einem enthusiastischen Leistungsbeurteilungsdokument erleichtern will.

3. Voraussetzung für ein gutes Zeugnis: wissen, worauf es wirklich ankommt und wie der Text zu interpretieren ist
Sie haben als Arbeitnehmer nicht nur ein verbrieftes Recht auf ein qualifiziertes Zeugnis, sondern sollten auch wirklich auf die äußere wie innere Qualität achten. Das bedeutet schlicht: Sie müssen »auf Nummer Sicher gehen« und wissen, was da über Sie und Ihre Leistung und Führung ausgesagt wird. Damit meinen wir natürlich die Botschaft zwischen den Zeilen. Wenn Sie Zweifel oder Fragen haben, wenden Sie sich schnellstmöglich an einen Fachmann, besprechen Sie das Ihnen erteilte Zeugnis und hören Sie sich seinen Rat an (s.S. 199).

Kontrolle

Die wichtigsten Stichworte zusammengefaßt: Prüfen, vergleichen und besprechen Sie Ihr Zeugnis. Bitten Sie gegebenenfalls um eine Erklärung oder Begründung einzelner Urteile und Ihnen zugewiesener Eigenschaften. Vielleicht hilft Ihnen Ihr Betriebsrat, vielleicht kennen Sie Zeugnisse von Kollegen und damit den generellen Unternehmens-Schreibstil in Sachen Beurteilung. Vergleichen Sie aber auch Ihr neues Zeugnis mit Ihren vorherigen älteren. Die Hoffnung, spätere potentielle Arbeitsplatzanbieter würden Ihr Zeugnis schon nicht so streng beurteilen und nicht so wichtig nehmen, ist reines Wunschdenken.

4. Sprechen kann helfen
Wenn Sie mit einem eher schlechten Zeugnis rechnen müssen, raten wir Ihnen, dieses Problem bereits im Vorfeld klug und offen mit dem Zeugnisaussteller zu besprechen. Eine Vogel-Strauß-Politik – Kopf in den Sand, nichts mehr hören und sehen – ist bestimmt nicht hilfreich. Ist Ihre Beziehung gegenüber dem Aussteller nicht völlig zerrüttet, könnte ein gutes Gespräch doch einiges bewirken, z.B. Ärger und eventuell Mißverständnisse abbauen, aber auch den für den Schreiber wichtigen Hinweis geben, daß das von ihm aus-

gestellte Zeugnis kritisch geprüft wird. Übrigens ist das Ihr unbedingt gutes Recht. (Etwa so wie das Nachzählen von Wechselgeld ...)

5. Man muß nicht nur ein gutes Zeugnis wollen, sondern auch bereit sein, etwas dafür zu tun

Mitarbeit

Wenn Sie den Wert eines guten Arbeits-Zwischen-Zeugnisses für sich und Ihre berufliche Entwicklung kennen und zu schätzen wissen, müssen Sie vorbereitet sein, im richtigen Augenblick Ihre kompetente Mithilfe bei der Erstellung anbieten zu können. »Be prepared« nennen die Pfadfinder diese mentale Einstellung. Neben dem nötigen Hintergrundwissen kommt es für Sie darauf an, Ihren Aufgabenbereich und Ihre Leistungen angemessen gut auf dem Papier darstellen zu können. Sie sollten in der Lage sein, die wichtigsten Stichworte zu liefern, wenn möglich (manchmal wird es vom Arbeitgeber sogar gewünscht) einen konkret ausformulierten Entwurf.

6. Bei alledem: nicht zögern oder gar auf die lange Bank schieben, sondern sein Zeugnis klug vorbereiten und mit Verstand durchsetzen

Weil Sie den Wert, aber auch die Schwierigkeiten im Zusammenhang mit Zeugnissen kennen, nehmen Sie bei einer einvernehmlichen Beendigung des Arbeitsverhältnisses per Auflösungsvertrag Ihren Zeugniswunsch so konkret wie möglich in die Verhandlung mit auf. Am besten geschieht dies bereits ausformuliert als Anlage zu der getroffenen Auflösungsvereinbarung. Eine bloße Absichtserklärung, Sie würden ein positives Zeugnis zu einem bestimmten Zeitpunkt erhalten, kann jede Menge (unangenehme) Überraschungen bergen.

Bei einer normalen Kündigung sollten Sie bereits unmittelbar zum Mitteilungszeitpunkt ein sogenanntes vorläufiges Zeugnis durchsetzen. Hieran sehen Sie schnell die Beurteilungstendenz und haben jetzt eine bessere Ausgangssituation, über Inhalt und Leistungskriterien des endgültigen Arbeitszeugnisses zu verhandeln, als nach Ausscheiden aus dem Unternehmen.

7. Manchmal muß man auch bereit sein, für sein Recht zu kämpfen

Wenn die Gespräche mit Ihrem Zeugnisaussteller etwaige Einschätzungs- und Beurteilungsdifferenzen nicht zu Ihrer Zufriedenheit lösen und Sie in dem Bemühen, einen tragfähigen Kompromiß zu finden, nicht vorankommen, müssen Sie wissen, welche juristischen Möglichkeiten Sie haben.

Lassen Sie nichts unversucht, was Formen der gütlichen Einigung anbetrifft, bevor Sie zu juristischen Maßnahmen greifen. Solange Sie dem Unternehmen noch angehören, kann z.B. auch der Betriebsrat ein Fürsprecher und Unterstützer sein.

8. Und nochmals: be prepared – oder: für den Fall der Fälle

Auf Fragen vorbereitet sein

Sollten Sie mit einem unbefriedigenden Arbeitszeugnis in Ihren Bewerbungsunterlagen zu einem Vorstellungsgespräch gehen bzw. eingeladen werden, müssen Sie vorbereitet sein, auf etwaige Fragen Ihres potentiellen neuen Arbeitgebers zu Aussagen im Zeugnis Erklärungen abgeben zu können.

Sehr wahrscheinlich kennen Sie die Fragen am besten, die Sie, bezogen auf den letzten Arbeitsplatz und das nicht so tolle Zeugnis, in Verlegenheit bringen könnten. Also bereiten Sie sich vor, um zu wissen, was Sie auf entsprechende Fragen im Vorstellungsgespräch antworten sollten.

Übrigens Vorsicht bei Schuldzuweisungen, die Sie als Erklärung oder gar Rechtfertigung vornehmen. Ihr Gegenüber, der potentielle neue Arbeitgeber, wird sehr genau hinhören, wie Sie verbal damit umgehen, und Sie im schlimmsten Fall als »schwierigen Mitarbeiter« einschätzen. Massive Kritik am alten Arbeitgeber führt immer zu Rükkschlüssen auf die Person des Bewerbers.

9. Safety first – aber nichts übertreiben
Beim Versand Ihrer schriftlichen Bewerbungsunterlagen sollten Sie lediglich Fotokopien Ihrer Originalzeugnisse verwenden. Die Originale bleiben stets bei Ihnen und selbst, wenn Sie zu einem persönlichen Vorstellungsgespräch eingeladen werden, brauchen Sie nicht damit zu rechnen, die Originale vorlegen zu müssen. Diesbezügliche sehr selten vorkommende Wünsche zur Einsichtnahme in die Originale wird Ihnen Ihr potentieller neuer Arbeitgeber gesondert mitteilen. Auch die Beglaubigung von fotokopierten Arbeitszeugnissen ist unüblich, macht bei einem potentiellen neuen Arbeitgeber eher einen negativen Eindruck.

Einen umfassenden Überblick zum Thema Arbeitszeugnis gibt Ihnen unser Buch *Arbeitszeugnisse* und die *Praxismappe für das perfekte Arbeitszeugnis* (beide Eichborn Verlag). Dort finden Sie einen umfangreichen Katalog von Beispielen, Formulierungshilfen und 1000 Textbausteinen, für alle, die ihr Arbeitszeugnis selber schreiben wollen, dürfen, müssen.

Persönlichkeitstest

Interpretation/Hinweise

Nun zur Auflösung des Persönlichkeitstests:
Dazu die folgende Aufstellung (Angabe der Persönlichkeitsmerkmale sowie der Punktzahlen für die a/b/c-Ankreuzungen):

		Punktwertung		
Item	Persönlichkeitsmerkmal	a	b	c
1	Kontakt	2	1	0
2	Leistung	0	1	2
3	Kontakt	2	1	0
4	Leistung	2	1	0
5	Durchsetzung	2	1	0
6	Vertrauen	2	1	0
7	Veränderung	2	1	0
8	Veränderung	2	1	0
9	Vertrauen	2	1	0
10	Durchsetzung	0	1	2
11	Leistung	2	1	0
12	Kontakt	2	1	0
13	Ausgeglichenheit	2	1	0
14	Kontakt	2	1	0
15	Leistung	0	1	2
16	Durchsetzung	0	1	2
17	Vertrauen	2	1	0
18	Veränderung	2	1	0
19	Vertrauen	0	1	2
20	Vertrauen	2	1	0
21	Durchsetzung	0	1	2
22	Durchsetzung	2	1	0
23	Leistung	0	1	2

24	Ausgeglichenheit	2	1	0
25	Ausgeglichenheit	0	1	2
26	Vertrauen	2	1	0
27	Veränderung	2	1	0
28	Vertrauen	2	1	0
29	Veränderung	2	1	0
30	Durchsetzung	0	1	2
31	Vertrauen	0	1	2
32	Leistung	2	1	0
33	Kontakt	0	1	2
34	Kontakt	0	1	2
35	Ausgeglichenheit	2	1	0
36	Ausgeglichenheit	0	1	2
37	Ausgeglichenheit	0	1	2
38	Kontakt	0	1	2
39	Kontakt	2	1	0
40	Leistung	2	1	0
41	Kontakt	2	1	0
42	Durchsetzung	0	1	2
43	Vertrauen	2	1	0
44	Leistung	0	1	2
45	Durchsetzung	2	1	0
46	Veränderung	2	1	0
47	Vertrauen	2	1	0
48	Durchsetzung	2	1	0
49	Veränderung	2	1	0
50	Veränderung	2	1	0
51	Leistung	0	1	2
52	Veränderung	2	1	0
53	Ausgeglichenheit	2	1	0
54	Kontakt	2	1	0
55	Ausgeglichenheit	0	1	2
56	Veränderung	0	1	2
57	Durchsetzung	0	1	2

58	Ausgeglichenheit	2	1	0
59	Leistung	0	1	2
60	Ausgeglichenheit	2	1	0
61	L-Ausgeglichenheit	0	1	2
62	L-Kontakt	2	1	0
63	L-Leistung	2	1	0
64	L-Durchsetzung	2	1	0
65	L-Vertrauen	2	1	0
66	L-Veränderung	0	1	2

Addieren Sie bitte die Punktwerte für Ihre Ankreuzungen pro Persönlichkeitsmerkmal:

		Punkte
A Kontakt		
Item	1	....
	3	....
	12	....
	14	....
	33	....
	34	....
	38	....
	39	....
	41	....
	54	....
Summe:		

B Leistung	Punkte
Item 2	1
4	1
11	2
15	0
23	0
32	1
40	2
44	0
51	0
59	0

Summe: (7)

C Durchsetzung	Punkte
Item 5	1
10	1
16	1
21	1
22	2
30	1
42	1
45	1
48	1
57	2

Summe: (12)

	Punkte
D Vertrauen	
Item	6 ...2....
	9 ...1....
	17 ...2....
	19 ...1....
	20 ...2....
	26 ...2.... 12
	28 ...2....
	31 ...0....
	43 ...0....
	47 ...0....
Summe:	

	Punkte
E Ausgeglichenheit	
Item	13 ...2....
	24 ...2....
	25 ...0....
	35 ...1....
	36 ...1....
	37 ...1.... 11
	53 ...1....
	55 ...0....
	58 ...2....
	60 ...1....
Summe:	

	Punkte
F Veränderung	
Item	7 ....2....
	8 ....1....
	18 ....0....
	27 ....1....
	29 ....1....
	46 ....0....
	49 ....0....
	50 ....1....
	52 ....2....
	56 ....1....
Summe:	

9

Tragen Sie jetzt bitte Ihre Punktwerte hier ein:

A Kontaktfähigkeit ...
B Leistungsbereitschaft ...
C Durchsetzungsvermögen ...
D Vertrauensbereitschaft ...
E Ausgeglichenheit ...
F Veränderungsbereitschaft ...

Sie müssen pro Persönlichkeitsmerkmal jeweils einen Punktwert zwischen 0 und 20 erreicht haben. Tragen Sie jetzt bitte Ihre Punktwerte für die Themenbereiche A–F auf der nachstehenden Tabelle ein, und verbinden Sie die Punkte durch eine Linie:

Profil

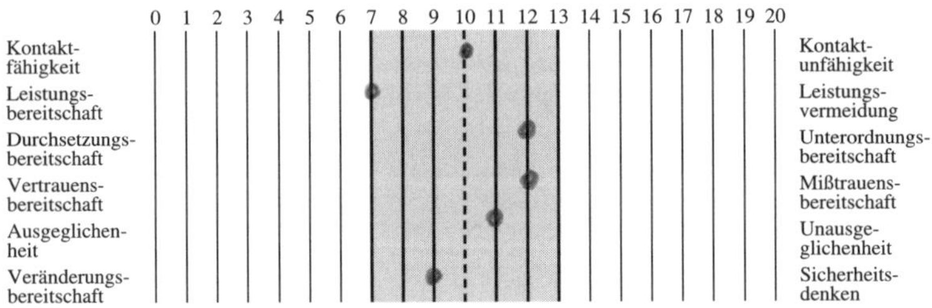

Wie sieht Ihre »Persönlichkeits-Linie« aus? Ein Blitz, mit extremen Zacken (nahe an 0 oder 20), eine Diagonale von links unten nach rechts oben, eine Senkrechte in der Mitte (10) oder mehr rechts bzw. links davon?

Die Form Ihrer Linie – man kann auch von einem (Persönlichkeits-) Profil sprechen – hat eine Bedeutung. Wie bzw. was hier aus dem Verlauf der Linie herausgelesen wird, wollen wir Ihnen jetzt demonstrieren:

Es wäre denkbar, daß Sie z. B. beim Persönlichkeitsmerkmal A Kontakt 20 Punkte haben, was zum Ausdruck bringen würde: Sie sind – vorsichtig formuliert – ein sehr kontaktscheuer, ein kontaktvermeidender Mensch.

Das andere Extrem wäre ein Punktwert von 0, der für eine extrem hohe Kontaktbereitschaft spräche. Beide Extremwerte sind sicherlich selten. Sie sollen aber verdeutlichen, daß der Persönlichkeitsbereich »Kontaktfähigkeit« aus zwei gegenüberliegenden Positionen auf einer Achse bzw. Skala besteht (vereinfacht: vergleichbar der Ost-West-Achse auf einem Kompaß). Es geht um die extremen Pole »heiß« und »kalt« und alles, was an Abstufungen dazwischen denkbar ist.

Wie kommt der Punktwert auf der Skala »Kontaktfähigkeit« zustande? Für eine Ankreuzung, die für Kontaktfähigkeit spricht, haben Sie 0 Punkte erhalten, für eine Antwort in Richtung Kontaktvermeidung 2 Punkte, für eine mittlere Position (teils/teils) 1 Punkt. 10 Items zum Thema »Kontakt« ergeben den von Ihnen oben addierten Gesamtpunktwert.

Diese Vorgehens-, Aufbau- und Auswertungsweise trifft für alle aus gegensätzlichen Positionen aufgebauten Persönlichkeitsmerkmale zu:

A Kontakt: Kontaktfähigkeit – Kontaktunfähigkeit
B Leistung: Leistungsbereitschaft – Leistungsvermeidung/-unwilligkeit
C Durchsetzung: Durchsetzungsvermögen – Unterordnungsbereitschaft
D Vertrauen: Vertrauensbereitschaft – Mißtrauensbereitschaft
E Ausgeglichenheit: emotional stabil – emotional labil
F Veränderung: Veränderungsbereitschaft – Sicherheitsdenken

Sie merken schon, daß die auf den ersten Blick relativ wertfreien Themen- bzw. Persönlichkeitsmerkmale zunehmend mehr Inhalt bekommen und ein Charakterbild ermöglichen, wenn auch im Sinne einer etwas groben »Schwarzweißmalerei«.

Klingt der Themenbereich A »Kontakt« noch recht harmlos, gilt das für die beide Pole »kontaktfähig« gegenüber kontaktunfähig nicht mehr. »Kontaktfähig« bedeutet im Extrem (Punktwert: 0 oder 1) eine hochgradige, übertriebene Kontaktsuche oder -gier, Kontaktunfähigkeit (20 oder 19 Punkte) eine Kontaktstörung, für die die Charakerisierung »kontaktscheu« noch eine Untertreibung darstellen würde.

Die mittleren Werte 7–13 (in der genauen Mitte 10 bzw. 9 und 11) zeigen eine unauffällige, neutrale Position auf der Skala zwischen »heiß« und »kalt« (kontaktbesessen – kontaktgestört). Hätten Sie bei den Entscheidungsfragen zum Themenbereich »Kontakt« immer die ausgewogene Mitte (b = teils/teils etc.) angekreuzt, wäre die Punktzahl 10 das Ergebnis.

Die Punktwerte 12 und 13 geben ebenso wie 8 und 7 eine Tendenz an – im Sinne einer Ausprägung in Richtung weniger oder stärker kontaktorientiert.

6 und 5, auf der anderen Seite 14 und 15 zeigen deutlicher, in welche Richtung Ihre Persönlichkeit in Sachen Kontaktverhalten »ausschlägt«.

4, 3, und 2 als Punktwerte einerseits bzw. 16, 17 und 18 andererseits sind in diesem Persönlichkeitstest sehr deutliche Hinweise auf die Art Ihres Kontaktverhaltens (bis hin zum extremen Rand: 2 bzw. 18).

Schauen wir uns jetzt einmal inhaltlich an, wie sich ein extrem kontaktbetonter Mensch in diesem Test beschreibt:

Er arbeitet bevorzugt als Manager im Hotel, Lehrer oder Kellner (Items 1, 34, 38), grundsätzlich jedenfalls eher mit Menschen als mit Zahlen (3) und kennt somit keine Einsamkeitsgefühle (12); er unterhält sich lieber mit anderen, als zu lesen (14, 33); klar, daß dieser Mensch und Testankreuzer sich mehr für die Personalabteilung als für den Maschinenpark interessiert (39) und viel lieber telefoniert als Briefe schreibt (41).

Wer sich als dermaßen kontaktorientiert beschreibt, sammelt 20 Punkte und riskiert damit (doch selbst schon bei 19 Punkten) die eben erwähnte Charakterisierung »hochgradig kontaktsüchtig«.

Nun das andere Extrem: Der kontaktvermeidende Mensch arbeitet bevorzugt als Förster, Koch oder Chemiker (34, 38, 1), in jedem Fall lieber mit Zahlen als mit Menschen (3); in einem Unternehmen möchte er eher für den Maschinenpark als für das Personal verantwortlich sein (39); es macht ihm keinen Spaß, mit Leuten zu reden (33), er ist lieber mit einem guten Buch (14) allein für sich (60), kennt

Einsamkeitsgefühle (12), und in schwierigen Situationen schreibt er lieber, als zu telefonieren (41).

Klar – wer alle diese Items so ankreuzt (0 Punkte), stellt sich als völlig kontaktuninteressiert, im Psycho-Klartext gesprochen: als extrem kontaktgestört dar (das gilt auch für das Ergebnis 1 Punkt).

Überblick

Das Persönlichkeitsmerkmal A »Kontakt« bedeutet:
Kontaktfähigkeit – Kontaktunfähigkeit.
In den extremen Punktwerten:
Kontaktbesessenheit gegenüber schwerer Kontaktstörung.

Das Persönlichkeitsmerkmal B »Leistung« bedeutet:
Leistungsbereitschaft – Leistungsvermeidung.
In den extremen Punktwerten:
absolute Leistungsorientierung gegenüber Leistungsverweigerung
- übermotiviert sein – Drückebergerei
- mehr wollen als können – Faulheit.

Das Persönlichkeitsmerkmal C »Durchsetzung« bedeutet:
Durchsetzungsvermögen – Unterordnungsbereitschaft.
In den extremen Punktwerten:
starkes Dominanzstreben gegenüber ausgeprägter Gefügigkeit.
- Selbstbehauptung, Selbstbewußtsein – Anpassungsbereitschaft
- Egoismus, Unnachgiebigkeit – Unterwürfigkeit, Kriecherei.

Das Persönlichkeitsmerkmal D »Vertrauen« bedeutet:
Vertrauensbereitschaft – Mißtrauensbereitschaft.
In den extremen Punktwerten:
Vertrauensseligkeit gegenüber mißtrauischem Argwohn
- Vertrauensduselei – kritische Skepsis
- dümmliche Naivität – Nörgelsucht.

Das Persönlichkeitsmerkmal E »Ausgeglichenheit« bedeutet:
emotionale Stabilität – emotionale Labilität.
In den extremen Punktwerten:
extreme Dickfelligkeit gegenüber psychischer Gestörtheit
- kühle Robustheit – extreme Stimmungsschwankungen
- seelische Unberührbarkeit – »hysterische« Charakterzüge.

Das Persönlichkeitsmerkmal F »Veränderung« bedeutet:
Veränderungsbereitschaft – Sicherheitsdenken.
In den extremen Punktwerten:
hohe Risikobereitschaft gegenüber starrem Konservativismus
- Radikalismus – null Flexibilität
- revolutionäre Tendenzen – absolute Starrheit.

Kurzinterpretation

Hier eine Kurzinterpretation im Überblick:

A Kontakt

0–1 Punkt:
Was ist mit Ihnen los? Sie stürzen sich ja auf alles, was sich bewegt, so kontaktbesessen sind Sie. Stimmt das wirklich? Können Sie nicht mal fünf Minuten für sich alleine sein?

2–4 Punkte:
Sie sind sehr, sehr kontaktfreudig. Das macht Sie vielen Leuten sympathisch, manche reagieren aber auch mit deutlicher Zurückhaltung darauf. Bei denen kommen Sie trotz aller Bemühungen nicht besonders gut an.

5–7 Punkte:
Sie sind ein wirklich aufgeschlossener und überzeugend kontaktfreudiger, sympathischer Mensch. Das spürt man, und so kommt man Ihnen gerne näher.

8–9 Punkte:
Sie sind kontaktfreudig, aber in Grenzen.

10 Punkte:
Bei Ihnen herrscht eine ausgewogene Balance. Sie mögen die Kontaktaufnahme mit anderen, wenn Ihnen der Sinn danach steht. Aber Sie sind auch gerne für sich.

11–12 Punkte:
Sie sind im Kontakt mit Ihren Mitmenschen ein wenig zurückhaltend. Warum auch nicht!

13–15 Punkte:
Sie sind eher abwartend, was das Anknüpfen von Kontakten betrifft. Vielleicht sind Sie nur einfach wählerisch und suchen sich Ihre Mitmenschen besonders gut aus. Oder haben Sie gewisse Hemmungen, auf andere zuzugehen?

16–18 Punkte:
Sie sind deutlich kontaktscheu. Dadurch wirken Sie eher kühl bzw. reserviert. Woher kommt Ihre Angst vor Menschen?

19–20 Punkte:
Was ist mit Ihnen los? Sind Sie eine im eigenen Haus gefangene Schnecke? Lehnen Sie wirklich alle Kontakte so rigoros ab, und möchten Sie nur für sich bleiben?

B Leistung
0–1 Punkt:
Sie sind ohne Rast und Ruhe, wie ein Löwe auf der Jagd, und wollen stets Größtes leisten. Gelingt Ihnen das wirklich, oder übernehmen Sie sich damit nicht ein wenig? Zählt bei Ihnen wirklich nur Leistung?

2–4 Punkte:
Sie sind ausgesprochen stark leistungsorientiert. Ruhepausen sind nichts für Sie und Ihre Schaffenskraft. Ziele, die Sie sich vornehmen, verwirklichen Sie in der Regel – koste es, was es wolle.

5–7 Punkte:
Sie leisten etwas und fühlen sich dabei wohl. Leistung macht Ihnen einfach Spaß. Sie scheuen keine Aufgabe.

8–9 Punkte:
Leistung ist für Sie kein Fremdwort. Man kann sich diesbezüglich auf Sie verlassen.

10 Punkte:
Sie zeigen eine auswogene Leistungsbalance. »Nicht zuviel und nicht zuwenig« könnte ihr Motto sein.

11–12 Punkte:
Bevor Sie darauflosarbeiten, überlegen Sie zunächst, wie Sie sich die anstehende Aufgabe erleichtern könnten.

13–15 Punkte:
Sie stehen Leistungsanforderungen kritisch gegenüber. Bevor Sie sich anstrengen, wollen Sie erst mal wissen, wofür und ob sich die Mühe denn wirklich lohnt.

16–18 Punkte:
Die Arbeit wurde für Sie nicht unbedingt erfunden. Wenn es nicht sein muß, kommen Sie bestens ohne aus. Leistungsvermeidung ist das Stichwort.

19–20 Punkte:
Sie stellen sich als ausgesprochen faul dar. Stimmt das denn so, sind Sie wirklich ein Leistungsverweigerer und rechter Tunixgut? Gibt es wirklich rein gar nichts, was Sie anspornen kann?

C Durchsetzung

0–1 Punkt:
So manch einer hält Sie für einen unnachgiebigen Egoisten, der sich absolut um jeden Preis durchsetzen muß. Sehen Sie sich auch so machtbesessen?

2–4 Punkte:
Sie scheinen ausgesprochen willensstark zu sein. Deshalb bestimmen Sie gerne und fast immer, wo es langgeht. Sie sind ein »Leader«-Typ.

5–7 Punkte: Sie wissen, was Sie wollen und wie Sie das kriegen. Sie lassen sich die Butter nicht vom Brot nehmen.

8–9 Punkte:
Wenn Sie etwas Wichtiges für sich wollen, schaffen Sie es meistens auch. Sie wissen recht gut, wie Sie Ihre Vorhaben durchsetzen können.

10 Punkte:
Sie können sich einfügen oder führen – je nach Situation. Dabei haben Sie ein ausgewogenes Verhältnis zu Befehl und Gehorsam.

11–12 Punkte:
Sie sind gerne bereit, sich anzupassen, wenn es Sinn macht. Damit haben Sie keine Probleme und machen keine.

13–15 Punkte:
Anpassungs- und Einordnungsbereitschaft gehört zu Ihren starken Seiten. Dabei kommt Ihr Durchsetzungsvermögen logischerweise zu kurz. Schade.

16–18 Punkte:
Sie sind wirklich extrem anpassungswillig, häufig auf Kosten Ihrer eigenen Person. Ist Ihnen das bewußt?

19–20 Punkte:
Diese unterwürfige Anpassungsbereitschaft kann bis zur (A ...-) Kriecherei gehen. Haben Sie sich verrechnet?

D Vertrauen
0–1 Punkt:
Sie sind das ideale Opfer für jeden Trickbetrüger und fallen wegen Ihrer hochgradigen Vertrauensseligkeit wirklich auf alles rein.

2–4 Punkte:
Ein unerschütterliches Vertrauenspotential zeichnet Sie aus, und mit Ihrem Glauben an das Gute können Sie Berge versetzen.

5–7 Punkte:
Ihr Vertrauen hilft Ihnen und anderen. Das gibt und macht Mut.

8–9 Punkte:
In der Beziehung zu anderen Menschen sind Sie von einer postiven, vertrauensbereiten Grundstimmung getragen.

10 Punkte:
Vertrauen und Mißtrauen halten sich bei Ihnen die Waage.

11–12 Punkte:
Kein blindes Vertrauen, sondern eine gesunde Portion Skepsis beschreibt Ihre Grundhaltung.

13–15 Punkte:
Eine deutlich kritische Skepsis zeichnet Sie aus. Sicherlich haben Sie Ihre Erfahrungen gemacht.

16–18 Punkte:
»Vertrauen ist gut, Kontrolle ist besser« lautet Ihre Devise. Diese Art von ständigem Mißtrauen steigert nicht gerade Ihre Beliebtheit bei anderen.

19–20 Punkte:
Sind Sie wirklich ein so mißtrauischer, argwöhnischer und nörgelnder Typ? Kaum zu glauben!

E Ausgeglichenheit
0–1 Punkt:
Sie sind wirklich »cool wie die Tagesschau«, nichts berührt Sie. Oder ist das alles nur »Mache«?

2–4 Punkte:
Sie haben ein dickes Fell und lassen sich überhaupt nicht aufregen. So kommt es, daß Sie mit einer ausgeprägten seelischen Robustheit durchs Leben gehen.

5–7 Punkte:
Gelassenheit ist eine Ihrer wichtigsten Charaktereigenschaften. Sie behalten die Nerven, wenn andere ihre verlieren.

8–9 Punkte:
Eine gewisse innere Ruhe nennen Sie Ihr eigen. Es gibt viele Menschen, die Sie deshalb bewundern.

10 Punkte:
Zwischen Aufregung und Ruhe halten Sie die Balance.

11–12 Punkte:
Sie können mitfühlen, ohne den Boden unter den Füßen zu verlieren.

13–15 Punkte:
Sie geraten schon mal aus dem Gleichgewicht – auch bei kleineren Anlässen.

16–18 Punkte:
Sie wissen, was Stimmungsschwankungen bedeuten – Ihre Umwelt auch. Wünschen Sie sich nicht manchmal etwas mehr seelische Stabilität?

19–20 Punkte:
Wie ein Grashälmchen im Wind schwanken Sie von Krise zu Krise. Sind Sie wirklich ein solches Sensibelchen?

F Veränderung

0–1 Punkt:
Sie geben sich wirklich total revolutionär. Sind Sie wirklich so radikal, oder möchten Sie nur so erscheinen?

2–4 Punkte:
Sie nehmen jedes Risiko auf sich und zeigen einen extremen Mut zur Veränderung. Alles Bestehende wird kritisch hinterfragt.

5–7 Punkte:
Neuem stehen Sie stets aufgeschlossen gegenüber.

8–9 Punkte:
Auf Veränderungen reagieren Sie mit Gelassenheit. Sie kommen schon klar.

10 Punkte:
Zwischen Verändern und Bewahren halten Sie die Balance.

11–12 Punkte:
Sie sind kein großer Freund von Veränderungen.

13–15 Punkte:
Sie lieben das Bestehende und beklagen den Wandel. Aber immerhin kommen Sie mit der Realität noch klar.

16–18 Punkte:
Sie sind erzkonservativ. Haben Sie schon einmal an eine politische Karriere gedacht? Zu großes Risiko? Klar.

19–20 Punkte:
Sie wollen nun wirklich alles beim Alten belassen und klammern sich an bestehende Verhältnisse, die möglicherweise längst passé sind. Stimmt das?

Lügenfallen

Bisher haben Sie sich mit den 60 Items beschäftigt, die als Auswertungsgrundlage für das Ziel dienten, Licht in Ihre Persönlichkeitsmerkmale »Kontakt«, »Leistung« usw. zu bringen.

Vielleicht ist Ihnen aufgefallen, daß die letzten Items des Fragebogens (61–66) bisher noch nicht in die Auswertung einbezogen wurden. Dies wollen wir jetzt nachholen. Dabei handelt es sich um sogenannte »Lügenfragen«. Damit bezeichnen die Persönlichkeits-Tester Items, die der Überprüfung Ihrer Glaubwürdigkeit dienen. Fangen wir an:

Da gibt es das Item 35 (aus der Persönlichkeitsdimension »Ausgeglichenheit«):

Bei mir läuft manches schief.
a) oft (2 Punkte)
b) manchmal (1 Punkt)
c) selten (0 Punkte)

Für welche Ankreuzung hatten Sie sich entschieden?

Bitte vergleichen Sie jetzt dazu Ihre Ankreuzung bei Item 61.
Mir geht im Leben manches daneben.
a) selten (0 Punkte)
b) manchmal (1 Punkt)
c) oft (2 Punkte)

Im wesentlichen sind beide Aussagen gleich, und Sie sollten deshalb bei den Ankreuzungen keine große Abweichung in der Punktzahl haben. Das bedeutet: Wer in Item 35 2 Punkte hat, sollte auch in Item 61 2 Punkte (wenigstens aber 1

Punkt) haben. Eine etwaige Differenz notieren Sie sich bitte auf einem gesonderten Blatt.

Vergleichen Sie nun bitte Item 12 (aus dem Bereich »Kontakt«):
Ich fühle mich öfters einsam.
a) stimmt (2 Punkte)
b) teils/teils (1 Punkt)
c) stimmt nicht (0 Punkte)

mit Item 62:
Oftmals leide ich unter einem Gefühl des Alleinseins.
a) stimmt (2 Punkte)
b) teils/teils (1 Punkt)
c) stimmt nicht (0 Punkte)

Auch hier ist wieder die etwaige Differenz in den Punktwerten zu ermitteln. Und es geht weiter:

Vergleichen Sie Item 4 (»Leistung«):
Karriere ist nicht alles im Leben.
a) stimmt (2 Punkte)
b) teils/teils (1 Punkt)
c) stimmt nicht (0 Punkte)

mit Item 63:
Der berufliche Aufstieg ist nicht das Wichtigste im Leben.
a) stimmt (2 Punkte)
b) teils/teils (1 Punkt)
c) stimmt nicht (0 Punkte)
und verfahren Sie wieder so, wie oben beschrieben.

Vergleichen Sie Item 5 (»Durchsetzung«):
Ich vermeide es, mich mit Leuten rumzustreiten.

a) ja (2 Punkte)
b) manchmal (1 Punkt)
c) nie (0 Punkte)

mit Item 64:
Ich streite nicht gern mit anderen Menschen.
a) stimmt (2 Punkte)
b) teils/teils (1 Punkt)
c) stimmt nicht (0 Punkte)

und verfahren Sie so, wie oben beschrieben.

Vergleichen Sie Item 26 (»Vertrauen«):
Es passiert mir häufiger, daß ich die Arbeit anderer kritisiere.
a) stimmt (2 Punkte)
b) teils/teils (1 Punkt)
c) stimmt nicht (0 Punkte)

mit Item 65:
Öfters kann ich an den Leistungen anderer kein gutes Haar lassen.
a) stimmt (2 Punkte)
b) teils/teils (1 Punkt)
c) stimmt nicht (0 Punkte)
und verfahren Sie so, wie oben beschrieben.

Vergleichen Sie Item 7 (»Veränderung«):
In unserer Marktordnung sollte im Prinzip alles so bleiben, wie es ist.
a) stimmt (2 Punkte)
b) teils/teils (1 Punkt)
c) stimmt nicht (0 Punkte)

mit Item 66:
Am System der sozialen Marktwirtschaft gibt es viel zu reformieren.
a) stimmt (0 Punkte)
b) teils/teils (1 Punkt)
c) stimmt nicht (2 Punkte)

und verfahren Sie so, wie oben beschrieben.

Sie haben jetzt bei den sechs Item-Paaren eine maximale Differenz von 12 Punkten ausrechnen können, bzw. – wenn Sie immer gleich geantwortet haben – 0 Punkte. Tragen Sie Ihren Punktwert auf der nachstehenden Skala (der sog. »Lügenskala«) ein:

Überein-	0	1	2	3	4	5	6	7	8	9	10	11	12	Abweichung
stimmung					I		I		I					

Sollte Ihr Abweichungswert bis zu 4 betragen, würde man Ihnen in der Testinterpretation noch eine relativ hohe »Wahrheitstendenz in Ihrem Antwortverhalten« bescheinigen.

Bei mehr als 6 Punkten ist die »Ehrlichkeit« beim Bearbeiten des Tests in Frage zu stellen, so daß eine Interpretation eigentlich fragwürdig ist.

Aus testkritischer Perspektive ist natürlich anzumerken, daß die Methode der »Lügenfragen« etwas Hinterhältig-Autoritäres enthält. Außerdem wäre zu diskutieren, inwiefern nicht doch aufgrund der sprachlich unterschiedlichen Nuancen jeweils auch unterschiedliche Antworten möglich wären.

Einschätzungsbögen

Eigenschaften/Fähigkeiten

Wie werden Sie von anderen eingeschätzt (im Vergleich zu Ihrer Selbsteinschätzung, vgl. S. 18 ff)? Hier noch einmal zwei Listen, als Fotokopiervorlage.

Kreuzen Sie bei jeder der folgenden Eigenschaften an, wie ausgeprägt diese Ihrer Meinung nach bei

.... (Name)
ist:

+3 = sehr stark ausgeprägt
+2 = deutlich ausgeprägt
+1 = ausgeprägt
0 = teils/teils
–1 = weniger ausgeprägt
–2 = schwach ausgeprägt
–3 = sehr schwach ausgeprägt

symphatisch	+3	+2	+1	0	–1	–2	–3
vertrauenswürdig	+3	+2	+1	0	–1	–2	–3
vorsichtig	+3	+2	+1	0	–1	–2	–3
lernbereit	+3	+2	+1	0	–1	–2	–3
lernfähig	+3	+2	+1	0	–1	–2	–3
vertrauensvoll	+3	+2	+1	0	–1	–2	–3
leistungsorientiert	+3	+2	+1	0	–1	–2	–3
sorgfältig	+3	+2	+1	0	–1	–2	–3
aufgeschlossen	+3	+2	+1	0	–1	–2	–3
belastbar	+3	+2	+1	0	–1	–2	–3
ausdauernd	+3	+2	+1	0	–1	–2	–3
zufrieden	+3	+2	+1	0	–1	–2	–3
aggressiv	+3	+2	+1	0	–1	–2	–3
konformistisch	+3	+2	+1	0	–1	–2	–3
dominant	+3	+2	+1	0	–1	–2	–3
gerecht	+3	+2	+1	0	–1	–2	–3
verläßlich	+3	+2	+1	0	–1	–2	–3
wankelmütig	+3	+2	+1	0	–1	–2	–3
zielstrebig	+3	+2	+1	0	–1	–2	–3
geduldig	+3	+2	+1	0	–1	–2	–3
gehemmt	+3	+2	+1	0	–1	–2	–3
vital	+3	+2	+1	0	–1	–2	–3
zweifelnd	+3	+2	+1	0	–1	–2	–3
kompetent	+3	+2	+1	0	–1	–2	–3
flexibel	+3	+2	+1	0	–1	–2	–3
aktiv	+3	+2	+1	0	–1	–2	–3
wagemutig	+3	+2	+1	0	–1	–2	–3
gefühlsbetont	+3	+2	+1	0	–1	–2	–3
anspruchsvoll	+3	+2	+1	0	–1	–2	–3
passiv	+3	+2	+1	0	–1	–2	–3
liebenswert	+3	+2	+1	0	–1	–2	–3
gefühlsorientiert	+3	+2	+1	0	–1	–2	–3
impulsiv	+3	+2	+1	0	–1	–2	–3
durchsetzungsfähig	+3	+2	+1	0	–1	–2	–3
furchtsam	+3	+2	+1	0	–1	–2	–3
sachorientiert	+3	+2	+1	0	–1	–2	–3
fordernd	+3	+2	+1	0	–1	–2	–3
höflich	+3	+2	+1	0	–1	–2	–3
autoritär	+3	+2	+1	0	–1	–2	–3
pflichtbewußt	+3	+2	+1	0	–1	–2	–3
verantwortungsbewußt	+3	+2	+1	0	–1	–2	–3
zuverlässig	+3	+2	+1	0	–1	–2	–3
freundlich	+3	+2	+1	0	–1	–2	–3
glücklich	+3	+2	+1	0	–1	–2	–3

nervös	+3	+2	+1	0	–1	–2	–3
rechthaberisch	+3	+2	+1	0	–1	–2	–3
ordnungsliebend	+3	+2	+1	0	–1	–2	–3
ehrlich	+3	+2	+1	0	–1	–2	–3
loyal	+3	+2	+1	0	–1	–2	–3
schwermütig	+3	+2	+1	0	–1	–2	–3
begeisterungsfähig	+3	+2	+1	0	–1	–2	–3
intrigant	+3	+2	+1	0	–1	–2	–3
ordentlich	+3	+2	+1	0	–1	–2	–3
wählerisch	+3	+2	+1	0	–1	–2	–3
hartnäckig	+3	+2	+1	0	–1	–2	–3
entscheidungsfreudig	+3	+2	+1	0	–1	–2	–3
spontan	+3	+2	+1	0	–1	–2	–3
praktisch	+3	+2	+1	0	–1	–2	–3
beherrscht	+3	+2	+1	0	–1	–2	–3
risikobereit	+3	+2	+1	0	–1	–2	–3
selbstsicher	+3	+2	+1	0	–1	–2	–3
sensibel	+3	+2	+1	0	–1	–2	–3
selbständig	+3	+2	+1	0	–1	–2	–3
offen	+3	+2	+1	0	–1	–2	–3
zurückgezogen	+3	+2	+1	0	–1	–2	–3
mißtrauisch	+3	+2	+1	0	–1	–2	–3
leidenschaftlich	+3	+2	+1	0	–1	–2	–3
unkompliziert	+3	+2	+1	0	–1	–2	–3
fortschrittlich	+3	+2	+1	0	–1	–2	–3
überzeugungsstark	+3	+2	+1	0	–1	–2	–3
zwanghaft	+3	+2	+1	0	–1	–2	–3
verständnisvoll	+3	+2	+1	0	–1	–2	–3
kontaktfähig	+3	+2	+1	0	–1	–2	–3
verläßlich	+3	+2	+1	0	–1	–2	–3
schlagfertig	+3	+2	+1	0	–1	–2	–3
gründlich	+3	+2	+1	0	–1	–2	–3
ausgeglichen	+3	+2	+1	0	–1	–2	–3
kreativ	+3	+2	+1	0	–1	–2	–3
erfinderisch	+3	+2	+1	0	–1	–2	–3
selbstbewußt	+3	+2	+1	0	–1	–2	–3
introvertiert	+3	+2	+1	0	–1	–2	–3
extravertiert	+3	+2	+1	0	–1	–2	–3
anpassungsfähig	+3	+2	+1	0	–1	–2	–3
humorvoll	+3	+2	+1	0	–1	–2	–3
konservativ	+3	+2	+1	0	–1	–2	–3
präzise	+3	+2	+1	0	–1	–2	–3
besorgt	+3	+2	+1	0	–1	–2	–3
nachdenklich	+3	+2	+1	0	–1	–2	–3

kooperativ	+3	+2	+1	0	–1	–2	–3
problembewußt	+3	+2	+1	0	–1	–2	–3
beliebt	+3	+2	+1	0	–1	–2	–3
vernünftig	+3	+2	+1	0	–1	–2	–3
unerschütterlich	+3	+2	+1	0	–1	–2	–3
teamfähig	+3	+2	+1	0	–1	–2	–3
ironisch	+3	+2	+1	0	–1	–2	–3
selbstironisch	+3	+2	+1	0	–1	–2	–3
vorlaut	+3	+2	+1	0	–1	–2	–3
schüchtern	+3	+2	+1	0	–1	–2	–3
ausgeglichen	+3	+2	+1	0	–1	–2	–3
kommunikationsfähig	+3	+2	+1	0	–1	–2	–3
integrationsfähig	+3	+2	+1	0	–1	–2	–3
herzlich	+3	+2	+1	0	–1	–2	–3
ruhig	+3	+2	+1	0	–1	–2	–3
kompromißbereit	+3	+2	+1	0	–1	–2	–3
tolerant	+3	+2	+1	0	–1	–2	–3
zuhörbereit	+3	+2	+1	0	–1	–2	–3
selbstkritisch	+3	+2	+1	0	–1	–2	–3
kränkbar	+3	+2	+1	0	–1	–2	–3
hilfsbereit	+3	+2	+1	0	–1	–2	–3
einfühlsam	+3	+2	+1	0	–1	–2	–3
gelassen	+3	+2	+1	0	–1	–2	–3
unparteiisch	+3	+2	+1	0	–1	–2	–3
gütig	+3	+2	+1	0	–1	–2	–3
willensstark	+3	+2	+1	0	–1	–2	–3
unberechenbar	+3	+2	+1	0	–1	–2	–3
präzise	+3	+2	+1	0	–1	–2	–3
______________	+3	+2	+1	0	–1	–2	–3
______________	+3	+2	+1	0	–1	–2	–3
______________	+3	+2	+1	0	–1	–2	–3
______________	+3	+2	+1	0	–1	–2	–3

Wie schätzen Sie

.... (Name)

bezüglich der folgenden Fähigkeiten ein?
Bitte kreuzen Sie bei jeder Fähigkeit an, wie ausgeprägt diese Ihrer Meinung nach bei ... (s.o.) ist:

+3 = sehr stark ausgeprägt
+2 = deutlich ausgeprägt
+1 = ausgeprägt
0 = teils/teils
–1 = weniger ausgeprägt
–2 = schwach ausgeprägt
–3 = sehr schwach ausgeprägt

Merkmalsgruppe 1

Sensibilität	+3	+2	+1	0	–1	–2	–3
Zuhörfähigkeit	+3	+2	+1	0	–1	–2	–3
Kontaktfähigkeit	+3	+2	+1	0	–1	–2	–3
Aufgeschlossenheit	+3	+2	+1	0	–1	–2	–3
Teamorientierung	+3	+2	+1	0	–1	–2	–3
Kooperationsfähigkeit	+2	+1	+1	0	–1	–2	–3
Anpassungsfähigkeit	+3	+2	+1	0	–1	–2	–3
Kompromißbereitschaft	+3	+2	+1	0	–1	–2	–3
Diplomatie	+3	+2	+1	0	–1	–2	–3
Verhandlungsgeschick	+3	+2	+1	0	–1	–2	–3
Integrationsvermögen	+3	+2	+1	0	–1	–2	–3
Überzeugungspotential	+3	+2	+1	0	–1	–2	–3
Begeisterungsfähigkeit	+3	+2	+1	0	–1	–2	–3
Durchsetzungsfähigkeit	+3	+2	+1	0	–1	–2	–3
Motivationsfähigkeit	+3	+2	+1	0	–1	–2	–3

sprachliches Ausdrucksvermögen	+3	+2	+1	0	–1	–2	–3
schriftliches Ausdrucksvermögen	+3	+2	+1	0	–1	–2	–3
rhetorische Fähigkeiten	+3	+2	+1	0	–1	–2	–3

Teamfähigkeit	+3	+2	+1	0	–1	–2	–3
Anpassungsbereitschaft	+3	+2	+1	0	–1	–2	–3
soziale Kompetenz	+3	+2	+1	0	–1	–2	–3
Kommunikationsfähigkeit	+3	+2	+1	0	–1	–2	–3

Merkmalsgruppe 2							
Zielstrebigkeit	+3	+2	+1	0	–1	–2	–3
Selbstbewußtsein	+3	+2	+1	0	–1	–2	–3
Verantwortungsbewußtsein	+3	+2	+1	0	–1	–2	–3
Kritikfähigkeit	+3	+2	+1	0	–1	–2	–3
Selbstbeherrschung	+3	+2	+1	0	–1	–2	–3
Zuverlässigkeit	+3	+2	+1	0	–1	–2	–3
Toleranzfähigkeit	+3	+2	+1	0	–1	–2	–3
Unerschrockenheit	+3	+2	+1	0	–1	–2	–3
Bereitschaft zur Verantwortungsübernahme	+3	+2	+1	0	–1	–2	–3
Merkmalsgruppe 3							
Risikobereitschaft	+3	+2	+1	0	–1	–2	–3
Entscheidungfähigkeit	+3	+2	+1	0	–1	–2	–3
Sicherheitsdenken	+3	+2	+1	0	–1	–2	–3
Delegationsbereitschaft	+3	+2	+1	0	–1	–2	–3
Delegationsfähigkeit	+3	+2	+1	0	–1	–2	–3
Belastbarkeit	+3	+2	+1	0	–1	–2	–3
Streßtoleranz	+3	+2	+1	0	–1	–2	–3
Lebensfreude	+3	+2	+1	0	–1	–2	–3
Flexibilität	+3	+2	+1	0	–1	–2	–3
Repräsentationsvermögen	+3	+2	+1	0	–1	–2	–3
Merkmalsgruppe 4							
Arbeitsmotivation/-wille	+3	+2	+1	0	–1	–2	–3
Tatkraft	+3	+2	+1	0	–1	–2	–3
Führungsmotivation/-wille/ -fähigkeit	+3	+2	+1	0	–1	–2	–3
Eigeninitiative	+3	+2	+1	0	–1	–2	–3
Autonomie	+3	+2	+1	0	–1	–2	–3
Durchsetzungsvermögen	+3	+2	+1	0	–1	–2	–3
Selbstvertrauen	+3	+2	+1	0	–1	–2	–3
Ehrgeiz	+3	+2	+1	0	–1	–2	–3
Zielstrebigkeit	+3	+2	+1	0	–1	–2	–3
Durchhaltevermögen	+3	+2	+1	0	–1	–2	–3
Durchsetzungsvermögen	+3	+2	+1	0	–1	–2	–3
Frustrationstoleranz	+3	+2	+1	0	–1	–2	–3

Erfolgsorientierung	+3	+2	+1	0	–1	–2	–3
Tatkraft	+3	+2	+1	0	–1	–2	–3
Vitalität	+3	+2	+1	0	–1	–2	–3
Leistungsbereitschaft	+3	+2	+1	0	–1	–2	–3
Idealismus	+3	+2	+1	0	–1	–2	–3
Identifikationsbereitschaft mit Unternehmen/Institution	+3	+2	+1	0	–1	–2	–3
Merkmalsgruppe 5							
Autonomie	+3	+2	+1	0	–1	–2	–3
Selbständigkeit	+3	+2	+1	0	–1	–2	–3
Verantwortungsbewußtsein	+3	+2	+1	0	–1	–2	–3
Unabhängigkeit	+3	+2	+1	0	–1	–2	–3
Zuverlässigkeit	+3	+2	+1	0	–1	–2	–3
Selbstdisziplin	+3	+2	+1	0	–1	–2	–3
Streßtoleranz	+3	+2	+1	0	–1	–2	–3
Ausdauer	+3	+2	+1	0	–1	–2	–3
Belastbarkeit	+3	+2	+1	0	–1	–2	–3
Geduld	+3	+2	+1	0	–1	–2	–3
Pflichtbewußtsein	+3	+2	+1	0	–1	–2	–3
Loyalität	+3	+2	+1	0	–1	–2	–3
Merkmalsgruppe 6							
analytisches Denken	+3	+2	+1	0	–1	–2	–3
konzeptionelles Planen	+3	+2	+1	0	–1	–2	–3
planvolles Vorgehen	+3	+2	+1	0	–1	–2	–3
kombinatorisches Denken	+3	+2	+1	0	–1	–2	–3
effiziente Arbeitsorganisation	+3	+2	+1	0	–1	–2	–3
Entscheidungsvermögen	+3	+2	+1	0	–1	–2	–3
Merkmalsgruppe 7							
Kosten/Nutzen-Bewußtsein	+3	+2	+1	0	–1	–2	–3
Unternehmerisches Denken	+3	+2	+1	0	–1	–2	–3
systematische Arbeitsorganisation	+3	+2	+1	0	–1	–2	–3
Zieldefinitionsfähigkeit	+3	+2	+1	0	–1	–2	–3
Arbeitseffizienz	+3	+2	+1	0	–1	–2	–3
gesunder Materialismus	+3	+2	+1	0	–1	–2	–3
physische Fitneß	+3	+2	+1	0	–1	–2	–3
gesundheitliches Wohlbefinden	+3	+2	+1	0	–1	–2	–3
psychische Konstitution	+3	+2	+1	0	–1	–2	–3
Selbstkontrollfähigkeiten	+3	+2	+1	0	–1	–2	–3

WAS SIE NOCH WISSEN SOLLTEN ...

In diesem Buch lasen Sie immer wieder Hinweise auf weiterführende und vertiefende Titel aus der Reihe der Hesse/Schrader-Ratgeber zum Themenkomplex Bewerbung.

Das Autorenteam Hesse/Schrader ist seit über 15 Jahren auf dem Sektor der Bewerbungsratgeber sowie zu weiteren Themen aus der Arbeitswelt publizistisch tätig und hat im Laufe dieser Zeit mehr als 60 Bücher veröffentlicht. Viele davon liegen auch als Taschenbuchausgabe vor. Am Anfang stand die erstmalige Veröffentlichung aller gängigen sogenannter Intelligenztests und deren kritische Reflexion in dem Buch *Testtraining für Ausbildungsplatzsuchende* (1985). Ebenfalls Neuland im Bereich „Überleben in der Arbeitswelt" erschloß ihr Buch *Die Neurosen der Chefs - die seelischen Kosten der Karriere.* Von besonderem Interesse für den Leser dieses Buches ist die Reihe *Die perfekte Bewerbungsmappe*, Bücher im DIN-A-4-Format, die Bewerbungsunterlagen erfolgreicher Kandidaten originalgetreu präsentieren. Auch die Bücher *Die überzeugende Initiativbewerbung, Das erfolgreiche Stellengesuch* sowie *Bewerbung und Stellensuche im Internet* behandeln Themen, die Bewerbungsvorhaben innovativ unterstützen.

Beide Autoren verfügen über eine langjährige Erfahrung als Seminarleiter bei Bewerbungstrainings. Ein besonderes Interesse gilt der gewerkschaftlichen Bildungsarbeit in Form von Anti-Mobbing- und Konfliktmanagement-Seminaren. 1992 gründeten sie in Berlin das *Büro für Berufsstrategie*, das ausschließlich Arbeitnehmer in allen erdenklichen beruflichen Fragen berät und unterstützt.

LITERATURHINWEISE

Weiterführende Literatur zu einzelnen Bewerbungsthemen von Hesse/Schrader:

Hesse/Schrader: *Assessment Center für Hochschulabsolventen. Bewältigungsstrategien für das härteste Personalauswahlverfahren*. Frankfurt a.M., Eichborn Verlag 1998

Hesse/Schrader: *Das erfolgreiche Stellengesuch. So präsentieren Sie sich in Zeitungsanzeigen und im Internet.* Frankfurt a.M., Eichborn Verlag 1999

Hesse/Schrader: *Das erfolgreiche Vorstellungsgespräch. Wie Sie beeindrucken, überzeugen, gewinnen.* Frankfurt a.M., Eichborn Verlag 1998

Hesse/Schrader: *Der erfolgreiche Arbeitsplatzwechsel. Vorbereitung – Kündigung – neuer Job*. Frankfurt a.M., Eichborn Verlag 2000

Hesse/Schrader: *Die überzeugende Initiativbewerbung. Wie Sie mit Ihren Wunschfirmen gezielt Kontakt aufnehmen, auf sich aufmerksam machen und sich optimal präsentieren.* Frankfurt a.M., Eichborn Verlag 1998

Hesse/Schrader: *Erfolgreiche Bewerbung und Stellensuche im Internet. Der neue Weg zum Job.* Frankfurt a.M., Eichborn Verlag 1999

Hesse/Schrader: *Erfolgsstrategien für Bewerber über 48. Entdecken Sie Ihre Chancen, nutzen Sie Ihre Vorteile!* Frankfurt a.M., Eichborn Verlag 1999

Hesse/Schrader: *Marketing in eigener Sache. Kompetenzen erkennen und gezielt einsetzen.* Frankfurt a.M., Eichborn Verlag 2000

Hesse/Schrader: *Mehr Geld durch erfolgreiche Gehaltsverhandlungen*. Frankfurt a.M., Eichborn Verlag 1999

Hesse/Schrader: *Networking als Bewerbungs- und Karriere-*

strategie. Beziehungen aufbauen, pflegen und nutzen. Frankfurt a.M., Eichborn Verlag 1999

Hesse/Schrader: *Neue Bewerbungsstrategien für Führungskräfte. Den Karrieresprung wagen.* Frankfurt a.M., Eichborn Verlag 2000

Hesse/Schrader: *Telefonieren – der direkte Weg zum neuen Job. Tips, Tricks und Training für die optimale Telefonstrategie.* Frankfurt a.M., Eichborn Verlag 1999

Hesse/Schrader: *Testaufgaben. Das Übungsprogramm. Banken, Versicherungen, Büro, Verwaltung, Öffentlicher Dienst, Pilotentest.* Frankfurt a.M., Eichborn Verlag 2000

Hesse/Schrader: *Testtraining 2000. Einstellungs- und Eignungstests erfolgreich bestehen.* Frankfurt a.M., Eichborn Verlag 1998

Muster- und Bewerbungsmappen im Din-A-4-Format:

Hesse/Schrader: *Die perfekte Bewerbungsmappe. Mit vielen Beispielen für Initiativbewerbungen.* Frankfurt a.M., Eichborn Verlag 1997

Hesse/Schrader: *Die perfekte Bewerbungsmappe für Ausbildungsplatzsuchende. Der erfolgreiche Schritt von der Schule zum Beruf.* Frankfurt a.M., Eichborn Verlag 1998

Hesse/Schrader: *Die perfekte Bewerbungsmappe für Führungskräfte. Mit Beispielen für Initiativbewerbungen und Bewerbungsunterlagen.* Frankfurt a.M., Eichborn Verlag 1998

Hesse/Schrader: *Die perfekte Bewerbungsmappe für Hochschulabsolventen. Inklusive Initiativbewerbung, Stellengesuch und Internet.* Frankfurt a.M., Eichborn Verlag 1998

Hesse/Schrader: *Die perfekte Bewerbungsmappe für die Initiativbewerbung. Mit Tips zu Stellengesuch, Telefonstrategie und Internet sowie zahlreichen Beispielen für Bewerberfotos.* Frankfurt a.M., Eichborn Verlag 1999

Hesse/Schrader: *Praxismappe für das perfekte Arbeitszeugnis. Mit ausführlicher Anleitung sowie zahlreichen Textbausteinen und Formulierungshilfen.* Frankfurt a.M., Eichborn Verlag 2000